新世纪高职高专课程与实训系列教材

推销技巧与实战
(第二版)

冯华亚　主　编

潘金龙　尹　飞　黄　丽　韩　艳　副主编

清华大学出版社
北　京

内 容 简 介

本书从实践出发，以必要的推销理论和技巧为依据，以培养实际的推销技能为重点。本书主要对推销工作的基本知识、推销活动过程、推销人员对不同类型的客户展开推销的要点、组织客户的开发技巧、大客户开发实战技巧、推销大师对推销的感悟以及行销高手的心得等进行了阐述，并结合每章的内容，给出了思考题、练习题和案例分析，以提高推销的实际技能，使理论与实践紧密地结合在一起。本书相关案例的选用充分考虑了我国的具体国情和文化特点，侧重应用性和实效性，既易于理解和掌握，又有利于培训推销人员和指导推销活动的具体实践。

本书可作为高职高专市场营销、商务、经济管理类专业教材，亦可供从事实际推销工作的人员学习参考。

图书在版编目(CIP)数据

推销技巧与实战/冯华亚主编；潘金龙，尹飞，黄丽，韩艳副主编. --2 版. --北京：清华大学出版社，2012.8(2023.8重印)

(新世纪高职高专课程与实训系列教材)

ISBN 978-7-302-29005-6

Ⅰ．①推… Ⅱ．①冯… ②潘… ③尹… ④黄… ⑤韩… Ⅲ．①推销—高等职业教育—教材 Ⅳ．①F713.3

中国版本图书馆 CIP 数据核字(2012)第 122848 号

责任编辑：章忆文　郑期彤
封面设计：刘孝琼
版式设计：杨玉兰
责任校对：周剑云
责任印制：杨　艳
出版发行：清华大学出版社
　　　　网　　　址：http://www.tup.com.cn, http://www.wqbook.com
　　　　地　　　址：北京清华大学学研大厦 A 座　　　　邮　　编：100084
　　　　社 总 机：010- 83470000　　　　邮　　购：010-62786544
　　　　投稿与读者服务：010-62776969, c-service@tup.tsinghua.edu.cn
　　　　质量反馈：010-62772015, zhiliang@tup.tsinghua.edu.cn
　　　　课件下载：http://www.tup.com.cn, 010-62791865
印 装 者：三河市君旺印务有限公司
经　　销：全国新华书店
开　　本：185mm×260mm　　　印　张：15.25　　　字　数：372 千字
版　　次：2008 年 7 月第 1 版　2012 年 8 月第 2 版　　印　次：2023 年 8 月第 9 次印刷
定　　价：46.00 元

产品编号：047037-03

前　言

本书第一版销售较好，得到广大院校师生好评，为适应实际推销工作和高职教学的发展需要，本书进行再版。其中第一、第四、第六、第七、第八章做了全面的修改，主要删除了那些实际操作性不强的推销理论，增加了有利于提高以后工作能力的、目前市场上普遍使用的推销操作方法和实际工作人员总结的经验。再版也对整体结构进行了调整，这样更有利于学生的学习和教师的教学效果；同时，还在一些章节增加了推销训练的内容。总之，再版后本书更适合广大院校师生需要。

随着市场经济的发展，产品的销售和客户的开发对企业的发展日益重要，因此提高推销人员的推销成功概率对其个人的发展、对企业的生存与发展和对社会经济的发展都具有重要的意义。

本书在编写过程中结合了编者多年的教学经验和实践心得，并充分考虑了我国的具体国情、文化背景和高职教育的特点，坚持理论与实践相结合的原则，以培养实际推销技能为主，以适应高等职业教学为目标，编写了推销的基本知识、过程要点和实际应用技能等相关内容。

本书在编写过程中，遵循推销过程和实战技巧相结合的原则，坚持以提高实际推销技能为主，主要表现为以下特点。

1. 可以作为培训推销人员的工具

本书以训练推销人员的实际销售技能为主，从推销的过程入手，重点说明推销活动中的各个环节应该如何进行，对处理推销过程中经常出现的各种具体问题给出了处理模式和方法，从而有利于提高学习者处理实际问题的能力。

2. 来源于实践，易学易懂

本书从我国的实际情况出发，深入浅出地介绍了正规的推销过程，阐述了推销人员应该具备的推销基本知识和能力。由于与实践紧密结合，学习者易于领悟其内容要点。

3. 注重实战性

为达到提高实际推销的成功概率的目的，本书重点介绍大客户的开发流程和模式，使学习者能够领悟其中的要点，并可以结合自身的实际工作，提高自己的推销业绩。

4. 适应中国的文化和高职教育的特点

本书各章均附有思考题、练习题和具体案例分析，以提高读者分析问题和解决问题的能力。

本书主要对推销工作的基本知识、推销活动的过程、顾客心理、大客户开发实战技巧、销售大师对推销工作的感悟及心得进行了阐述，书中内容理论联系实际、有很强的实用性。

本书可作为高职高专市场营销、商务、经济管理类专业教材，亦可供从事推销工作的

人员使用和学习。

　　本书由冯华亚任主编，潘金龙、尹飞、黄丽、韩艳任副主编。本书共分为九章，其中第一、三章由潘金龙编写，第二章由韩艳编写，第四章由黄丽编写，第五章由柯春媛编写，第六、七章由尹飞编写，第八、九章由冯华亚编写，霍太林和王立志参加了本书相关章节的设计以及所用案例的收集和整理工作。本书的第一、四、七、八、九章为重点章，第二、三、五、六章为一般章。大约可安排 56 课时。

　　本书在编写过程中引用和参考了大量国内外各方面的资料(详见参考文献)，同时也得到了清华大学出版社、辽宁省交通高等专科学校、福建经济管理干部学院、广西机电职业技术学院、茂名职业技术学院、温州大学商学院和辽宁省高速公路管理局单位的领导和老师的大力支持，以及刘亚杰、刘建华、王富饶、刁爱华、贾圆圆、张丽莉、姚凤莉、李磊、宁波等的帮助与支持，在此表示衷心感谢。

　　由于作者的水平有限，书中难免有偏颇、疏漏之处，诚请同行专家和读者批评指正。

编　者

新世纪高职高专课程与实训系列教材

目　　录

第一章 推 销 概 论

本章学习要点

● 什么是推销
● 推销的本质
● 推销员对推销活动的理解
● 推销原则
● 针对中间商推销

第一节 推销的本质

一、什么是推销

推销是一门科学、一种技术、一项艺术。推销已经成为人们生活中不可或缺的内容，我们或者在推销我们的产品和服务，或者在推销我们的知识、方案和思想，更或者是在推销我们自身。

在市场竞争日趋激烈的今天，产品销售已经成为企业经营活动的关键环节，产品销售的成功与否直接决定着产品的命运和企业的兴衰存亡。首先，推销活动要遵循一定的规律和程序，有其特定的研究对象、内容和方法；其次，推销活动是推销人员对推销基本原理的具体运用，它包含着大量的技术、技巧和技能；最后，推销人员在推销活动中还必须结合自身条件及市场环境，巧妙运筹，融会贯通，才能取得较好的推销效果。

(一)广义的推销

从广义上讲，推销是指一个活动主体试图通过一定的方法和技巧，使特定对象接受某种事物和思想的行为过程。也就是说，广义的推销不限于商品交换，也不限于人员推销，而是泛指人们在社会生活中，通过一定的形式传递信息，让他人接受自己的意愿和观念或购买商品和服务。但是，这种广义上的推销并不是本书所要研究的对象。

(二)狭义的推销

从狭义上讲，推销是营销组合中的人员推销，是指商品交换范畴的推销，即商品推销。它是指推销人员运用一定的方法和技巧，帮助顾客购买某种商品、劳务或确立某种观念和掌握有关产品知识，以使双方的需要得到满足的行为过程。推销就是创造出人们的需求，换言之，推销也就是推销人员直接与潜在顾客接触、洽谈、介绍商品、进行说服，运用一切可能的方法把产品或服务提供给顾客，使其接受或认可。

(三)推销的实质

推销行为的实质和核心在于激发顾客的欲望和满足其需求。

推销是一种人与人的沟通活动，在这种活动中，推销员通过发现和确认顾客的欲望和需求，并进行激活和满足，最终达到买卖双方互利互惠的目标。

从现代市场营销学的观念来看，顾客的潜在需求更值得经营者关注。潜在需求是需要启发和激活的，这便是推销的关键所在。推销人员作为推销行为的主动方，必须学会寻找双方利益的结合点。在这个利益结合点上说服与帮助顾客，使顾客的购买行为得以实施，从而实现双赢的最终目标。因此，推销员的努力不应放到如何去"卖"上，而应协助顾客使他们的需求得到满足，然后自己再推销商品。推销员要了解顾客的需要，说服顾客，使他们相信你所推销的商品确实能满足其需要；或使顾客相信他确实存在着对该商品的需要。

(四)推销的基本含义

理解推销的含义应注意以下几个方面。

1. 商品推销是一个复杂的行为过程

传统观念认为，推销就是一种说服顾客购买的行为。这种观念导致了在推销过程中过分强调推销行为本身，推销者一味地将自己的推销意志强加给顾客，而不研究顾客对推销行为的反应，只顾及己方利益的实现，而忽略了顾客需求的满足。这种把推销理解为单纯说服行为的观点，是导致目前社会上人们普遍对推销人员抱有成见的主要原因。

从现代推销活动来看，推销应该包含寻找顾客、推销接近、推销洽谈、处理推销障碍以及推销成交五个阶段，如图 1-1 所示。

图 1-1　商品推销的阶段

2. 在推销过程中推销者要运用一定的方法和技巧

由于推销者和推销对象属于不同的利益主体，这就使得推销行为具有相当的难度。深入地分析、了解市场和顾客，灵活、机动地采用相应的方法和技巧，才能有效地促成交易，收到成效。

3. 推销是买卖双方都得利的公平交易活动

要想使销售业务做得好，就得使买卖双方都满意，没有任何一方受到损失。推销是一种双赢活动，推销员得到利润，顾客得到产品利益，买者欢喜，卖者得意。推销员不能为把产品推销出去而损害顾客的利益。

4. 推销不是一次性买卖，而是要和顾客建立长期友好的关系

企业应与顾客建立长期稳定的业务关系，在企业景气时，会把企业的成功推向高潮；

在企业不景气时，则会维持企业的生存。而要建立长期的业务关系，企业和推销员要维护顾客的利益，向顾客提供满意的服务。

二、推销的特点与功效

(一)推销活动的特点

推销是一项与人打交道的艺术，需要推销人员巧妙地融知识、情感和才干于一身，无论人员推销采取何种推销方式，在推销过程中都要掌握推销活动的特点，灵活运用多种推销技巧。推销活动的主要特点如下。

1. 针对具体的推销对象

推销是企业在特定的市场环境中为特定的产品寻找买主的商业活动，必须先确定谁是需要特定产品的潜在顾客，然后再有针对性地向推销对象传递信息并进而说服。因此，推销总是有特定对象的。任何一位推销员的任何一次推销活动，都具有这种针对性和特定性。他们不可能漫无边际或毫无目的地寻找顾客，也不可能随意地向毫不相干的人推销商品，否则，推销就成为毫无意义的活动。人员推销通过推销人员直接向消费者推销商品，推销人员就成为消费者和商品生产者之间最直接的桥梁。

人员推销能够充分利用推销人员对商品的熟悉程度，并根据消费者对商品的不同欲望、要求、动机和行为，采取不同的解说和介绍方法，从而实施针对性较强的推销，促成消费者购买。比如对同一款汽车，面对不同的顾客，推销员的说法就不能一样。

2. 信息传递的双向性

推销过程是信息不对称到对称的过程，推销并非只是推销员向推销对象传递信息的过程，而是信息传递与反馈的双向沟通过程。

一方面，它可以把企业的有关信息传递给最终用户和中间商，也就是推销对象；另一方面，推销人员通过和推销对象面对面的接触，观察顾客的反应，调查了解顾客对企业产品的意见与要求，可以把与推销对象有关的企业、产品、品牌、竞争对手等方面的信息传递或反馈回来。通过这种双向的信息沟通，企业可以及时、准确地了解市场方面的有关情况和信息，为企业做出正确的经营决策及企业营销决策的调整提供依据。这种沟通起到了重要的信息源的作用。

3. 推销目的的多重性

企业派推销人员向推销对象推荐各种产品与服务，主要目的就是为了尽可能多地实现商品的销售。另外，在这一过程中还可以进行市场调研，以及宣传企业和产品等。因此，推销的目的有多种，可以是推销商品或服务，也可以是市场调研，还可以是宣传等。

在实践中，往往存在着不能充分、有效地发挥人员推销优点的现象，这主要是因为推销人员在市场调研方面的作用没有得到很好的发挥。也就是说，企业在派推销人员进行推销和信息沟通时，应该要求推销人员定期或不定期地提交市场调查报告，这是企业建立市场营销信息系统、建立客户档案的一项基础性的工作。推销人员源源不断地从推销对象那里获取的大量信息，有利于建立、修改和完善市场营销信息系统。

4. 推销过程的灵活性

虽然推销具有特定性，但影响市场环境和推销对象需求的不确定性因素很多，环境与需求都是千变万化的。推销活动必须适应这种变化，灵活运用推销原理和技巧，恰当地调整推销策略和方法。可以说，因地制宜、灵活机动的战术，是推销活动的一个重要特征。

通过人与人之间面对面的接触，推销人员可以及时地回答推销对象对企业和产品各个方面的质疑，以消除推销对象、最终用户的疑虑。同时，在面对面接触的过程中，双方还可以针对产品价格、付款时间、交货地点等问题进行灵活机动的洽商，这对于交易的达成是非常有利的。

5. 友好协作的长期性

由于推销人员和推销对象经常接触，相互之间容易结成深厚的友谊，这种友谊的建立，可以为进一步建立贸易合作伙伴关系奠定深厚的基础，这是其他促销形式所不具备的优点。所以，人员推销这种形式要求推销人员注重关系营销，注重友好关系的建立、维系与发展。

6. 推销结果的互利性

现代推销是一种互惠互利的双赢活动，必须同时满足推销主体与推销对象双方的不同要求。成功的推销需要买与卖双方都有积极性，其结果是"双赢"，不仅推销的一方卖出商品，实现赢利，而且推销对象也感到满足了需求，给自己带来了多方面的利益。这样，既达成了当下的交易，也为将来的交易奠定了基础。

(二)推销要起到的功效

在现代社会中，推销活动要起到以下几方面的功效。
(1) 为顾客提供所需的商业信息
(2) 让潜在顾客认识到本企业产品的优势，应对竞争。
(3) 树立品牌形象，提高企业的知名度。
(4) 激发潜在顾客的欲望和需求。
(5) 增加产品的销售量。
(6) 提供顾客所需要的各种专门的服务。

推销活动的中心是人与人沟通得是否到位，而不是产品的好坏，推销员一定要提高情商，深刻领悟人与人交往的特点，才能把推销工作做好。

三、推销工作对推销员的作用

1. 推销工作能使推销员一生安身立命

推销工作收入颇丰，而且可以终身从事。美国汽车推销大王吉拉德就是个成功的例子。

2. 推销工作能培养推销人员的心态

推销工作压力大，不断地经历成功和失败，对推销人员的心理成熟有巨大好处。

3. 推销工作可以培养推销人员吃苦耐劳的精神

推销工作是有一分耕耘就有一分收获的工作，推销业绩的取得是靠辛苦的工作积累出来的，推销人员能在工作中获得不断的成长，并养成吃苦耐劳的良好品质。

4. 推销工作是推销员走向管理岗位的基石

绝大多数管理者都是从基本推销业务做起的，没有对基本业务的了解，就不可能做好管理工作。

5. 推销工作能使推销员有更好的人脉

推销人员在推销过程中会认识很多顾客，这些顾客就是推销员的无形资源，能为推销人员以后的事业提供良好的人脉。

四、推销的原则

(一)满足需求的原则

推销员不应该单纯向顾客推销产品，而应借助于所推销的产品，想方设法唤起并刺激顾客，使他为满足其现在或将来的需要产生购买欲望。推销人员推销的产品越符合顾客的基本需要，产品的销路就越好。

人们有哪些基本的需要呢？对这个问题，众说纷纭。从推销的角度，我们把它总结归纳为五条。

1. 显示自己

人们需要扩大自己的影响，提高自己的声誉和社会地位，得到社会的承认，被人拥戴，增强自尊心。这种需要驱使人们争权夺利，提高自我，在各方面显示自己；这种需要也驱使人们向他人看齐，不甘落后。从推销的角度来看，产生影响最大的是人们需要显示自己，即希望自己的观点被他人接受，且受到他人的尊重。因为人们的言行主要受感情支配，很少经过理智的考虑。要认识到这一点，推销员就必须了解自己，设身处地地为别人着想，照顾和体谅别人的感情，尊重顾客的感受。

2. 社会交往

人们需要与他人接触和往来，建立家庭，结交朋友，需要在身体上和感情上得到别人的爱，渴望自己更有男人或女人的气质，更招人喜欢和更有魅力。

3. 保护自我

人们需要避免遭受危险、威胁、攻击、损失，需要防病防老，避免痛苦。

4. 物质占有

人们有占有物质的强烈欲望，如收集古玩、邮票，大量购买消费品，甚至高档消费品，谋求物质上的富有等。

5. 贪图享受

人们需要娱乐、休息、清闲自在、舒适安逸，通过购物来达到享受生活的目的。

一名优秀的推销员应懂得怎样把他的推销工作与人们的基本需要有机地结合起来。

(二)推销使用价值的原则

使用价值是产品整体概念的核心内容。推销人员不应单纯地推销抽象的产品，而更重要的是要推销产品的使用价值。要准确地掌握产品的使用价值，然后竭尽全力、信心百倍地进行推销。区别一个一流推销员和普通推销员的界限就看其是否懂得怎样推销产品的使用价值。从表 1-1 中可以看出，真正推销的不是所列的产品，而是产品的使用价值。

表 1-1 产品的不同使用价值

产 品	推销的使用价值
高级轿车	安全舒适，显示身份和地位
服装	追求美丽，给周围的人看
彩票	投机发财的捷径
化妆品	使皮肤柔嫩、光泽、年轻、美丽，给周围的人看
手机	交流沟通的工具

人类有许多愿望和要求，同样，产品也有许多使用价值。产品只有当它们为顾客使用并满足了顾客的愿望时才发挥其作用。因此，推销员不仅是向顾客推销某种具体的产品，而是要让顾客认识到产品的使用价值。任何一种产品都有许多使用价值，具体选择哪一种，要依不同的顾客和他的特殊需要而定。只有这样，推销员才能取得成功。譬如有几位顾客同时购买汽车，但他们的购买目的却大相径庭：第一位顾客可能准备用来开出租车；第二位顾客可能是出于身份和地位的考虑，需要拥有一辆车；第三位顾客可能是仅仅作为上下班的交通工具。

请记住：任何时候你都在同人打交道。人们都存在着许多问题，包括私人问题、工作上的问题、自己的问题和其他人的问题。每个组织也都有许多亟待解决的问题，如效率问题、经济问题、合理化问题、效益问题等。推销要对症下药，帮助顾客解决其所需要的使用价值问题，即使你所推销的产品与其他人提供的产品完全一样，只要你运用这一原则，也会找出独特性，抓住关键，而且会有助于你达成交易。

(三)尊重顾客的原则

长期以来，人们一直相信，顾客之所以能做出购买决定，是由于理性考虑的结果，但我们还知道，购买决定和人们的基本需要紧密联系在一起，并带有感情色彩。推销员必须对人的感情进行研究。研究之后会发现，即使很难对付的人，从情感上影响他们都要比从理性上影响他们容易得多。所以，推销员必须学会理解人的本性，学会尊重顾客，搞好人际关系，这对成功推销有非常大的帮助。

(四)互利双赢的原则

在推销过程中，如果推销员发现他所推销的产品可能对顾客无用，那么，即使推销人员已经取得了顾客的完全信任，也不应该欺骗他们接受所推销的产品。以欺骗手段获得的订单，可能会带来意想不到的严重后果。任何推销工作都应以符合商业道德为标准，以互利双赢为原则，只有这样推销人员才能心情舒畅地对顾客进行反复拜访，做到问心无愧，才能促使顾客帮助推销员向其他顾客进行推销，使生意长久，并且能够得到有效的拓展。任何损人利己的短期行为都是自欺欺人，不利于持续发展。此外，在向顾客介绍推广新产品和新技术时，应遵循这样一条原则：必须把它描绘成是符合人们使用习惯的简易化的产品或改进产品，而不是超越人们使用习惯、难以掌握的东西，以缩短产品与顾客的距离。

(五)讲求信用的原则

信守承诺是人的美德，千万不要为了引诱顾客订货而向顾客许下不能履行的诺言。这样做产生的后果是不堪设想的。应该尽量少许诺，多做实际工作。当推销人员以实际行动而不是以许诺的方式满足了顾客的需要时，顾客是会表示感激的。假如推销人员为了一次的订单而随意许诺，那么下次再想得到他的订单就不那么容易了。任何时候都应该记住，不论摆在面前的情况如何，决定推销人员是否得到订单的重要因素是顾客对推销人员的信赖，而不是推销人员的销售谈话。推销人员要以自己的言行博得顾客对自己的信任，并且相信他的权益也会由于自己信守诺言而得到保护。要言必行，行必果。

(六)反对不正当竞争的原则

在与顾客洽谈销售业务时，最好不要谈论竞争对手的情况，特别是不能诋毁竞争对手。我们反对不正当竞争，主张尊重对手，不得不谈论对手时要持客观、公正的态度，甚至多谈论竞争对手的优点，不谈缺点，以营造一种良性的销售气氛。但是，尽管在洽谈中不应谈论竞争对手的情况，推销人员也应该清楚地了解对手的情况，了解他的产品和他的推销方法等。只有在了解了对手在干什么、怎么干以后，才能更好地制订自己的推销策略和计划。

(七)明确可信的原则

推销论点必须有理有据、明确可信。无论如何，直截了当地向推销员提出不信任他的产品的顾客毕竟是少数。许多推销员之所以没有获得顾客的订单，其原因就是他们过高地估计了顾客对他的信赖程度，过低地估计了向顾客提供可信证据的必要性。销售谈话不是唱赞美诗，不要肆意夸张谈话内容，使用描述某种特性的形容词时要格外谨慎。成功最重要的不在于推销员说什么，而在于顾客相信什么。应当把销售谈话分为几个部分，而每一部分的内容都要具体、详细。不要说"大量的企业都使用我们的产品"等模糊的言语，可能的话，应具体说明是哪些企业在使用自己的产品，切忌太过于夸张，让人觉得有欺诈行为。

五、推销的三要素

任何企业的商品推销活动都少不了推销人员、推销品和顾客，即推销主体、推销客体

和推销对象构成了推销活动的三个基本要素。

(一)推销人员

推销人员是指主动向推销对象销售商品的推销主体,包括各类推销员。在推销的基本要素中,推销的人员是最关键的。在销售领域中,有个最大的困惑,那就是许多推销员以为他们卖的是产品,其实不然,真正的推销不是推销产品,而是推销自己。推销成功与否,往往取决于推销人员的服务精神和态度,因为每个推销人员都是独一无二的,只有顾客喜欢他的为人、个性、风格,才会购买他的产品。尽管说每个人都是推销员,但对职业的推销员来说,推销具有更丰富的内涵。在观看美国职业篮球——全美篮球协会球赛时,我们会体会到什么是真正的篮球运动,会为他们娴熟、超人的技巧赞叹。对于职业推销员来讲也一样,只有以特有的技能赢得客户的信任与赞誉,才能展现其存在的社会价值和特有的风范。

(二)推销品

所谓推销品,是指推销人员向顾客推销的各种有形与无形商品的总称,包括商品、服务和观念。推销品是推销活动中的客体,是现代推销学的研究对象之一。因而,商品的推销活动,是对有形商品与无形商品的推广过程,是向顾客推销某种物品的使用价值的过程,是向顾客实施服务的过程,是向顾客宣传、倡议某种新观念的过程。从现代营销学的角度来看,向顾客推销的是整体产品,而不仅仅是具有某种实物形态和用途的物理学意义上的产品。

(三)顾客

推销人员不仅要认识自己的推销心理,而且还要善于洞察顾客的购买心理,根据具体的顾客采用相应的推销技法。此外,依据购买者所购推销品的性质及使用目的,可把顾客分为个体购买者与组织购买者两个层次。个体购买者购买某种推销品是为了个人或家庭成员的需要,而组织购买者购买某种推销品,是为了维持日常生产加工、转售或开展业务的需要,通常有赢利或维持正常业务活动的动机。由于推销对象的特点不尽相同,因而采取的推销对策也有差异。

所以,现代商品的推销少不了推销员(推销主体)、推销品(推销客体)及顾客(推销对象)三个基本要素。如何协调三者的关系,保证企业销售任务得以完成,顾客实际需求得以满足,是专业推销员应该把握的问题。

六、现代推销学的发展

(一)古老的推销技术

推销和商品生产是一对孪生兄弟。自从有了商品生产的那天起,商品推销就产生了,并形成了古老的推销技术。这个时期,自给自足的自然经济占主导地位,商品经济还不发达。由于社会制度的原因而形成势力割据,使市场小而分散,加上交通不便,市场规模呈现相对稳定的状态。从事推销活动的人主要是个体生产者或商人，推销技术主要以个人推销技术为主。

这一时期的推销属于传统的、狭义的推销技术范畴。由于市场商品供不应求，推销成功与否的偶然性不是很明显，但推销仍具有短期行为的特点。

(二)生产型推销技术(产品推销)

产品推销观念是指推销人员主要依靠产品本身优势实现商品推销的观念。推销成功与否的关键在于推销的产品是否具有明显优势。这一阶段，推销主体由个人转变为企业。现代推销技术已有了它生存、发展的土壤。但是，由于处于供不应求的状态，企业生产的产品都可以卖出去，企业的注意力主要集中于降低成本，充分利用现有的设备、技术、原材料来生产更多的产品，企业以生产为中心，以产定销，并不重视推销活动。

(三)销售型推销技术(技巧推销)

技巧导向推销观念是指推销人员主要依靠高超的推销技巧实现产品交易的观念。随着生产力的发展和产品销售压力的增加，客观上要求企业必须重视商品推销，因为它已直接威胁到企业的生存与发展。但是，从总体来看，这个时期的推销仍未摆脱传统的、狭义的范畴，具体有以下特点。

1. 企业开始设立负责推销的机构

许多企业内部开始设立销售部门，销售活动作为一种职能从企业经营活动中分离出来，这推动了推销技术的迅速发展。但应该看到，在企业中，销售部门与生产部门是平行的业务部门，以生产为中心、以产定销的格局使二者的矛盾日益尖锐。

2. 企业开始采用积极推销方式

推销已从过去那种坐等顾客上门的被动的推销方式，逐步转变为走出去说服顾客式的积极推销方式。在生产中，已从过去仅仅注意如何降低成本，到开始注意产品的差异性。

3. 新的推销技术和推销观念逐步形成

推销成功的偶然性开始暴露出来，要求借助于新的、更高的推销技术来解决。传统的短期性推销已不能适应企业发展的需要，在这个阶段，人员推销和非人员推销的基本手段已逐步完善。

(四)市场型推销技术(观念推销)

随着商品进一步发展，生产相对过剩的状况在市场上的表现日益明显，逐渐形成了以消费者为主导的买方市场，企业间的竞争日益激烈。在这种形式下，新的推销方式便应运而生了。1958 年，欧洲著名推销专家海因兹·姆·戈德曼的《推销技巧》问世，宣告了现代推销学的产生。在这本书里，海因兹系统地总结了他三十年推销生涯的成功经验，将推销工作程序化、公式化，提出了被誉为推销法则的爱达模式。在他的书里，他认为现代推销的主要特点是以消费者需求为中心。传统的推销以生产为中心，以现有的产品或服务为

前提，以产定销；而现代推销以消费者需求为中心，即消费者需要什么就生产什么，企业以销定产，以需定产，这样就改变了传统推销中成功的偶然性。

(五)系统型推销技术

现代推销具有全局性和系统性的特点。全局性主要表现在现代推销是以销售指导生产、指导采购。企业的销售部门发展为综合性市场部门，并占有主导地位，企业的一切经济活动围绕市场来运行。这就是说，任何局部活动都必须为最终把产品(服务)卖出去这个影响企业全局的活动服务。系统性的特征表现在推销已不单纯是销售部门的事情，而是企业经营管理水平的整体体现，也是企业各经营环节配合是否紧密的综合反映。

第二节　推销方式及类型

一、推销方式

(一)直接推销方式

1. 人员推销

人员推销是一个推销人员与顾客面对面进行沟通的过程。推销人员通过交流，了解潜在购买者的欲望和要求，介绍产品的功能与特点，推销产品，以满足购买者的需要。人员推销还能与购买者建立起长期的良好关系。

2. 面谈推销

面谈推销是在推销活动中，就某些提议和承诺通过推销人员运用各种方式和手段向顾客进行讲解和示范，并说服顾客购买的一种协商过程。

3. 电话推销

电话推销就是推销人员用电话直接向顾客推销商品，这种方法用以联系距离较远的顾客，因为推销员可以坐在办公室里开展业务，扩大销售，减少出差和旅行方面的费用。

4. 信函推销

信函推销属于不需要与顾客直接交涉便可完成销售的一种推销方法，它是指推销员将邮件寄给顾客，让顾客通过邮寄来订购和付款，从而完成销售。信函推销是直接邮售，这种销售方法适合于顾客较明确的情况，多用于销售书籍、杂志、礼品及大型工业品。

5. 会议推销

会议推销是指由企业的主管人员和推销人员同买方举行洽谈会，共同探讨双方有关交易的问题。

6. 研讨会推销

研讨会推销是指召开由企业技术人员向买方技术人员介绍某项最新技术的研讨会，让客户了解本企业的最新研究成果，促使其购买本企业的产品。

企业可根据具体情况(如产品特点、技术力量等)在上述诸方式中选择最适当的方式。

(二)间接推销方式

1. 广告推销

广告是指公司用付费的方式，把有关商品、服务等信息通过一定的媒体，有计划地传递给消费者，以沟通供需之间的联系，达到指导消费、扩大销售的目的。在现代社会中，可供选择的广告媒介越来越多，除了报纸、杂志、广播、电视四大媒体之外，企业还可以利用邮寄、电影、招贴、橱窗、路牌等多种手段进行广告宣传。尤其值得一提的是，在互联网日益发达的今天，利用网络进行广告宣传是一个重要的手段。采用广告宣传可以使广大客户对企业的产品、商标、服务等加强认识，并产生好感。其特点是可以更为广泛地宣传企业及其商品，传递信息。

2. 营业推广推销

营业推广是指企业在特定的目标市场中，为迅速地刺激需求和鼓励消费而采取的一种促销手段。企业为了正面刺激购买者需求而采取的诸如展览会、有奖销售、减价折扣或在大量购买中给予优惠等多种方式均属于营业推广。其共同特点是，可以有效地吸引客户，刺激购买欲望。营业推广的具体形式有三类：一是针对消费者的营业推广，目的是为了鼓励消费者的购买欲望，提高重复购买率，推动新产品销售，扩大市场占有率等，如进行有奖销售，举办展销、现场表演等；二是针对中间商的营业推广，目的是为了鼓励中间商大量进货、代销，加速货款回收等，如购货折扣、推销竞赛等；三是针对推销人员的营业推广，目的是为了鼓励推销人员积极工作，努力开拓市场，增加计划期内的销售量，如开展竞赛和奖励活动等。

3. 公共关系推销

公共关系是指一个公司为了谋求社会各方面的信任和支持、树立企业信誉、创造良好的社会环境而采取的一系列措施和行动。从销售角度看，它是企业为获取公众的信赖、加深用户印象而用非直接付费方式进行的一种促销活动。

为了使公众理解企业的经营活动符合公众利益，并有计划地加强与公众的联系，建立和谐的关系，树立企业信誉而举办的一系列活动，都属于公共关系。其特点是不以短期促销效果为目标，通过公共关系使公众对企业及其产品产生好感，并树立良好的企业形象，如报告文学、电视剧、支持社会公益活动等公关手段的效果就很好。企业公共关系的目的不仅在于促销，还具有为企业的生产经营创造更为和谐的营销环境的特点。

4. 企业形象推销

企业形象推销的主要目的是树立良好的企业形象，一般利用广告和公共关系的方式进行。

二、推销方式的创新与应用

随着市场环境的变化，进入 20 世纪 90 年代以来，推销方式与推销策略出现了一些新

的变化和发展，这主要表现在以下三个方面。

(一)从手段来讲，网络技术的发展为推销提供了新的手段和发展空间

我们知道，推销之所以重要，原因在于其沟通本质，即推销从本质上讲，是一种信息沟通活动。因此，从推销的沟通本质来看，决定推销策略发展的一个重要因素就是沟通媒介的发展，即新的信息传递媒体的出现和发展都会促进推销策略的发展。当前信息媒体最具革命性的发展就是互联网，网络已成为自电视发明以来最新兴的媒体，由此，企业上网开展促销的步伐也随着网络的快速蔓延而加快，出现了所谓的网络促销，其中发展最快的就是网络广告。我国互联网发展较晚，网络广告从 1997 年起步，在 1998 年网络广告收入就达到 1800 万元，虽然仅占全年广告收入总额 520 亿元的很少一部分，但惊人的增长速度足以证明其新生的力量。网络广告正以迅雷不及掩耳之势，渗透到现代生活的各个方面，展示出魅力无穷的网上商机。这一发展趋势也将企业界和理论界的研究重点转移到网络广告上来。

(二)从原则来讲，当前推销方式与策略更强调互动、分众、可控和效果的可测性

传统的推销是在传统的市场环境下形成的，在相当大的程度上，推销者的期望仅仅在于信息上的传递。现在，随着市场环境的变化、消费者的日渐成熟和技术的发展，必须对促销提出更高的要求。

现在，市场从以前的生产者主权市场转变为消费者主权市场，相对以前，消费者掌握了更多对企业有价值的信息，这就要求企业不仅要向消费者传递有关自己产品和企业的信息，还要尽可能地获得消费者的有关信息。这一转变落实在企业的促销行为上，就要求企业不能只将促销看作是一个单方面的信息传递，更应该通过了解消费者的反应，来获得对市场更充分的认识。而消费者在促销中也就不再是被动的信息接受者，他也可以根据自己的偏好来选择企业传递过来的信息，从而使当前的促销更强调卖方和买方之间的互动。

大多数传统促销的信息沟通是通过大众传媒进行的，由于媒体传播的广泛性，使得促销不可避免地会出现与企业目标市场相比过于分散以至于浪费的倾向。当前的促销更强调分众。在分众的要求下，企业促销会选择一些能够有效"分众"的媒体或形式，如有线电视、直邮广告、电话促销、网络广告等，有些"分众促销"甚至达到了"定制促销"的地步。

传统促销的一个主要问题是促销的效果较难把握，尤其是广告，因为企业往往无法确切地知道有多少人接收到了其所发布的广告信息和反馈情况。现在，技术的发展为促销克服这一问题提供了条件，这也使得促销越来越强调效果的可测量性。例如发布网络广告，就要及时统计每条广告被多少用户看过，以及这些用户浏览这些广告的时间分布、地理分布和反映情况等。广告主可以评估广告效果，进而审定广告策略的合理性和进行相应调整，以及根据广告的有效访问量进行评估，并按效果付费。

(三)从形式上讲，当前推销策略更强调整合促销

传统的促销也有一个促销组合，即综合性地运用广告、人员推销、营业推广和公共关

新世纪高职高专课程与实训系列教材

系等沟通手段来影响消费者。但在实际的促销操作中，却很少能做到这一点。所谓的促销，不仅仅就是广告、人员推销和营业推广等，现代促销，更强调整合促销和整合沟通。简单来讲，整合促销有以下要点。

(1) 在促销中，居于核心的是消费者的心理，因此，必须要对消费者的动机、认知、记忆、联想和态度有更充分的认识。

(2) 整合促销强调真正意义的综合。就像打篮球，各种沟通传播工具如同球场上的后卫、前锋、中锋，各司其职，且讲究战法，通过纯熟的默契配合与教练的调度，发挥大兵团的作战能力。

(3) 整合促销的目的不是一次性交易，而是希望与消费者维系长期的关系，即实现关系营销。这就要求企业在沟通中，有条不紊地与消费者进行适时、适地的双向交流和沟通，同时还要建立全面的顾客数据库，实现数据库营销。

三、影响推销性质的因素

(一)产品品牌

当推销人员出现在客户面前时，他们总是立即被与某一品牌联系在一起，并且客户会把对于该品牌的态度投射到推销人员身上。如果客户对这一品牌一无所知，那么推销人员从客户那里得到的就是陌生的态度，他的任务就是要通过自身的宣传帮助客户建立对这一品牌良好的认知。如果客户对这一品牌十分喜爱，那么推销人员将从客户那里得到亲切的态度，他的任务只是进一步巩固这种良好的认知，并推动购买。而如果客户对这一品牌十分讨厌，那么推销人员得到的可能就是不友好的态度，他必须面临转变客户原有认知，并重新建立积极态度的困难任务。

(二)推销人员的心理素质

与其他推销手段不同，人员推销具有接触性和互动性的特点，因此推销人员的心理素质将直接影响推销活动的开展。推销人员的心理素质包括自我控制、社会适应、职业道德、工作态度、成就动机、依赖性以及耐挫折性七个方面。拥有怎样的心理素质的推销人员会受到市场的欢迎，又与该地区的文化内涵息息相关。因此我们既要注重推销人员心理素质的培养，同时又必须要和本国的经济、文化等特色紧密结合。

(三)市场成熟度

人员推销作为市场经济的一个产物，必然与市场的发展息息相关、互相影响。只有物质供应十分丰富的市场经济才会产生人员推销的需求；只有树立了以消费者为中心的营销理念，人员推销这一营销模式才会被社会所认同；只有社会经济不断发展，消费能力不断提高，人员推销这一模式才能有不断发展的土壤。据研究表明，我国消费者对于推销人员心理素质的关注点主要集中在其职业道德、敬业精神等方面，而较少关注其社会交往能力、沟通能力等职业技能方面，这与我国市场经济刚刚起步，在企业诚信体系、售后服务体系以及法律法规体系等方面的健全还不够完善的现状密切相关，企业诚信的体现很大程度上还依赖于推销人员自身的职业道德而不是社会的法律法规体系。因此人员推销的开

展还必须与市场经济的发展水平相结合，找到各个时期人员推销与市场经济发展的契合点。

(四)顾客的类型

1. 一般消费者

在市场上推销产品是以消费者为推销对象，因此消费者便构成了市场的基本要素。消费者的数量决定销售市场的规模。除了分析各个国家或地区消费者的总量以外，还要分析消费者的地理分布、密集程度、年龄结构、性别、教育程度等因素，以便根据企业产品的功能和特点，选择主要的推销目标市场。

2. 集团消费者

集团消费者指购买商品和服务以用于生产性消费，以及转卖、出租其他非生活性消费的企业或社会集团。

1) 生产企业

生产企业指购买商品或劳务以用于生产性消费的企业，这是集团消费者的主要构成部分，通常称"产业市场"。

2) 中间商

中间商亦称转卖者，指所有以营利为目的而从事转卖或租赁业务的个体和组织，是指在制造商与最终顾客(消费者或用户)之间参与交易业务，促使买卖行为发生和实现的组织和个人，包括商人中间商和代理中间商。

商人中间商也称为经销商，是指从事商品交易业务，在商品买卖过程中拥有产品所有权的中间商。也正因为他们拥有产品所有权，所以在买卖过程中，他们要承担经营风险。商人中间商又可分为批发商和零售商。

代理中间商是指接受生产者委托从事销售业务，但不拥有商品所有权的中间商。代理商的收益主要是从委托方获得佣金或者按销售收入的一定比例提成。代理商一般不承担经营风险。

3) 非营利性组织

非营利性组织也称机构，是指一些学校、行政部门、慈善机构和其他为社会公众提供服务的组织和社会团体。

4) 政府

在大多数国家，政府也是产品和劳务的主要购买者。政府采购的主要目的除了用于政府机构执行政府职能的日常事务需要外，在很大程度上还执行着调节宏观经济的职能。

四、推销的基本类型

1. 零售业推销

零售业推销，即消费品推销。零售业推销是指把商品直接推销给最终消费者，以供消费者个人或家庭消费的中间商。零售处在商品流通的最终环节，直接为广大消费者服务。零售业推销的对象是最终消费者，交易结束后，商品脱离流通领域，进入消费领域。零售业推销产品的数量比较小，但推销频率高；零售对象数量多、分布广。

零售业的消费品可以分为便利品、选购品、特殊品和非寻求品。便利品的消费者具有一定的品牌忠诚度和消费习惯；选购品的品牌忠诚度并非是很重要的因素，消费者在选购时会逐一比较价格和品质，以便做出最佳的购买选择；对于特殊品，消费者在选购时要花费很多的时间与心思，通常具有强烈的品牌偏好度；对于非寻求品，如新产品、保险产品，则更需要推销员的强力推销。

2. 贸易推销

贸易推销，即批发推销。批发商出售的商品一般是供给零售商转卖或用于再生产的；批发商是在工商企业之间进行交易活动的，批发交易结束后，商品仍留在流通领域。批发商销售的商品数量一般比较大，销售的频率相对较低，设点较少。按照不同的标准，批发商又可分为以下几种类型。

(1) 依照服务范围划分，可以把批发商分为完全服务批发商和有限服务批发商。

(2) 依照经营业务内容划分，可以把批发商分为专业批发商和综合批发商。

3. 直销

直销也称为人员推销，是推销员与顾客面对面的交流过程，通过口头直接向顾客介绍商品，以达到推销的目的。直销在争取顾客的爱好、信任和促成当面迅速成交等方面，效果比较显著，但这种方法的推销费用相对较高。

20 世纪 80 年代以来，随着通信技术、网络技术及信用手段的快速发展，直复营销(Direct Marketing)获得了空前的发展，现已被世界所有发达国家的几乎所有企业普遍采用，甚至被称为 21 世纪最具发展潜力的营销模式。其主要的形式有直接邮寄(Direct Mail)、电话营销(Telemarketing)、电视营销(Television Marketing)和网络营销(Online Marketing)。

直复营销是一种将广告活动和销售活动统一在一起的销售方式，营销者通过一定的媒体把相关的商业广告信息传达给可能对其有兴趣的消费者，同时提供一种便利的回应工具(如免费电话、可直接邮寄的订单等)，方便消费者的订货。

4. 工业品推销

工业品的特点是专用性强，绝大多数工业品是中间产品，产品的差异主要在于质量方面。由于工业品买卖的数量相当大，因而成功的工业品推销员不仅要掌握推销技术，而且也应该是某些商品技术方面的专家。工业品推销的推销品主要包括原材料、零部件、供应品、服务等，推销对象可能包括生产厂商、零售商、批发商、社团组织和政府机关等。

工业品推销方式有以下几种。

(1) 销售人员推销。销售人员推销主要是指推销人员在店面的销售，以及在店面以外的其他场所去寻找顾客，进而完成销售的过程。

(2) 服务人员推销。这是工业品营销中经常被忽视的推销方式。由于工业品的采购决策复杂，采购价值高，同时采购失误后承担的风险较大。所以重复采购时，客户更倾向于已经成功使用的产品。因此企业应加强安装、调试和售后服务人员的销售培训，要在送货、安装、顾客培训、咨询服务、维修等方面突出自己与竞争对手的不同和优势，并长期

保持与客户的良好关系,这将有效促进客户的重复购买。

(3) 技术人员推销。工业品的采购过程中,客户技术人员对购买决策的影响较大,特别是大型设备的购买。因此,设置专门的技术支持人员或者精通技术的顾问式销售人员进行销售,会比纯粹的商业推销效果好。有些企业还会聘请业内专家参与推荐、培训、销售答疑等工作。

(4) 高级负责人推销。一方面,工业品采购过程中,客户高层领导参与较多。企业高级负责人与客户高层往往更容易交流,通过高层的接触,有利于加强双方的信任,有利于合同的成交与用户忠诚度的提高。另一方面,对于整个行业来说,经常存在一些重要因素,如客户上级的集团公司、政府的监管部门、权威的设计院所,涉及的人员不多,但是影响力很大,需要企业高级负责人加强沟通,建立良好的关系,并统一管理。

五、针对中间商推销

(一)中间商的主要类型

如前所述,中间商是指在制造商与最终顾客(消费者或用户)之间参与交易业务,促使买卖行为发生和实现的组织和个人,包括商人中间商和代理中间商,其中商人中间商又可分为批发商和零售商。

1. 批发商

批发商是指向制造商或经销单位购进商品,供应其他单位(如零售商)进行转卖或供给制造商进行加工制造产品的中间商。

批发商出售的商品一般是供给零售商转卖或用于再生产。批发商是在工商企业之间进行的交易活动,批发交易结束后,商品仍留在流通领域。批发商销售的商品数量一般比较大,销售的频率相对较低,设点较少。

2. 零售商

零售商是指把商品直接销售给最终消费者,以供消费者个人或家庭消费的中间商。

零售商处在商品流通的最终环节,直接为广大消费者服务。零售商的交易对象是最终消费者,交易结束后,商品脱离流通领域,进入消费领域。零售商销售产品的数量比较小,但销售频率高;零售商数量多、分布广。

(二)选择中间商的条件

无论生产者在招募中间商方面是容易还是困难,他们都必须判断哪些特性能体现出其优劣。他们需要评估该中间商经营时间的长短、增长记录、偿还能力、合作意愿及其声望。即使中间商是销售代理商,生产者也须评估经他销售的其余产品的种类。如果中间商准备给予某家百货公司独家经销权,则生产者需评估该商店的位置、未来的发展潜力及经常光顾的顾客类型。

如果企业确定了其产品销售策略,选择间接渠道进入市场,下一步即应做出选择中间商的决策,包括批发商和零售商。中间商选择是否得当,直接关系着生产企业的市场营销效果。选择中间商首先要广泛搜集有关中间商的经营、资信、市场范围、服务水平等方面的信息，确定审核和比较的标准。选定了中间商后，还要努力说服对方接受你的产品，因为并不是所有的中间商都对你的产品感兴趣。投资规模大并有名牌产品的生产企业完成决策并付诸实施是不太困难的，而对那些刚刚兴起的中小企业来说就不是一件容易的事情了。一般情况下，要选择具体的中间商必须考虑以下条件。

1. 中间商的市场范围

市场范围是选择中间商最关键的原因。首先要考虑预先规定中间商的经营范围所包括的地区与产品的预计销售地区是否一致，比如，产品在东北地区，中间商的经营范围就必须包括这个地区。其次，中间商的销售对象是否是生产商所希望的潜在顾客，这是最根本的条件。因为生产商都希望中间商能打入自己已确定的目标市场，并最终说服消费者购买自己的产品。

2. 中间商的产品政策

中间商承销的产品种类及其组合情况是中间商产品政策的具体体现。选择时一要看中间商有多少"产品线"(即供应来源)；二要看各种经销产品的组合关系，是竞争产品还是促销产品。一般认为应该避免选用经销竞争产品的中间商，即中间商经销的产品与本企业的产品是同类产品，比如都为 21 英寸的彩色电视机。但是若产品的竞争优势明显，就可以选择出售竞争产品的中间商，因为顾客会在对不同生产企业的产品做客观比较后，决定购买有竞争力的产品。

3. 中间商的地理区位优势

区位优势即位置优势。选择零售中间商最理想的区位应该是顾客流量较大的地点。批发商的选择则要考虑它所处的位置是否利于产品的批量储存与运输，通常以交通枢纽为宜。

4. 中间商的产品知识

许多中间商被规模巨大而且有名牌产品的生产商选中，往往是因为它们对销售某种产品有专门的经验。选择对产品销售有专门经验的中间商就会很快地打开销路，因此生产企业应根据产品的特征选择有经验的中间商。

5. 预期合作程度

中间商与生产企业合作得好会积极主动地推销企业的产品，对双方都有益处。有些中间商希望生产企业也参与促销，扩大市场需求，并相信这样会获得更高的利润。生产企业应根据产品销售的需要确定与中间商合作的具体方式，然后再选择最理想的合作中间商。

6. 中间商的财务状况及管理水平

中间商能否按时结算包括在必要时预付货款，取决于其财力的大小。整个企业销售管理是否规范、高效，关系着中间商营销的成败。这些都与生产企业的发展休戚相关，因此，这两方面的条件也必须考虑。

7. 中间商的推销策略和技术

采用何种方式推销商品及运用选定的推销手段的能力直接影响销售规模。有些产品采用广告推销比较合适，而有些产品则适合通过销售人员推销。有的产品需要有效的储存，有的则应快速运输。要考虑到中间商是否愿意承担一定的推销费用以及有没有必要物质、技术基础和相应的人才。

8. 中间商的综合服务能力

现代商业经营服务项目甚多，选择中间商要看其综合服务能力如何，有些产品需要中间商向顾客提供售后服务，有些在销售中要提供技术指导或财务帮助(如赊购或分期付款)，有些产品还需要专门的运输存储设备。合适的中间商所能提供的综合服务项目与服务能力应与企业产品销售所需要的服务要求相一致。

(三)中间商营销

目前，我国工业企业生产的产品中，有一大部分是通过商业部门销售的，因此，建立良好的工商关系，以调动商业部门的积极性，是很有必要的。工业企业与商业企业建立良好的感情关系，应注意以下几点。

(1) 树立"工商一家"的经营思想。企业要通过与商业部门建立良好的关系来稳定和扩大销售渠道和销售市场。优秀的企业都十分强调这一点，松下公司的产品 80% 以上是通过 2000 多家零售店销售给广大用户的，为此，他们十分重视与零售商建立融洽密切的关系，把零售店看成是自己的亲家。

(2) 维护商业部门的利益。工商关系的实质是一个利益问题。因此，厂家要调动中间商的积极性，就要恰当地处理二者的利益关系。当工商企业出现利益冲突时，厂家应维护商业部门的利益，以树立信誉。"不为别人的利益着想，就不会有自己的繁荣"，这是应当信奉的经营哲学。厂家要树立与中间商共存共荣的意识，站在对方的立场上，考虑中间商的利益。

(3) 对于紧俏产品，企业要有战略观念，从长远出发，从建立良好信誉、建立稳固的供销关系出发。对于紧俏产品，工商企业都愿多销，以取得更大的经济效益。但厂家也应看到，世上没有永不凋谢的花朵，紧俏货不可能永远紧俏。当前的市场，顾客的需求在迅速变化，任何紧俏产品都有可能在较短的时间内变成滞销产品。所以，企业应趁产品紧俏之机，与商业部门建立稳定的关系，为未来的发展打下坚实的基础。斤斤计较眼前的利益是鼠目寸光。古人讲："自古不谋万世者，不足以谋一时；不谋全局者，不足以谋一域。"其中道理，值得深思！

第三节 推销环境分析

一、推销环境介绍

1. 推销环境的概念

推销环境泛指一切影响和制约企业推销活动决策和实施的内部条件和外部环境的总

和，包括企业在其中开展营销活动并受之影响和冲击的不可控因素与社会力量，如供应商、顾客、文化与法律环境等。

2. 研究推销环境的目的

研究推销环境的目的是通过对环境变化的观察来把握其趋势以发现企业发展的新机会和避免这些变化所带来的威胁。推销员的职责在于正确识别市场环境所带来的可能机会和威胁，从而调整推销策略以适应环境变化。

二、推销环境的特征

(1) 客观性：即推销部门无法摆脱和控制的营销环境。
(2) 差异性：即不同国家与地区、企业之间的推销环境千差万别。
(3) 多变性：即推销环境是一个多变的动态环境。
(4) 相关性：即推销环境诸因素之间相互影响、相互制约。
(5) 双重性：即市场机会与环境威胁并存。
(6) 多样性：即构成推销环境的因素多、层次多，对市场营销活动的影响方式多。

三、宏观环境分析

宏观环境是指影响企业市场营销活动的一系列巨大的社会力量和因素，主要包括人口环境、经济环境、社会文化环境、科学技术环境、政治法律环境、自然生态环境和竞争环境七大因素。其中，政治法律环境、经济环境、社会文化环境、科学技术环境包含的主要内容如下。

(1) 政治法律环境：政治制度体制方针、政府的稳定性、特殊经济政策、环保立法、反不正当竞争法、对外国企业态度、法律法规等。

(2) 经济环境：GNP 变化、财政货币政策、利率、汇率、通货膨胀率、失业率、可任意支配收入、市场需求、价格政策等。

(3) 社会文化环境：民族特征、文化传统、宗教信仰、教育水平、生产方式、就业预期、人口增长率、保护消费者运动、社会结构、风俗习惯等。

(4) 科学技术环境：国家研究支出、行业研究开发支出、专利保护状况、新产品新技术商品化、互联网的发展等。

(一)人口环境

人口是构成市场的第一位因素。

1. 人口规模及增长速度及世界人口的变化趋势

(1) 全球人口持续增长(现过 60 亿)。
(2) 发达地区人口出生率下降而发展中地区人口出生率上升。

2. 人口的地理分布及密度

我国东部人口密度大，西部小；城市人口密度大，农村小。地理位置不同会导致需求

和购买习惯不同，人口密度不同则产品的流向和流量也不同。

3. 家庭生命周期

家庭生命周期有以下七个阶段。

(1) 未婚期：单身，空闲时间多。

(2) 新婚期：夫妇二人，无子女。

(3) 满巢期一：年轻夫妇和 6 岁以下婴幼儿。

(4) 满巢期二：年轻夫妇和 6 岁以上儿童。

(5) 满巢期三：年龄较大夫妇和经济尚未独立子女。

(6) 空巢期：夫妇二人，子女已婚独居。

(7) 孤独期：丧偶独居。

4. 人口结构对营销的影响

(1) 人口的年龄结构决定需要。

① 人口老龄化加速引起市场需求变化。

② 出生率下降引起市场需求变化。

(2) 民族构成不同，则消费特点不同。

(3) 受教育程度不同，则消费特点不同。

(二)经济环境

推销的经济环境主要是指企业推销活动所面临的外部社会经济条件。具体来说，主要是指社会购买力。影响购买力水平的因素主要有消费者收入、消费者支出、消费信贷及居民储蓄、币值等，其中消费者的收入水平是影响企业推销的最重要的因素。

1. 经济发展状况

经济发展状况主要指经济总量、增长速度、经济结构等方面。

2. 社会购买力

社会购买力是指一定时期内社会各方面用于购买产品或服务的货币支付能力。

市场规模的大小归根到底取决于购买力的大小，社会购买力大小又取决于国民经济发展水平及国民平均收入水平。

3. 消费者收入

消费者收入主要是指消费者的实际收入。营销人员应注意消费者实际收入的变动趋势，同时还应注意人均收入和收入的分配。

4. 消费者支出

消费者支出主要是指支出结构或需求结构的变化对市场营销活动的影响。消费者支出主要取决于消费者的收入水平。消费者的货币收入扣除各种税金后，即构成"可支配的个人收入"，若再扣除衣食住等基本生活开支，即构成"可随意支配的收入"。

恩格尔定律指出：当家庭收入增加时，多种消费的比例会相应增加，但用于购买食物支出的比例将会下降，而用于服装、交通、保健、文娱、教育的开支及储蓄的比例将会上升。恩格尔系数就是食品支出在总收入中的百分比。它反映了人们收入增加时支出变化的一般趋势，已成为衡量家庭、地区以及国家富裕程度的重要参数。

对消费者支出的分析，有助于企业了解目标市场的需求特点，把握市场机会，确定市场营销策略。

5. 居民储蓄及消费信贷

当消费者的收入一定时，储蓄数量越大，现实支出数量就越小，从而影响企业的销售量。同时，居民储蓄越多，潜在购买力越强。因此，市场营销人员必须了解影响居民储蓄的诸因素，还应了解消费者储蓄目的的差异，以便准确地预测消费需求发展趋势和发展水平，寻求新的市场机会。

(三)社会文化环境

社会文化环境主要是指一个国家、地区或民族的传统文化，如风俗习惯、伦理道德观念、价值观念等。传统文化是经过千百年逐渐形成的，它影响和制约着人们的行为，包括消费行为。市场营销者在产品和商标的设计、广告和服务的形式等方面，要充分考虑当地的传统文化，要研究不同社会阶层和相关群体的需求特点和购买者行为。由于不同社会阶层的需求不同，各种档次、各种类型的产品都有一定的市场。

营销人员对文化环境的研究一般从以下几个方面入手：教育状况、宗教信仰、生活方式、风俗习惯、价值观念、审美观念、亚文化群等。

(四)科学技术环境

科学技术是第一生产力，是影响人类前途和命运的伟大力量。科学技术一旦与生产密切结合起来，就会对国民经济各部门产生重大的影响，伴随而来的是新兴产业的出现、传统产业的被改造和落后产业的被淘汰，从而使企业的市场营销面临新的机会和威胁。因此，企业在进行科学技术环境分析时应注意以下几点。

(1) 新技术出现的影响力及对本企业的营销活动能造成的直接和间接的冲击。

(2) 了解和学习新技术，掌握新的发展动向，以便采用新技术开发或转入新行业，以求生存和发展。

(3) 利用新技术改善服务，提高企业的服务质量和效率。

(4) 利用新技术提高管理水平和企业营销活动效率。

(5) 新技术的出现对人民生活方式带来的变化及其由此对企业营销活动可能造成的影响。

(6) 新技术的出现引起商品实体流动的变化。

(7) 国际营销活动要对目标市场的技术环境进行考察，以明确其技术上的可接受性。

(五)法律环境

法律因素是指与市场营销有关的法规、条例、标准、惯例和法令。法律因素对企业市场营销的影响主要表现在以下几方面。

(1) 有关法律、法规对企业市场营销活动的制约。

(2) 有关法律、法规给企业带来的市场营销机会。

(3) 有关政策对企业市场营销活动的影响。这些政策包括人口政策、就业政策、能源政策、物价政策、财政金融与货币政策等。

(六)自然生态环境

自然生态环境因素是指营销者所需要或受营销活动影响的自然生态资源,包括资源状况(自然资源短缺)、生态环境(生态环境日益恶化)、环境保护(对自然资源和环境的保护加强)等。

四、微观环境分析

微观环境,即直接推销环境(作业环境),是指与企业紧密相连,直接影响企业营销能力的各种参与者,包括企业内部、渠道企业、顾客、竞争者及公众。

(一)企业内部

企业本身包括推销管理部门、其他职能部门和最高管理层。推销在制订和执行推销计划时,必须获得企业最高管理层的批准和支持,并与其他部门搞好分工协作。

对企业内部进行分析的内容包括以下几条。

(1) 企业的使命与目标。

(2) 企业的资源状况。

(3) 企业的组织结构。

(4) 企业文化。

(5) 其他。

(二)渠道企业

(1) 供应商:指向企业提供生产所需资源的企业和个人,包括提供原材料、零部件、设备、能源、劳务和资金等的组织和个人。企业应对供应商进行管理,尽可能实现输入成本的最优化。

(2) 营销中间商:指协助企业促销、销售和经销其产品给最终购买者的机构,包括中间商、物流公司、营销服务机构、财务中介机构。

(三)顾客

(1) 顾客:指企业产品或劳务的购买者,是企业服务的对象。

(2) 顾客(目标市场)的类型。

① 消费者市场:指为了个人消费而进行购买的个人和家庭所构成的市场。

② 生产者市场:指为了生产取得利润而进行购买的个人和企业所构成的市场。

③ 中间商市场:指为了转卖取得利润而进行购买的批发商和零售商所构成的市场。

④ 政府市场:指为了履行职责而进行购买的政府机构所构成的市场。

⑤ 国际市场:指由国外的消费者、生产者、中间商、政府机构等所构成的市场。

(3) 对顾客进行分析的内容。

① 顾客为何选择企业的产品或服务？

② 企业的顾客有哪些？

③ 企业需要在哪些方面增进对顾客的了解？

(4) 如何赢得顾客：应分析顾客的需求、建立与顾客之间的关系，找到满足、打动顾客的方法，才能实现成交。

(四)竞争者

(1) 竞争者：与企业构成竞争关系的组织。

(2) 竞争者类型。

① 愿望竞争者：指提供不同产品、满足不同需求的竞争者。

② 平行竞争者：指提供不同产品、满足同一种需求的竞争者。

③ 产品形式竞争者：指提供满足同一种需求的产品，但产品形式不同的竞争者。

④ 品牌竞争者：指提供满足同一种需求的同种形式产品，但品牌不同的竞争者。

(3) 对竞争者进行分析的内容：产品研究与开发、产品制造过程、采购、市场、销售和零售渠道、服务、财务管理、个性和文化。概括起来即竞争者的行为、个性和文化。

(五)公众

(1) 公众：指对企业实现营销目标的能力有实际或潜在利害关系和影响力的团体和个人。

(2) 公众类型：政府公众、媒体公众、金融公众、社团公众、社区公众、一般公众、企业内部公众。

(3) 对公众分析的目的：努力塑造并保持企业良好的信誉和公众形象，与公众保持良好的关系。

思 考 题

1. 推销在当代社会经济生活中有什么作用？
2. 现代推销活动应该遵循哪些基本原则？
3. 怎样理解推销与企业促销的关系？
4. 怎样理解推销的内涵？
5. 为什么要坚持推销的六个原则？

练 习 题

一、判断题

1. 根据现代推销理念，推销的根本目的就是想办法把产品销售出去。　　（　　）

2. 推销与营销在目的、手段、方式、方法上都是一样的。　　（　　）

3. 推销的主要手段是利用媒体宣传推广以达到推销目的。　　　　　　　　(　　)

4. 推销可以根据顾客的特点和推销环境的不同而采取不同的推销模式。　　(　　)

二、选择题

1. 下列哪个不是推销过程应遵循的原则(　　　)。

    A. 反对不正当竞争　　　B. 尊重顾客　　　C. 察言观色　　　D. 互利双赢

2. 下列哪个不属于推销活动的三大基本要素(　　　)。

    A. 推销对象　　　　　B. 推销过程　　　C. 推销产品　　　D. 推销人员

3. 推销人员除了具备基本的思想、文化、身体及心理素质外,还应练就的技能是(　　　)。

    A. 语言表达能力　　　B. 社交能力　　　C. 应变能力　　　D. 洞察能力

三、实训练习

某省教育厅农村教育处要采购一辆越野车,来了三个人,一个处长、一个秘书、一个司机,请问:

1. 他们对汽车的关注点一样吗?

2. 司机重视汽车的哪些方面?

3. 秘书重视汽车的哪些方面?

4. 处长重视汽车的哪些方面?

案 例 分 析

案例一

华人首富李嘉诚的推销之路

李嘉诚先生是华人当中名副其实的首富,但其创业初期有过一段不寻常的推销经历。他出生于广东潮安县一个书香门第的家庭,11 岁的李嘉诚在读完两年小学后便辍学,在他舅舅的南洋钟表公司做杂工。父亲的早逝,给李嘉诚留下了一副家庭重担和许多债务。14 岁的李嘉诚凭着毅力、韧性和真诚在港岛西营盘的春茗茶楼找到一份工作。李嘉诚在努力干好每一件事的同时,给自己定了两门必修功课。其一是时时处处揣测茶客的籍贯、年龄、职业、财富、性格等,以便找机会验证;其二是揣摩顾客的消费心理,既待人真诚又投其所好,让顾客在高兴之余掏腰包。李嘉诚对顾客的消费需求和习惯了如指掌,如谁爱吃虾饺,谁爱吃干蒸烧卖,谁爱吃肠粉加辣椒,谁爱喝红茶绿茶,什么时候上什么茶点,李嘉诚心中都有一本账,练就了一套既赢得顾客又能让顾客乖乖掏钱的本领。后来,李嘉诚到一家五金厂做推销员,他每天起得最早,第一个来到厂里,挑着铁桶沿街推销。靠着一双铁脚板,他走遍了香港的角角落落,从不放弃每一笔可做的生意。李嘉诚凭着坚韧不拔的毅力,建立了销售网络,赢得顾客的信赖,也深得老板器重。再后来,因为塑胶业的蒸蒸日上,李嘉诚开始推销塑胶产品。由于其肯动脑筋,又很勤奋,在塑胶产品推销过程中大显身手,业绩突出,20 岁便被提升为业务经理,而且也使李嘉诚淘得了第一桶

"金"，同时也练就了企业家的才能，为日后进军塑胶业和构建其庞大的企业帝国打下了坚实的基础。

(资料来源：李海琼. 现代推销技术[M]. 杭州：浙江大学出版社，2004.)

问题：

1. 李嘉诚的成功因素有哪些？
2. 您感悟到了什么？

案例二

推销大师乔·吉拉德的故事

闻名遐迩的汽车推销员乔·吉拉德，以 15 年共推销 13 000 辆小汽车的惊人业绩，被《吉尼斯世界纪录大全》收录，并荣获"世界最伟大的推销员"的称号。成功的秘诀何在？以乔·吉拉德经验可以借鉴。

1. 树立可靠的形象

乔·吉拉德努力改变推销人员在公众心目中的形象，不但有儒雅得体的言谈举止，而且有对顾客发自内心的真诚和爱心。他总是衣着整洁、朴实谦和、脸上挂着迷人的微笑出现在顾客的面前，而且对自己所推销的产品的型号、外观、性能、价格、保养期等烂熟于心，一清二楚，保证对顾客有问必答。他乐于做顾客的参谋，根据顾客的财力、气质、爱好、用场，向他们推荐各种适宜的小汽车，并灵活地加以比较，举出令人信服或易于忽略的理由来坚定买主的信心，主动热情、认真地代顾客进行挑选。年复一年，乔·吉拉德就这样用自己老成、持重、温厚、热情的态度，真心实意地为顾客提供周到及时的服务，帮助顾客正确决策，与顾客自然地形成了一种相互信赖、友好合作的气氛。顾客都把他当做一个值得信赖的朋友，戒备心烟消云散，高兴地接受他的种种建议。

2. 注意感情投入

乔·吉拉德深深懂得顾客的价值，他明白推销员就是对顾客的竞争，而顾客都是活生生的人，人总是有感情并且重感情的。所以，他标榜自己的工作准则是："服务，服务，再服务！"他豪迈地说："我坚信每个人都可能成为潜在的买主，所以我对我所见到的每一个顾客都热情接待，以期培养他们的购买热情。请相信热情总是会传染的。"

乔·吉拉德感情投入的第一步是以礼貌待客，以情相通。顾客一进门，他就像老朋友一样地迎接，常常不失时机地奉上坐具和饮料；对于顾客的每一项要求，他总是耐心倾听，尽可能做出详细的解释或者示范；凡是自己能够解决的问题则立即解决，从不拖拉。在这种情况下，绝大多数顾客都不得不对是否买车做出积极的反应，否则，心中就可能产生对不起推销员的内疚感。

乔·吉拉德感情投入的第二步是坚持永久服务。他坚信："售给某个人的第一辆汽车就是从与这个人长期关系的开始。"他把建立这种与"老主顾"的关系作为自己工作的绝招。他坚持在汽车售出之后的几年中还为顾客提供服务，并决不允许别的竞争对手在自己的老主顾中插进一脚。乔·吉拉德的种种服务使他的顾客备受感动，第二次、第三次买车时自然就忘不了他。

据估算，乔·吉拉德的销售业务额中有 80%来自原有的顾客。有位顾客亲昵地开玩笑

说："除非你离开这个国家,否则你就摆脱不了乔·吉拉德这个家伙。"乔·吉拉德感动地说："这是顾客对我的莫大的恭维!"

3. 重复巧妙的宣传

乔·吉拉德宣传的办法不但别出心裁,而且令人信服。顾客从把订单交给乔·吉拉德时起,每一年的每一个月都会收到乔·吉拉德的一封信,绝对准确。所用的信封很普通,但其色彩和尺寸都经常变换,以至没有一个人知道信封里是什么内容。这样,它也就不会遭到免费寄赠的宣传品的共同命运——不拆就被收信人扔到一边。乔·吉拉德特别注意发信的时间,1 日、15 日不发信,因为那是大多数人结算账单的时候,心情不好;13 日不发信,因为日子不吉利……他总是选取各种"黄道吉日",让顾客接到自己联络感情的信件时,心情愉悦或平静,印象自然更加深刻。这样挖空心思的费神费力值得吗?乔·吉拉德的回答是"太值得了"。因为平时"香火"不断,关键时候顾客这个"上帝"会保佑的。

(资料来源:崔平. 推销学[M]. 北京:机械工业出版社,2005.)

问题:

1. 乔·吉拉德是属于什么类型的推销员?他为什么会有骄人的业绩?
2. 你能够从乔·吉拉德的经历中得到哪些启示?

第二章 针对顾客购买心理推销

本章学习要点

● 顾客购买的心理过程
● 顾客的购买能力
● 针对顾客气质性格推销
● 针对顾客购买动机推销
● 针对顾客购买行为推销

第一节 销售——心理沟通的过程

一、推销过程中的顾客心理分析

推销过程是推销员把握顾客心理并针对顾客心理说服顾客的过程，所以在推销中分析顾客心理十分重要。

(一)推销过程实际上是一种人际沟通的过程

一般情况下，一个完整的推销过程可以分为七个相对独立的步骤：接待顾客；寻找顾客所需；倾听顾客陈述；商讨有关商品；回答不同意见；实现销售；售后服务。如果从社会心理学的角度分析，这个推销过程不能简单地视为一种贸易交换，它可以被理解为人际沟通、说服顾客的过程。

推销过程实际上是推销人员与顾客展开各自的心理活动，并努力实现双向心理沟通的过程。两个主体之间的心理沟通，其沟通程度如何，是否形成心理活动的共鸣，是否形成心理上的某种互相认同，双向沟通是否积极、协调、吻合，将决定推销活动是否成功。

(二)顾客购买商品的心理过程

顾客购买商品的心理过程大致可以分为三个阶段：顾客的认知阶段、顾客的情感阶段和顾客的意志阶段。

1. 顾客的认知阶段

人的认知过程是人脑通过感觉、知觉、记忆、思维、想象等形式来反映客观事物的特征、联系或关系的思想过程，是由感性到理性、由浅入深、由低级向高级的发展过程。感觉和知觉是认知过程的基础。

1) 引起顾客的注意

顾客对产品从感知经过记忆再到思维和想象的认知过程，必须有"注意"这个基本的心理活动做保证。注意是指人脑对客观事物的指向和集中。顾客到商店购物时，其心理活

动不是指向商店中的每一个事物，而是长时间地指向目标商品，同时忽略其他商品。顾客在购物时，其心理活动总是集中在目标商品上，而对其他商品或商店内的噪音、喧哗、音乐等干扰进行抑制，从而获得对所选购商品的清晰、准确的反映，以决定是否购物。推销员的任务就是让顾客对推销的产品或人产生注意。

2) 使顾客产生感觉和知觉

顾客认识商品首先是从感觉开始的，由于顾客对商品的接触，商品就直接作用于顾客的感觉器官(眼、耳、鼻、舌、皮肤)，刺激顾客的视觉、听觉、嗅觉、味觉和触觉，通过传入神经到达大脑皮层的神经中枢，形成对这种商品个别属性(颜色、气味、味道、凉热、分量等)的反映，就产生了感觉，这时顾客对这种商品就有了初步的了解。而知觉是人脑对直接作用于感觉器官的客观事物整体属性的反映。知觉是比感觉高一级的感性认识形式，它是由感觉集合而成的。但知觉不是感觉简单的总和，知觉在感觉的基础上依赖于人的态度、知识和经验对客观事物各种属性加以综合并对事物做出整体的反映。知觉和感觉密不可分，两者统称为感知。推销员的任务就是让顾客产生有利于购买的感觉和知觉。

3) 让顾客留下深刻的记忆

记忆是指保持在大脑里的对过去事物的印象，从整体上讲，记忆是一个识记、保持、回忆或再认的过程。推销员的任务就是使推销活动在顾客心里留下深刻的记忆。

4) 使顾客产生思维引发想象

思维是人脑对客观现实概括的间接反映。它是在人们的实践活动中，在感觉经验的基础上，利用符号操作来表现事物的特征及其规律性联系的心理过程。想象是指以头脑中的事物表象为材料，对其进行加工、改造、重新组合形成新形象的心理过程。想象的产物并不是亲眼所见的某物，也可能是根本不存在的事物，不过，想象也不是凭空产生的，无论是想象的内容，还是引起想象的原因，都是来自客观现实，想象也是人脑对客观现实反映的一种形式。顾客对商品和消费活动的想象，也是根据以往的商品或消费活动所形成的表象才得以实现的。推销员的任务就是使顾客产生思维，引发想象。

2. 顾客的情感阶段

1) 使顾客产生情感

正如我们曾经提到的，消费者在购买商品时，必然会经历一个认知过程，即通过感觉获得对商品的初步感知，然后调动记忆、想象，运用以往的知识、经验进行思维，做出决策。这似乎是一个高度理性化的心理决策过程。不过事实上，在日常的购买活动中，顾客的消费行为不仅反映了其认知过程，而且时刻伴随着情感过程。所谓"人非草木，孰能无情"，就是说人是有情感的动物，人的任何活动都带有感情色彩，情感对人的行动有着积极或者消极的作用。例如，顾客可能会因为受到贵宾级的礼遇而感到愉快，可能会因为遇到态度恶劣的营业员而感到失望甚至愤怒等。所以推销员要在推销过程中使顾客产生好的情感。

2) 利用各种影响顾客情感变化的因素

(1) 商品。

在情感的变化因素中，商品的外观和质量是顾客能否获得满足的重要方面，它可使顾客的情感处于积极、消极或矛盾之中。构成商品的因素还有很多，如商品名称、品牌、商标、包装及装潢等都可给顾客带来不同的情感体验。

影响消费者情感变化的主要商品因素有商品广告、商品包装、商品造型、商品性能、商品质量和商品价格等。例如，近年来人们的环保意识日益加强，于是一些家电企业为迎合消费者的心理变化，纷纷推出"绿色"家电系列，以唤起顾客的消费热情。当然，商品的内在价值对消费者的购买欲望起着更为重要的作用，即使你包装得再好，如果商品极差，也不会让顾客产生积极的情绪。推销员可以根据顾客的具体特征选择有效的产品因素，使顾客的情感处于积极状态。

(2) 购物环境。

购物环境的好坏对顾客的情绪变化有着相当大的影响，一个宽敞明亮、色彩柔和、美观整洁又乐声悠扬的购物环境，不仅会让顾客产生愉快的情绪，还会给顾客留下美好的第一印象，进而激发他们的购买欲望。他们会认为，一个环境迷人的商场必然会有好的商品出售。

心理学家曾经做过一个实验，在两个月的时间内，在一家超级市场里，每天随机地播放两种背景音乐(一种是每分钟108节的快节奏音乐，另一种是每分钟60节的慢节奏音乐)以及不播放任何音乐。结果发现，播放快节奏音乐时，顾客的平均行走速度比在慢节奏音乐下快17%，没有音乐播放时的行走速度介于两者之间。更让商场经理感兴趣的是，播放慢节奏音乐时的营业额比播放快节奏音乐时的营业额高出38%，不播放音乐时的营业额介于两者之间。可见，轻松优美的背景音乐的确让人流连忘返，虽然大多数消费者在被问及他们是否意识到购物时播放的背景音乐时，回答都是否定的。这就是环境在潜移默化中对人的心境所起的作用，所以推销员要选择好的环境展开推销活动。

(3) 购买者的心境与个性。

例如，爱美的女性逛商场时往往兴致勃勃，特别是对化妆品专柜流连忘返，而多数男性却对此毫无兴趣。一个人情绪低落、心情抑郁时，就会大大缩小感知范围，缺乏对周围事物的敏感性，对购买商品失去热情、欲望与兴趣。心境主要是由事物引起的不同心情所致。例如顾客在商店受到热情招待，就会心情舒畅，导致购买顺利进行；反之，则对商品失去兴趣。

由于顾客个人的兴趣、爱好、目的等的不同，自身情趣会受到文化、年龄、性格及自身经历条件的影响。例如在颜色的选择上，同一物品，有人喜欢暖色，有人则喜欢冷色；对同一件事，有人喜欢大操大办，有人则喜欢简单、朴实。由于自身情趣不同，对同一商品的注意和兴趣也不同。如有人喜欢集邮，在集邮过程中享受了知识的累积和学习的乐趣，而有人则对这些毫无兴趣；有人喜欢"名牌效应"或"名人效应"，着重知觉和注意外界事物所显示的某种特性，并对这一特性的偏好逐渐扩散，掩盖了事物的另一面，甚至由于对某种商品的偏爱而忽略考虑商品的质量和款式是否符合自身的特点。因此，推销活动要使顾客心境变好或者在顾客心境好的时候开展。

3. 顾客的意志阶段

消费者在经历了认知阶段和情感阶段之后是否采取购买行为，还有待消费者心理活动中意志阶段的实现。消费者在购买活动中不但要借助感觉、知觉、注意、记忆、思维和想象来认识消费对象，伴随认识过程产生一定的态度和情感，还要依靠意志阶段来确定购买

目的，排除各种因素的影响，最终采取购买行动。推销就是使顾客的决策结果成为购买。

1）意志

（1）意志简介。

意志是人为了实现预定的目的，自觉地调节自己的行为，克服困难的心理过程。在消费活动中，消费者除了对产品进行认知和情感体验外，还要经历意志过程。只有经过有目的的、自觉的支配和调节行动，努力排除各种干扰因素的影响，消费者才能实现预定的购买目标。如果说消费者对产品的认知活动是由外部刺激向内在意识的转化，那么其意志活动则是内在意识向外部行动的转化。只有实现这一转化，消费者的心理活动才能现实地支配其购买行为。

（2）顾客意志阶段的特点。

① 有明确的购买目的。消费者在购买过程中的意志活动是以明确的购买目的为基础的。因此，在有目的的购买行动中，消费者的意志活动体现得最为明显。通常，为了满足自身的特定需要，消费者经过思考，预先确定了购买目标，然后自觉地、有计划地按购买目的去支配和调节购买行为。推销人员的任务就是让顾客清楚地认识到所推销的产品符合其购买目标。

② 调节购买行为全过程。意志对行为的调节包括发动行为和制止行为两个方面。前者表现为激发起积极的情绪，推动消费者为达到既定目的而采取一系列行动；后者则表现为抑制消极的情绪，制止与达到既定目的相矛盾的行动。这两方面的统一作用，使消费者得以控制购买行为发生、发展和完成的全过程。推销人员的任务就是让顾客的购买过程能够进行下去。

③ 克服困难性，这是指顾客在确定目标后的实施过程中要不断与各种困难作斗争。顾客在购买活动中，往往需要克服一些来自主观上的思想干扰和客观条件引起的外部障碍，才能实现既定的购买目标。例如，消极的情感、犹豫的态度或是经济收入水平、气候条件、对商品的喜好等。由于干扰与困难的程度不同，有的困难克服起来容易，有的则很复杂，甚至需要付出一定的意志努力。推销就是一项使顾客减少决策困难的工作。

2）顾客意志过程的三个阶段

在购买活动中，顾客的意志过程由三个相互联系的阶段组成，包括做出购买决定、执行购买决定和体验执行效果。推销员要在这三个阶段引导顾客的购买决策发生。

（1）做出购买决定阶段。

做出购买决定主要表现在购买动机的冲突、取舍及购买目的的确定上。在众多的商品中，顾客还要进行选择，比较商品的牌号、商标、价格、质量、包装、款式、厂家等特点，这些都是在做出购买决定阶段进行的。

（2）执行购买决定阶段。

执行购买决定阶段是顾客购买商品时的实际行动阶段。它表现在根据既定的购物目标采取行动，把顾客的主观意识转化为实现购买目的的实际行动。意志坚定的顾客会以积极的行动去克服各种困难，以此来实现既定的购买目的。

（3）体验执行效果阶段。

完成购买行为后，消费者的意志过程并未结束。通过对产品的使用，消费者还要体验执行购买决定的效果，如产品的性能是否良好、使用是否方便、外观与使用环境是否协调、实际效果与预期是否接近等。在上述体验的基础上，消费者将评价购买这一产品的行为是否明智。他们对购买决策的这种检验和反省，对今后的购买行为具有重要意义：它决定了消费者今后是重复购买还是不再购买，是增加还是减少对该产品的购买。

4. 销售的成功是顾客认知过程、情感过程和意志过程的统一

认知过程、情感过程和意志过程的统一是顾客购买心理活动过程中的统一。

一方面，意志过程有赖于认知过程，又能促进认知过程的发展变化，能给认知过程以巨大的推动力。若没有对某种产品的一定认知，顾客就不能做出购买决定；而意志过程的两个阶段，又必然会影响认知过程中的各种活动，使消费者获得对产品的新认知。例如，在购买活动中，有些消费者由于行为没有目的性，或者对产品缺乏充分的认知而在购买过程中表现得犹豫不决，而有些消费者通过意志的努力克服购买中的困难，往往能对产品产生新的认知，从而促发购买行为。

另一方面，意志过程既有赖于情感过程，又能导致情感过程的发展和变化。若没有积极的情感推动，顾客就难以做出和实行购买决定，而意志过程又可控制和调节情绪，并因消费者内心冲突和外部障碍的解决而促使情绪向好的方面转化。例如，顾客在愉快心境的影响下，实现购买目的的决心会比较大，这可能会鼓舞意志行动的实现；反之，则会阻碍意志行动的实现。但通过意志过程，有些顾客的情绪可能会受到一定的抑制，而随着意志行动的实现，他们的情绪也可能向积极的方面发展。

总之，这三个方面彼此渗透，互相作用，共同影响消费者的购买活动，销售人员要细心体会。

二、发现顾客的购买能力

(一)顾客的购买能力概念

顾客的购买能力是指顾客能够顺利地完成购买活动并直接影响购买效率的个性心理特征。顾客的购买能力与购买活动联系在一起，只有在购买活动中才能得到体现。而个性心理是指个人带有倾向的、本质的、比较稳定的心理活动特点的总和。从概念中我们可以发现，购买能力不等于货币支付能力，这完全是两个概念。货币支付能力在经济学中界定为购买力，但它不结合顾客个人愿望与欲望是不会转化为对某个具体产品的现实购买的。因此，对两个概念应注意区别。一般地，我们说一个顾客的购买能力强，是指他可以很顺利地、快速地买到自己想要的商品。顾客的购买能力由三个方面构成，即认识商品的能力、商业活动能力和购买商品的特殊能力。

1. 认识商品的能力

认识商品的能力是指顾客对所要购买的商品的观察注意能力，识别、辨认商品的能力和对商品信息的记忆能力。注意力强的人，往往一进商店就能在琳琅满目的商品中迅速发现他所要购买的商品，并能在较短的时间内确定商品是否符合自己的需求。这类顾客对商品的观察比较仔细，能够发现细微的瑕疵和不同产品之间的差别，从而帮助他们快速地做出恰当的决策。注意力较差的人却不同，他们可能一进商店就忘了自己的目的，而是这儿看看，那儿看看。这类顾客对商品信息的反应比较迟缓，对商品的检查比较粗略，难以发现较小的缺陷，对不同牌子的商品做出评价的过程也比较慢，购买决策要么轻率，要么迟

迟难以确定。一般来说，购买经验越丰富，注意力越敏锐。顾客识别、辨认商品的能力也与个人经验密切相关，如果顾客的商品知识渊博，购买经验丰富，其识别力就较强。识别力强的顾客一般都熟知、了解商品的商标、外观、包装等知识，并具有相关的专业知识和实践经验，能快速判断商品的真伪、质量的好坏等。能够记住商品的大量信息的顾客，往往可以根据曾经购买、使用过的同类商品的优缺点，进行比较和鉴别，以此指导自己的购买行为。另外，记忆力强的顾客也比较容易受广告宣传的影响。但对记忆力较差的顾客来讲，让他们记住商品的广告总是很难，他们常常对自己以前使用过的商品品牌记忆模糊。因此，他们不容易成为某种产品的长期使用者或回头客。

2. 商业活动能力

商业活动能力是指顾客在与推销商打交道完成购买活动的过程中，表现出来的组织、计划、应变、讨价还价、商业洽谈、人际关系方面的能力。商业活动能力越强的顾客，其购买能力也越强；反之，购买能力越差。

3. 购买商品的特殊能力

购买商品的特殊能力是指判断商品的性能、质量的能力和艺术欣赏能力。判断能力是指顾客根据一定的标准分析判断商品的性能、质量，从而确定商品价值大小的能力。评价能力高的顾客，一般都能清楚商品的优缺点和利弊关系，能做出正确的购买决定，这在新产品的购买中更为明显；而评价力低的顾客，往往是等大多数人都使用了，他才购买。顾客的艺术欣赏能力，是顾客审美和评价能力的综合。顾客鉴赏力的提高必须依靠对相关知识的不断学习和积累，同时，鉴赏力还与人们在某些方面的经验和造诣有密切关系。

(二)影响顾客购买能力形成及发展的三个因素

顾客的智力水平、知识技能和实践经验直接影响顾客购买能力的形成及发展。

1. 智力水平

顾客的观察认识和灵活反应能力不同，也就是机敏程度不同，其购买能力也会不同。智力水平越高的顾客，其购买活动的效率就越高。推销人员应根据不同智力水平的顾客采取不同的推销技巧。

2. 知识技能

知识技能强的顾客，一般都熟知、了解商品的商标、外观、包装等知识，并具有相关的专业知识。特别是对于购买一些特殊用途的商品，如购买音响时，有一定专业技术知识的顾客能从商品的外形、生产厂家、规模型号上识别商品，能根据专业知识识别商品的内在质量，如音质好坏、性能有何特点等。从推销员的角度来讲，推销宣传策划的重点自然是商品知识的传播，因此对与所推销商品的生产和使用相关的知识要十分精通和广博。另外，推销人员还应有动手操作能力和演示能力，以提升顾客的购买能力。

3. 实践经验

顾客的实践经验会直接影响其购买能力的大小，实践经验越丰富的人，其购买能力也越强；反之，则越弱。作为推销人员，对不同的顾客应采取不同的方案。对于缺乏实践经验的顾客，不能轻视，更不能不尊重，绝对不能有欺瞒行为，应尊重人格，当好参谋，从多方面引导，消除顾虑。对于实践经验丰富的顾客，也不要惧怕，不要打憷，不要争强好胜，与顾客争辩，应尊重他的能力，多听少讲，反应要机敏、灵活，只要诚心和热情，促成交易将是快速顺利的。

三、对不同气质的顾客的推销

(一)气质的概念

从消费心理学的角度看，气质是指个体心理活动的典型的、稳定的心理特点，这些心理特点以同样的方式表现在各种各样的活动中而且不以活动的内容、目的和动机为转移。

气质作为个体稳定的心理动力特征，一经形成，便会长期保持下去，具有较强的稳定性。但是，随着生活环境的变化、职业的熏陶、所属群体的影响以及年龄的增长，人的气质也会有所改变。有时候，顾客的气质特征不是一进商店就鲜明地反映出来的，但在一系列的购买行为中会逐步显露出来。所以学习了解有关气质方面的理论能帮助我们认识人、了解人，尤其是认识和了解经营活动中的顾客，帮助我们分析判断不同顾客的心理活动和行为表现，提供有针对性的商业服务，促使其实施购买决策，完成购买行为。

(二)气质类型

关于气质类型，不同的学者提出了不同的理论，并从不同角度进行了划分。心理学家巴甫洛夫通过对高等动物的行为研究，把人的气质划分为四种基本类型，即兴奋型、活泼型、安静型、抑郁型。

(三)不同气质的顾客有不同的购买心理特点

(1) 兴奋型顾客的特点：不做过多的审视和挑剔，只要推销人员热情、礼貌、言辞温和、谨慎，两者感情相投，顾客下购买决心就比较容易。

(2) 活泼型顾客的特点：乐意听取推销员对商品的介绍和有关购买的建议，认识商品较快，做出决策也快，但改变主意和决定也快。

(3) 安静型顾客的特点：对商品企业交易条件观察比较细，有耐心，认识商品时，喜欢独立进行，一般不征求他人意见，经过周密思考，一旦做出购买决定，轻易不会改变主意。

(4) 抑郁型顾客的特点：认真听介绍，从多方面考察分析介绍，形成独立见解。对商品比较挑剔，观察比较深入谨慎。在商务洽谈中，对交易条件做多方面、多层次的比较分析，提出比较苛刻、尖锐的问题，对签订合同和购买决策细节一丝不苟。

(四)推销员对顾客气质的正确认识

不同的气质类型决定了顾客在购买中表现出不同的行为特征。推销人员应以气质类型理论为依据，分析判断他们的心理活动和行为表现，以便提供有针对性的服务，促进其购物决策的形成。同时，推销人员还要注意以下几点：第一，气质类型无优劣之分；第二，气质不能决定一个人实践活动的社会价值和成就高低；第三，气质在实践活动中不起决定

作用，但会影响活动；第四，人的气质各不相同，在推销时要采取不同的心理沟通方法和策略。

四、对不同性格的顾客的推销

(一)性格的含义与特征

1. 性格的含义

在现代心理学中，性格是指个人对现实的稳定态度和与之相适应的习惯化的行为方式。性格是个性心理特征中最重要的方面，它通过人对事物的倾向性态度、意志、活动、言语、外貌等方面表现出来，是人的主要个性特点的集中体现。人们在现实生活中显现的某些一贯的态度倾向和行为方式，如大公无私、勤劳、勇敢、自私、懒惰、沉默、懦弱等，即反映了自身的性格特点。

2. 性格的特征

性格是十分复杂的心理构成物，包含多方面的特征。一个人的性格正是通过不同方面的性格特征表现出来的，并由各种特征有机结合，形成独具特色的性格统一体。性格的基本特征包括以下四个方面。

(1) 性格的态度特征。即表现个人对现实的态度倾向性特点，如对社会、集体、他人的态度；对劳动、工作、学习的态度；对自己的态度等。

(2) 性格的意志特征。即表现个人自觉控制自己的行为及行为努力程度方面的特征，如是否具有明确的行为目标，能否自觉调试和控制自身行为，在意志行动中表现出的是独立性还是依赖性，是主动性还是被动性，是否坚定、顽强、忍耐、持久等。

(3) 性格的情绪特征。即表现个人受情绪影响或控制情绪程度状态的特点，如个人受情绪感染和支配的程度，情绪受意志控制的程度，情绪反应的强弱、快慢、情绪起伏波动的程度，主导心境的程度等。

(4) 性格的理智特征。即表现心理活动过程方面的个体差异的特点，如在感知方面，是主动观察型还是被动感知型；在思维方式方面，是具体罗列型还是抽象概括型，是描绘型还是解释型；在想象力方面，是丰富型还是贫乏型等。

人的性格都是由上述四个方面形成的，包含了不同的性格特征，所以，在评价人的性格时，不能主观片面，而是要全面把握。在推销活动中，推销员更应该在态度上对不同性格的顾客一视同仁，在应对方式上则要做到因人而异，以达到最佳的推销效果。

(二)性格的类型

根据不同的划分标准，性格可以分为不同的类型。

1. 根据个性心理活动的倾向性分类

根据个性心理活动的倾向性，性格可分为外向型、内向型、顺从型和独立型四种。

(1) 外向型：心理活动倾向于外露。内心活动易通过语言表情、动作明显地表现出来。性格活泼、开朗、善交际、情感外露。

(2) 内向型：心理活动不倾向于外露。生活平静，对外界事物反应迟缓，适应环境的能力较差，不宜当推销员，宜当决策者。

(3) 顺从型：对他人的依赖强烈。缺乏主观意识和办事能力，遇事无主见。

(4) 独立型：能够独立发现和处理问题，善于动脑，遇事不乱，能独当一面。

2. 根据心理机能所占优势分类

根据心理机能所占优势，性格可分为理智型、情绪型和意志型三种。

(1) 理智型：理智型的人通常以理智衡量周围的事物，并以理智支配自己的行为，他们的理智心理机能比情绪和意志要占优势。作为购买者，他们往往受理智支配，有计划、有目的地购买，不会最先接受新产品。

(2) 情绪型：情绪型的人的行动往往受感情制约，通过内心体验判断事物和处理问题，以情绪体验来支配心理活动，忽略和缩小了其他心理过程。作为购买者，他们常用感情支配购买行为，容易受诱导，决策不慎重、不周密。

(3) 意志型：意志型的人做事有明确的目标和行动计划，并能主动自觉地完成自己的决定，自尊、自信、自立意识强烈。作为购买者，他们购买目标明确，行为主动，决策果断。

(三)消费者的消费性格

不同的性格特征，反映在消费者对待商品的态度和购买行为上，就构成了千差万别的消费性格。例如，在消费观念上，是简朴节约还是追求奢华；在消费倾向上，是求新还是守旧；在认知商品上，是全面准确还是片面错误；在消费情绪上，是乐观冲动还是悲观克制；在购买决策上，是犹豫、民主还是果断、专断；在购买行动上，是坚定明确、积极主动，还是动摇盲目、消极被动；在购买方式上，是冲动、波动还是冷静、稳定。这些差异都表现出不同的消费性格。

(四)顾客的性格表现与推销策略

1. 对待内向含蓄型的顾客

性格内向的人较多关心自我，很少注意外在的事物，其心理活动总是指向自身，多表现出沉静、含蓄、害羞等性格特点。他们往往不愿和推销员交谈，他们或者是自己不爱说话，但喜欢听别人讲，在别人的问话和鼓励下，有时也会滔滔不绝地讲自己的感受和需要，或者是自己不爱讲话，也不喜欢别人话多，更讨厌别人的问询。对待这样的顾客就要仔细观察判断，区别对待。对前一种顾客，推销员应当态度热情，主动对产品进行介绍，之后可谨慎地询问顾客的意见。对后一种顾客，推销员可采用"我关注你，但是你不问我也不理你"的态度，这并不会给对方不热情的感觉，反而能让其在轻松的心情中选购商品。

2. 对待冷静思考型的顾客

顾客由于性格不同，其购买速度也明显不同。对此，推销员要仔细观察，恰当把握。对于冷静思考型的顾客，不能表现出不耐烦，而应提供条件让其仔细考虑，对这些顾客要有十分的耐心，推销员在接待他们的同时接待其他顾客，他们不但不会感到被怠慢，反而可以更放松地选择。

3. 对待自以为是型的顾客

自以为是型的顾客在选购商品时，强调主观意愿，自信果断，很少征询或听从他人的意见，对营业员的解释说明常常持怀疑和戒备心理。对于这类顾客，推销员要多听顾客的意见，要对顾客的讲话给予肯定，必要时还要恰当挫顾客的锐气。

4. 对待理智型的顾客

理智型的顾客会在购物之前主动了解商品的有关信息，运用自己的思维分析能力做好购买计划，在购买过程中不容易受他人干扰，目标不易改变。对于这类顾客，推销员最好任其所为，以免徒劳。

5. 对待夸耀财富型的顾客

对于夸耀财富型的顾客，推销员要给予适当的恭维，既顾全其面子，又要给其台阶下。

6. 对待好奇心强型的顾客

好奇心强的顾客，绝对是好顾客。对于这一类顾客，推销员要积极热情，耐心讲解，有问必答，不可挫其热情。

7. 对待生性急躁型的顾客

生性急躁型的顾客往往偏爱快速、准确的服务。对于这一类顾客，推销员要注意不与其争辩，态度要诚恳，消除其购买疑虑。

第二节　针对顾客的需求和购买动机、行为推销

一、针对顾客的需求推销

(一)顾客自身的需求特点

根据马斯洛需要层次理论，顾客的需要可以分为五个层次，即生理需要、安全需要、社交需要、尊敬需要和自我实现需要。生理需要是指为了生存而对必不可少的基本生活条件产生需要，如由于饥渴冷暖而对吃、穿、住产生需要，它可以保证一个人作为生物体而存活下来。安全需要是指维护人身安全与健康的需要，如为了人身安全和财产安全而对防盗设备、保安用品、人寿保险和财产保险产生需要，为了维护健康而对医药和保健用品产生需要等。社交需要是指参加社会交往，取得社会承认和归属感的需要。在这种需要的推动下，人们会设法增进与他人的感情交流和建立各种社会联系。消费行为必然会反映这种需要，如为了参加社交活动和取得社会承认而对得体的服装和用品产生需要，为了获得友谊而对礼品产生需要等。尊敬需要是指在社交活动中受人尊敬，取得一定的社会地位、荣誉和权力的需要，如为了在社交中表现自己的能力而对教育和知识产生需要，为了表明自己的身份和地位而对某些高级消费品产生需要等。自我实现需要是指发挥个人的最大能力，实现理想与抱负的需要。这是人类的最高需要，满足这种需要的产品主要是思想产品，如教育与知识等。

(二)消费者市场的含义和需求特点

1. 消费者市场的含义

"市场"的含义之一是指有购买力、有购买欲望的顾客群体。消费者市场是个人或家庭为了生活消费而购买产品和服务的市场。生活消费是产品和服务流通的终点，因而消费者市场也称为最终产品市场。

2. 消费者市场的需求特点

(1) 广泛性。生活中的每一个人都不可避免地发生消费行为或消费品购买行为，成为消费者市场的一员，因此，消费者市场人数众多，范围广泛。

(2) 分散性。消费者的购买单位是个人或家庭。一般而言，家庭商品储藏地点小、设备少，买大量商品不易存放；家庭人口较少，商品消耗量不大；再者，现代市场商品供应丰富，购买方便，随时需要，随时购买，不必大量储存。这些因素导致消费者每次购买数量零星，购买次数频繁，对于易耗的非耐用消费品更是如此。

(3) 时代性与发展性。消费需求具有求新求异的特性，要求产品的品种、款式不断翻新，有新奇感、时代感。许多消费者对某个新品种、新款式的共同偏好就形成了消费风潮，这与科学技术的进步并无必然联系，只是反映消费心理的变化。商品的更新并不表示质量和性能有所改进，只是反映结构和款式等形式上的变化。然而，人类社会的生产力和科学技术总是在不断进步，新产品不断出现，消费者收入水平不断提高，消费需求也就呈现出由少到多、由粗到精、由低级到高级的发展趋势。"时代性"与"发展性"都说明消费需求的变化，"时代性"说明变化的偶然性和短期现象；"发展性"说明变化的必然性和长期趋势。

(4) 情感性与替代性。消费品有千千万万，消费者对所购买的商品大多缺乏专门的甚至是必要的知识，对质量、性能、使用、维修、保管、价格乃至市场行情都不太了解，只能根据个人好恶和感觉做出购买决策，多属非专家购买，受情感因素影响大，受企业广告宣传和推销活动的影响大。尽管消费品种类繁多，但不同品牌甚至不同品种之间往往可以互相替代。消费者在有限购买力的约束下对满足哪些需要以及选择哪些品牌来满足需要必然会进行慎重的决策且决策经常变换，导致购买力在不同产品、品牌和企业之间流动。

(5) 伸缩性。消费需求受消费者收入、生活方式、商品价格和储蓄利率影响较大，在购买数量和品种选择上表现出较大的需求弹性或伸缩性。收入多则增加购买，收入少则减少购买。商品价格高或储蓄利率高的时候减少消费，商品价格低或储蓄利率低的时候增加消费。

(6) 地区性。同一地区的消费者在生活习惯、收入水平、购买特点和商品需求等方面有较大的相似之处，而不同地区消费者的消费行为则表现出较大的差异性。

(7) 季节性。一是季节性气候变化引起的季节性消费，如冬天穿棉衣，夏天穿单衣；热天买冰箱，冷天买电热毯等。二是季节性生产引起的季节性消费，如春夏季是蔬菜集中生产的季节，也是蔬菜集中消费的季节。三是风俗习惯和传统节日引起的季节性消费，如端午节吃粽子，中秋节吃月饼等。

(三)生产者市场的含义和需求特点

1. 生产者市场的含义

生产者市场是指购买某种产品或服务用于制造其他产品或服务，然后销售或租赁给他人以获取利润的单位和个人组成的市场。组成生产者市场的主要产业有工业、农业、林业、渔业、采矿业、建筑业、运输业、通信业、公共事业、金融业、保险业和服务业等。

2. 生产者市场的需求特点

(1) 购买者少，但每个用户购买数量大。生产者市场推销人员比消费品市场推销人员接触的顾客要少得多。如发电设备生产者的顾客是各地极其有限的发电厂，大型采煤设备生产者的顾客是少数大型煤矿，某机械厂的命运可能仅仅取决于能否得到军事单位的订单。但是，生产者市场的顾客每次购买数量都比较大，有时一位买主就能买下一个企业较长时期内的全部产量，有时一张订单的金额就能达到数千万元甚至数亿元。

(2) 购买者在地理位置上比较集中。生产者市场的购买者往往集中在某些区域，以至于这些区域的业务用品购买量占据全国市场的很大比重。

(3) 生产者市场的需求多数属派生需求。派生需求也称为引申需求或衍生需求。生产者市场的顾客购买商品或服务是为了给自己的服务对象提供所需的商品或服务，因此，业务用品需求由消费品需求派生出来，并且随着消费品需求的变化而变化。例如，消费者的饮酒需求引起酒厂对粮食、酒瓶和酿酒设备的需求，导致有关企业和部门对化肥、农资、玻璃、钢材等产品的需求。派生需求往往是多层次的，形成一环扣一环的链条，消费者需求是这个链条的起点，是原生需求，是生产者市场需求的动力和源泉。

(4) 生产者市场的需求一般是缺乏弹性的需求。一般规律是：在需求链条上距离消费者越远的产品，价格的波动越大，需求弹性却越小。比如，在酒类需求总量不变的情况下，粮食价格下降，酒厂未必就会大量购买，除非粮食是酒成本中的主要部分且酒厂有大量的存放场所；粮食价格上升，酒厂未必会减少购买，除非酒厂找到了其他代用品或发现了节约原材料的方法。原材料的价值越低或原材料成本在制成品成本中所占的比重越小，其需求弹性就越小。生产者市场的需求在短期内无特别弹性，因为企业不可能临时改变产品的原材料和生产方式。

(5) 生产者的购买往往是专业人员的购买。生产者市场的采购人员大都经过专业训练，具有丰富的专业知识，清楚地了解产品的性能、质量、规格和有关技术要求。供应商推销人员应当向他们提供详细的技术资料和特殊的服务，从技术的角度说明本企业产品和服务的优点。

(6) 生产者的购买采取直接购买。生产者市场的购买者往往向供应方直接采购，而不经过中间商环节，对于价格昂贵或技术复杂的项目更是如此。

(7) 生产者的购买往往采取互购的方式。生产者市场的购买者往往这样选择供应商："你买我的产品，我就买你的产品"，即买卖双方经常互换角色，互为买方和卖方。

(8) 生产者的需求部分用租赁代替购买。生产者市场往往通过租赁方式取得所需产品。对于机器设备、车辆等昂贵产品，许多企业无力购买或需要融资购买，采用租赁方式可以节约成本。

二、针对顾客的购买动机推销

(一)购买动机的含义和特点

1. 含义

购买动机是购买行为的直接出发点。它是为了满足顾客需求而驱使或引导顾客向着既定的购买目标去实现或完成购买活动的一种内在驱动力。

2. 特点

1) 冲突性

当消费同时具有两种以上动机且共同发生作用时，动机之间才会产生矛盾和冲突。这种矛盾和冲突可能是由于动机之间的指向相悖或相互抵触，也可能是由于各种消费条件的限制。人们的欲望是无止境的，而拥有的时间、金钱和精力却是有限的。当多重动机不可能同时实现时，动机之间的冲突就是不可避免的。而冲突的本质是消费者在各种动机实现所带来的利害结果中进行权衡比较和选择。在消费活动中，常见的动机冲突有以下几种。

(1) 有利冲突。在这种情况下，相互冲突的各种动机都会给消费者带来相应利益，因而对消费者有着同样的吸引力。但由于消费条件限制，消费者只能在有吸引力的各种可行性方案中进行选择。吸引力越均等则冲突越厉害。例如，某消费者获得一笔年终奖金，他希望将这笔钱用于外出旅游度假，以满足其追新求奇、放松身心的动机；他也渴望购置一套向往已久的高档家具，使追求奢侈的欲望得到满足。这两种选择都可给该消费者带来利益，且对他都有强烈的吸引力，因而动机之间产生了冲突。这种冲突的解决有赖于外界的刺激。由于对各种利益委决不下，因此消费者通常对外界刺激十分敏感，希望借助外力做出抉择。此时，广告宣传、销售人员的诱导，参照群体的示范、权威人士的意见以及各种促销措施常常会使消费者发生心理倾斜，从而做出实现其中一种利益的动机选择。

(2) 利弊冲突。在这种情况下，消费者面临着同一消费行为既有积极后果，又有消极后果的冲突。其中，引发积极后果的动机是消费者极力追求的，导致消极后果的动机又是其极力避免的，因而其经常处于利弊相伴的动机冲突和矛盾之中。例如，许多消费者既喜食各种美食，又怕身体发胖，品尝美味佳肴的动机与避免体重增加的动机之间就经常发生冲突。利弊冲突常常导致决策的不协调，使消费行为发生扭曲。解决这类冲突的有效措施是尽可能减少不利后果的严重程度，或采用替代品抵消有害结果的影响。目前，各类减肥食品、低热量食品、低脂肪食品，以及各种保健品、健身器材风行市场，为消费者趋利避害，解决上述动机冲突提供了有效途径。

(3) 无利冲突。在这种情况下，消费者同时面临着两种或两种以上均会带来不利结果的动机。由于两种结果都是消费者企图回避或极力避免的，而因情境所迫又必须对其中一种做出选择，因此两种不利动机之间也会产生冲突。例如，对于部分低收入消费者来说，物价上涨将使他们的购买力降低，而提前购置液晶或等离子彩电、变频空调等新一代家用电器，又面临着占压资金、挤占其他消费开支、产品更新换代等问题，避免涨价损失的动机与减少购买风险的动机之间便产生冲突。面对这类冲突，消费者总是趋向选择不利和不愉快程度较低的动机作为实现目标，以便使利益损失减少到最低限度。此时，如果采取适

当方式减少不利结果，或从其他方面给予补偿，将有助于消费者减轻这方面的冲突。例如，分期付款、承诺售出产品以旧换新等，可以使消费者的购买风险大大减少，从而使动机冲突得到明显缓和。

2) 转移性

消费者的购买行为主要取决于主导性动机。但在动机体系中处于从属地位的非主导性动机并非完全不起作用，而是处于潜在状态。可转移性是指消费者在购买或决策过程中，由于新的消费刺激出现而发生动机转移，原来的非主导性动机由潜在状态转入显现状态，上升为主导性动机的特性。现实中，许多消费者改变预定计划，临时决定购买某种商品的行为现象，就是动机发生转移的结果。例如，某消费者本欲购买羽绒服，但在购买现场得知皮衣降价销售，降价刺激诱发了潜在的求奢动机，遂转而决定购买皮衣。有时，消费者之所以改变动机，是由于原有动机在实现过程中受到阻碍。例如，由于售货员态度恶劣，使消费者的自尊心受到伤害，其购买商品的主导性动机被压制，而诱发维护个人自尊的动机，结果导致购买行为的终止。

3) 内隐性

动机并不总是显露无遗的。消费者的真实动机经常处于内隐状态，难以从外部直接观察到。人的心理活动是极为复杂的，现实中，消费者经常出于某种原因而不愿意让他人知道自己的真实动机。早在20世纪40年代，美国心理学家关于速溶咖啡投放市场受到阻碍的调查结果就表明，家庭主妇之所以拒绝购买速溶咖啡，并不是如她们表面上所说的不喜欢速溶咖啡的味道，而是由于不愿被他人视为懒惰、不称职的主妇。因为当时的流行观念认为，按照传统方式煮咖啡的主妇必定是勤俭、善于持家、懂得生活的。这种自陈动机与内在的真实动机不相一致的现象，在现代消费者当中仍然比比皆是。

除此之外，动机的内隐性还可能是由于消费者对自己的真实动机缺乏明确的意识，即动机处于潜意识状态。这种情况在多种动机交织组合，共同驱动一种行为时经常发生。例如，某消费者购买一副高档眼镜的主要动机是为了保护眼睛，但同时也可能伴有增加魅力和风度，或者掩盖眼部缺陷等其他潜在动机。

(二)购买动机的种类

购买动机可分为生理动机和社会动机。

(1) 生理动机是指生理性动机，即顾客为保持和延续生存的需要所产生的购买动机，具有经常性、重复性和习惯性的特点。它包括维持生命购买动机、保护生命购买动机和延续生命购买动机。

维持生命购买动机是为了满足生存需要而激发的购买动机，如饮食、穿衣等。保护生命购买动机是为物质享受的需要而产生的购买动机，如吃的味美色香，穿的美观漂亮，住的舒适宽敞。延续生命购买动机是指由于个体的发展需要而引发的购买动机，包括体力的发展和智力的发展，如强身健体、技能学习、增长知识等。

(2) 社会动机其实质是指心理性动机，即由人们的认识、情感、意志等心理过程引起的行为动机，具有深刻、隐匿、多样化的特点。它包括情绪动机、情感动机、理智动机和惠顾动机等。

情绪动机是指由人的喜、怒、哀、乐、爱、恶、惧等情绪变化所引发的购买动机，具有冲动性、临场性的特点。情感动机是道德感、群体感、美感等人类高级情感所引发的动机，具有稳定性、深刻性的特点。理智动机是建立在人们对商品的客观认识之上，经过比较、分析而产生的动机，具有客观性、周密性、控制性的特点。惠顾动机是建立在以往购买经验基础上的、兼有理智动机和情感动机特征的、对特定商店或品牌产生信任和偏爱而形成的购买动机。

(三)推销员可利用的几种重要的购买动机

1. 求新、求异心理

求新、求异心理以追求新颖、刺激、赶时髦为主要目的的动机。这是由强烈的好奇心和求新欲引发的动机，常表现为在选购商品时，特别注重商品的流行性，是否是新产品、新款式、新花色等。这种购买动机一般在年轻人身上表现得尤为突出。销售者可以利用人们的好奇心来吸引他们对某一种商品的注意和兴趣。

2. 求美心理

求美心理以追求商品的欣赏价值和艺术价值为主要目的，注重产品的颜色、造型、款式和包装等外观因素，讲求产品风格和个性化特征的美化、装饰作用及其所带来的美感享受。

3. 求廉心理

求廉心理以追求价格低廉为主要目的，非常注重产品的价格变动，而对产品的质量、花色、款式、品牌和包装等则不十分挑剔。

4. 求名心理

求名心理以追求名牌、高档商品，借以显示或提高身份和地位为主要目的，注重产品的社会声誉和象征意义，讲求产品与其生活水平、社会地位和个性特征的关联性。

5. 求实心理

求实心理以追求商品的使用价值为主要目的，注重"实惠"和"实用"原则，强调产品的效用和质量，讲求朴实大方、经久耐用、使用便利，而不过分关心产品的造型、品牌和包装等。

6. 攀比心理

攀比心理以争强好胜、不甘落后为购买目的，并不一定对商品的使用价值有明显的需要，而是为了与人争荣，超过他人，以得到心理满足。这一购买动机往往缺乏理智的思考分析，具有偶然性、冲动性。

7. 求速心理

求速心理以追求购买商品交易活动迅速完成为主要目的，也叫求便动机，注重购买过程的时间和效率，讲求产品携带方便、易于使用、维修简单等特性，希望能快速、便捷地买到满意、适合需要的产品。

8. 显露心理

显露心理以显示或树立自己的地位、声望为主要目的，刻意追求某些特殊产品、高级奢侈商品或名贵稀有商品，要求商品在各方面出类拔萃，具有一定的象征意义和较高的价值。

9. 习俗心理

习俗心理以追求信仰、遵守规范、继承传统为主要目标，通常受文化与亚文化因素的制约，注重商品是否符合一定的社会行为规范、习惯、惯例和某种象征意义，用文化习俗的是非、好恶、美丑标准去衡量。

三、针对顾客的购买行为推销

(一)消费者购买行为的模式

消费者的购买行为是指个体、家庭或群体消费者为了满足自身的物质生活需要或文化生活需要，在接受外界刺激而形成的购买动机的驱使之下，用货币交换商品的实践活动。社会生活中，任何个人都必须不断消费各种物质生活资料，以满足其生理及心理需要。因此，购买行为是人类社会中最具普遍性的一种行为活动。它广泛存在于社会生活的各个空间、时间，是人类行为体系中不可分割的重要组成部分。

现代社会经济生活中，由于购买动机、消费方式与习惯的差异，各个消费者的购买行为表现得形形色色，各不相同。尽管如此，在千差万别的消费者购买行为中，仍然有着某种共同的带有规律性的东西。一些西方学者在深入研究的基础上，揭示了消费者购买行为中的某些共性或规律性，并以模式的方式加以总结描述。其中尤以刺激-反应模式最具有代表性，如图 2-1 所示。市场营销因素和市场环境因素的刺激进入购买者的意识，购买者根据自己的特性处理这些信息，经过一定的决策过程最终产生购买决定。

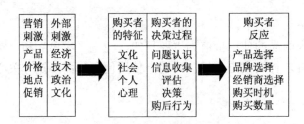

图 2-1 消费者购买行为模式

(二)影响顾客购买的主要因素

消费者生活在纷繁复杂的社会之中，购买行为受到诸多因素的影响。要透彻地把握消费者的购买行为，有效地开展推销活动，必须分析影响消费者购买行为的有关因素。

1. 社会因素

1) 文化

文化是指人类生存发展的模式，是从生活实践中建立起来的价值观念、道德、理想和其他有意义的象征综合体。每一个人都在一定的社会文化环境中成长，通过家庭和其他主要机构的社会化过程学到和形成基本的文化观念。文化是决定人类欲望和行为的基本因素，文化的差异引起消费行为的差异，表现为婚丧、服饰、饮食起居、建筑风格、节日、礼仪等物质和精神生活各个方面的不同特点。例如，中国的文化传统是仁爱、信义、礼貌、诚实、忠孝、上进、尊老爱幼、尊师重教等。

2) 亚文化

每一个国家的文化中又包含若干不同的亚文化群，主要有以下几种。

(1) 民族亚文化群。大部分国家都存在不同的民族，每个民族都在漫长的历史发展过程中形成了独特的风俗习惯和文化传统。

(2) 宗教亚文化群。大部分国家都存在不同的宗教，每种宗教都有自己的教规或戒律。

(3) 种族亚文化群。一个国家可能有不同的种族，不同的种族有不同的生活习惯和文化传统。例如，美国的黑人与白人相比，购买的衣服、个人用品、家具和香水较多，食品、运输和娱乐较少。虽然他们更重视价格，但是也会被商品的质量所吸引并进行挑选，不会随便购买。他们更重视商品的品牌，更具有品牌忠诚性。美国的许多大公司，如西尔斯公司、麦当劳公司、宝洁公司和可口可乐公司等非常重视通过多种途径开发黑人市场。还有的公司专门为黑人开发特殊的产品和包装。

(4) 地理亚文化群。世界上处于不同地理位置的各个国家，同一国家内处于不同地理位置的各个省份和市县都有着不同的文化和生活习惯。

3) 社会阶层

社会阶层是社会学家根据职业、收入来源、教育水平、价值观和居住区域对人们进行的一种社会分类，是按层次排列的、具有同质性和持久性的社会群体。

4) 相关群体

相关群体是指能够影响消费者购买行为的个人或集体。换言之，只要某一群人在消费行为上存在相互影响，就构成一个相关群体，不论他们是否相识或有无组织。某种相关群体的有影响力的人物称为"意见领袖"或"意见领导者"，他们的行为会引起群体内追随者、崇拜者的仿效。相关群体对消费行为的影响主要表现为三个方面：一是示范性，即相关群体的消费行为和生活方式为消费者提供了可供选择的模式；二是仿效性，即相关群体的消费行为引起人们仿效的欲望，影响人们的商品选择；三是一致性，即由于仿效而使消费行为趋于一致。相关群体对购买行为的影响程度视产品类别而定。据研究，相关群体对汽车、摩托、服装、香烟、啤酒、食品和药品等产品的购买行为影响较大，对家具、冰箱、杂志等影响较弱，对洗衣粉、收音机等几乎没有影响。

5) 家庭

消费者以个人或家庭为单位购买产品，家庭成员和其他有关人员在购买活动中往往起着不同作用并且相互影响，构成了消费者的"购买组织"。分析这个问题，有助于企业抓住关键人物开展推销活动，提高推销效率。家庭不同成员对购买决策的影响往往由家庭特点决定，家庭特点可以从家庭权威中心点、家庭成员的文化与社会阶层等方面进行分析。

(1) 家庭权威中心点。社会学家根据家庭权威中心点不同，把所有家庭分为四种类型：第一，各自作主型，亦称自治型，指每个家庭成员对自己所需的商品可独立做出购买

决策，其他人不加干涉；第二，丈夫支配型，指家庭购买决策权掌握在丈夫手中；第三，妻子支配型，指家庭购买决策权掌握在妻子手中；第四，共同支配型，指大部分购买决策由家庭成员共同协商做出。"家庭权威中心点"会随着社会政治经济状况的变化而变化。由于社会教育水平的提高和妇女就业的增多，妻子在购买决策中的作用越来越大，许多家庭由"丈夫支配型"转变为"妻子支配型"或"共同支配型"。

(2) 家庭成员的文化与社会阶层。家庭主要成员的职业、文化及家庭分工不同，在购买决策中的作用也不同。据国外学者调查，在教育程度较低的"蓝领"家庭，日用品的购买决策一般由妻子做出，耐用消费品的购买决策由丈夫做出。在科学家和教授的家庭里，贵重商品的购买决策由妻子做出，日用品的购买普通家庭成员就能决定。

2. 个人因素

1) 经济因素

经济因素是指消费者可支配收入、储蓄、资产和借贷的能力。经济因素是决定购买行为的首要因素，决定着能否发生购买行为以及发生何种规模的购买行为，决定着购买商品的种类和档次。例如，随着我国居民收入水平的不断提高，购买汽车的家庭也越来越多。

2) 生理因素

生理因素是指年龄、性别、体征、健康状况和嗜好等生理特征的差别。生理因素决定着对产品款式、构造和细微功能有不同需求。例如，儿童和老人的服装要宽松，穿脱方便；身材高大的人要穿特大号鞋；江浙人喜欢甜食，四川人喜欢麻辣等。

3) 个性

个性是指一个人的心理特征。个性导致对自身所处环境相对一致和连续不断的反应。个性特征有若干类型，如外向与内向、细腻与粗犷、谨慎与急躁、乐观与悲观、领导与追随、独立性与依赖性等。一个人的个性影响着消费需求和对市场营销因素的反应。

4) 生活方式

生活方式是指一个人在生活中表现出来的活动、兴趣和看法的模式。不同的生活方式下的群体对产品和品牌有不同的需求。推销人员应设法从多种角度区分不同生活方式的群体，如节俭者、奢华者、守旧者、革新者、高成就者、自我主义者、有社会意识者等，在推销时应明确针对某一生活方式群体。

(三)顾客购买行为的类型

不同的顾客在进行同一购买活动时，所表现的购买行为各不相同；同一顾客在不同的购买活动中，所表现的购买行为也有着不同的差别。因此可以说，顾客购买行为是因人而异、因物而异的。我们可以把顾客购买行为分为以下几类。

1. 习惯型购买行为

习惯型购买行为是指顾客对某种商品的态度常取决于对商品的某种信念。例如，认为某种商品能保证安全，或可以满足某种情感的需要，或值得信赖，或能提供全面的营养等。这类顾客往往根据过去的购买经验和使用习惯来实施购买行为，常常表现为长期惠顾某商店或长期使用某个品牌，一般很少受时尚和风气的影响。

具有习惯型购买行为的顾客常常反复购买某种商品。具体表现为忠于某一种或某几种品牌，有固定的消费习惯和偏好，购买时心中有数，目标明确。其购买是建立在了解或信任的基础上，较少受广告宣传的影响。习惯型顾客往往是某一厂家、商店或品牌的忠诚顾客，推销人员应尽可能争取和吸引更多的习惯型顾客。

2. 理智型购买行为

理智型的顾客其购买行为是建立在思考的基础上的。他们会在采取购买行动之前，收集有关商品的信息，了解市场行情，经过对商品的质量、性能、安全系数等的全面考虑，在自己需要的基础上慎重做出决定。

理智型的顾客主观性强，购买经验丰富，头脑清醒，他们购物时不愿意让别人介入，也不易受推销员介绍的影响，很少受他人及广告宣传的影响，从不轻率做出决定，而一旦做出决定就很难改变。

3. 冲动型购买行为

具有冲动型购买行为的顾客心理反应迅速，外部刺激容易引起他们心理上的变化，心理活动的指向性随外界刺激而变化。因而，他们的购买行为易受个人情绪、商品外观质量和广告宣传的影响，新产品、时尚商品对他们的吸引力较大。他们的决策多以直观感觉为主，常常买下第一件看中的商品，不愿做反复的比较。

具有冲动型购买行为的顾客在购物前很少有考虑，购物时速度非常快，但常常是一买完马上后悔。有过这种行为的人很多，实际上每个人多多少少总有一些冲动购物的经验。据一项对超市顾客购物调查得知，在超市停留 30 分钟的时间内，平均购物 20 种，其中 20%是进商店后才决定要购买的。在这 20%的冲动购物中，食品占 85%。人们冲动购物的主要原因大多是因为减价、促销宣传广告、大减价即将结束以及看到商品在展售等。

这类顾客易于动摇和反悔，也很容易说服，是推销人员可以大力争取的对象。

4. 情感型购买行为

情感型购买行为是指顾客在购买过程中容易受到感情因素的影响。这类顾客在神经兴奋和心理活动上有一些独特的特点，即兴奋性较强，情感体验深刻，想象力与联想力丰富，审美感独特而灵敏。因此，他们在购物时容易受感情的影响，也容易受销售宣传的影响。他们对商品富于想象与联想，往往以商品是否符合其情感需求来决定购买与否。

推销员遇到这类顾客时，要从顾客的感情需求出发，激发顾客对产品的情感认同，这样才能获得顾客对推销员及产品的好感，从而利于推销工作的进行。

5. 疑虑型购买行为

对于有疑虑型购买行为的顾客，我们需要从其心理特征出发，进行深入分析。疑虑型顾客在心理特征上具有内倾性，善于观察细小的事物，行动谨慎、迟缓，内心体验深刻但疑心大。这类顾客在选购商品时从不冒失仓促地做决定，喜欢先听取推销人员的介绍，但又对推销人员的话疑虑重重，不予相信。他们经常对商品挑来捡去，认真检查，而最后仍然犹豫不决，放弃购买。因此，这类顾客是比较难应付的。

对于这类顾客，推销人员一定要小心对待，从其疑虑的重点出发，着重为顾客解除后顾之忧，这样才能使顾客解除疑虑、放心购买。

6. 经济型购买行为

经济型购买行为是指顾客多是从经济角度出发决定自己的购买行为，但这并不意味着顾客仅仅追求商品的价廉。他们对商品的价格非常敏感，但不同的人对高价格和低价格有不同的态度与心理反应。有的从价格的高昂确认商品的优质而选购高价商品；有的从价格的低廉认定商品便宜实惠而选购廉价商品，如优惠品、折价品；还有的因为经济条件和心理需要而受价格的控制，选择高价或低价商品。消费者如何选购要取决于其经济条件和心理需要两方面。

7. 不确定型购买行为

不确定型购买行为是指顾客在购物前没有明确或坚定的目标，他们进入商店多是参观，一般漫无目的地浏览商品，随便了解一些感兴趣的商品，碰到满意的商品也会买下来，但更多情况下，他们是看看就走。具有这种购买行为的顾客实际上是潜在顾客，推销员绝对不能冷落他们，要主动、热情地接待。

(四)顾客的购买程序

不同购买类型反映了消费者购买过程的差异性或特殊性，但是消费者的购买过程也有其共同性或一般性，西方营销学者对消费者购买决策的一般过程做了深入研究，提出若干模式，采用较多的是五阶段模式，即认识需要—信息收集—分析选择—购买决策—购后评价。

这个购买过程模式表明，消费者的购买过程早在实际购买以前就已经开始，并延伸到实际购买以后，这就要求推销人员注意购买过程的各个阶段而不是仅仅注意销售。

1. 认识需要

认识需要是指消费者确认自己的需要是什么。需要是购买活动的起点，升高到一定阈限时就变成一种驱使力，驱使人们采取行动去予以满足。需要可由内在刺激或外在刺激唤起。内在刺激是人体内的驱使力，如饥、渴、冷等。外在刺激是外界的"触发诱因"。食物的香味、衣服的款式等都可以成为触发诱因，形成刺激，导致对某种需要的确认。但是需要被唤起后可能逐步增强，最终驱使人们采取购买行动，也可能逐步减弱以至消失。

推销人员在这个阶段的任务如下。

(1) 了解与本企业产品有关的现实的和潜在的需要。在价格和质量等因素既定的条件下，一种产品如果能够满足消费者多种需要或多层次需要就能吸引更多的购买。

(2) 了解消费者需要随时间推移以及外界刺激强弱而波动的规律性，以便设计诱因，增强刺激，唤起需要，最终使人们采取购买行动。

2. 信息收集

被唤起的需要立即得到满足须有三个条件：①这个需要很强烈；②满足需要的物品很明显；③该物品可立即得到。这三个条件具备时，消费者满足被唤起的需要无须经过信息收集阶段，也可理解为这个阶段很短、很快、接近于零。在很多情况下，被唤起的需要不是马上得到满足，而是先存入记忆中作为未满足的项目，称为"累积需要"。随着累积需要由弱变强，可分为两种情况：一是"高亢的注意力"，指消费者对能够满足需要的商品信息敏感起来。虽然并不是有意识地收集信息，但是会留心接收信息，比平时更加关注该商品的广告、别人对该商品的使用和评价等。二是"积极的信息收集"，指主动地、广泛地收集该产品的信息。所需信息量取决于购买行为的复杂性。

3. 分析选择

在收集到足够的商品信息后，消费者要根据个人的经济实力、兴趣爱好及商品的效用满足程度，对购买客体进行认真的分析、评价，对比它们的优缺点，淘汰某些不满意或不信任的商品类型和品牌，然后对所确认的品牌进行价格、质量、售后服务的比较推敲，以便挑选最佳性价比和最大满足度的商品。

4. 购买决策

当消费者对掌握的商品信息经过分析、评价和挑选之后，会形成一种购买意向，但是不一定导致实际购买，从购买意向到实际购买还有以下因素介入其间。

(1) 他人态度。例如，某人决定购买 A 牌摩托车，但是家人不同意，他的购买意向就会降低。他人态度的影响力取决于三个因素：①他人否定态度的强度。否定态度越强烈，影响力越大。②他人与消费者的关系。关系越密切，影响力越大。③他人的权威性。他人对此类产品的专业水准越高，则影响力越大。

(2) 意外因素。消费者购买意向是以一些预期条件为基础形成的，如预期收入、预期价格、预期质量、预期服务等，如果这些预期条件受到一些意外因素的影响而发生变化，购买意向就可能改变。例如，预期的奖金收入没有得到，原定的商品价格突然提高，购买时销售人员态度恶劣等都可能导致顾客购买意向改变。

顾客一旦决定实现购买意向，必须做出以下决策：①产品种类决策，即在资金有限的情况下优先购买哪一类产品；②产品属性决策，即该产品应具有哪些属性；③产品品牌决策，即在诸多同类产品中购买哪一品牌；④时间决策，即在什么时候购买；⑤经销商决策，即到哪一家商店购买；⑥数量决策，即买多少；⑦付款方式决策，即一次性付款还是分期付款，现金购买还是其他方式购买等。

5. 购后评价

消费者使用所购商品后，会根据自己的感受进行评价，来验证购买决策正确与否。有两种情况：假如所购商品完全符合自己的意愿，甚至比预期的还要好，消费者不仅自己会重复购买，还会积极地向他人宣传推荐；相反，假如所购商品不符合其愿望，或效用很差，消费者不仅自己不会再购买，还会发泄其不满情绪，竭力阻止他人购买。可见，购后评价常常作为一种经验，反馈到购买活动的初始阶段，对消费者以后的购买行为产生影响。

(五)影响生产者购买决策的主要因素

影响生产者购买决策的基础性因素是经济因素，即商品的质量、价格和服务，在不同供应商产品的质量、价格和服务差异较大的情况下，生产者的采购人员会高度重视这些因素，仔细收集和分析资料，进行理性的选择。但是在不同供应商产品的质量、价格和服务基本没有差异的情况下，生产者的采购人员几乎无须进行理性的选择，因为任何一个供应

商的产品和服务都能满足本公司的各项目标,这时,其他因素就会对购买决策产生重大影响。

影响生产者用户购买决策的主要因素可分为四大类:环境因素、组织因素、人际因素和个人因素。供应商要推销产品,就应了解和运用这些因素,以便引导买方的购买行为,促成交易。

1. 环境因素

环境因素是指生产者无法控制的宏观环境因素,包括国家的经济前景、市场需求水平、技术发展、竞争态势、政治法律状况等。假如国家经济前景看好或国家扶持某一产业的发展,有关生产者用户就会增加投资,增加原材料采购和库存,以备生产扩大之用。在经济滑坡时期,生产者会减少甚至停止购买,供应商的推销人员试图增加生产者需求总量往往是徒劳的,只能通过艰苦的努力保持或扩大自己的市场占有率。

2. 组织因素

组织因素是指生产者用户自身的有关因素,包括经营目标、战略、政策、采购程序、组织结构和制度体系等。企业推销人员必须了解的问题有:生产者用户的经营目标和战略是什么;为了实现这些目标和战略,他们需要什么产品;他们的采购程序是什么;有哪些人参与采购或对采购发生影响;他们的评价标准是什么;该公司对采购人员有哪些政策与限制等。例如,以追求总成本降低为目标的企业,会对低价产品更感兴趣;以追求市场领先为目标的企业,会对优质高效的产品更感兴趣。有的公司建立采购激励制度,奖励那些工作突出的采购人员,将导致采购人员为争取最佳交易条件而对卖方施加压力。有的公司实行集中采购制度,设立统一的采购部门,将原先由各事业部分别进行的采购工作集中起来,以保证产品质量、扩大采购批量和降低采购成本。这种改变意味着供应商将同为数更少但素质更高的采购人员打交道。

3. 人际因素

人际因素是指生产者内部参与购买过程的各种角色(使用者、影响者、决策者、批准者、采购者和信息控制者)的职务、地位、态度和相互关系对购买行为的影响。供应商的推销人员应当了解每个人在购买决策中扮演的角色是什么、相互之间的关系如何等,并利用这些因素促成交易。

4. 个人因素

个人因素是指生产者用户内部参与购买过程的有关人员的年龄、教育、个性、偏好、风险意识等因素对购买行为的影响,与影响消费者购买行为的个人因素相似。例如,有些采购人员是受过良好教育的理智型购买者,选择供应商之前会经过周密的竞争性方案的比较;有些采购人员个性强硬,总是同供应商反复较量。

(六)顺应顾客购买决策的原则

顾客在决策过程中,总是依据一定的标准、尺度,对各种方案进行比较和选择,从中确定最优方案。而选择标准及尺度的拟订又是从一定原则出发的,决策原则始终贯穿于决策过程，指导顾客的决策活动。推销人员应顺应顾客购买决策的原则，进行推销工作。实践中，消费者制定购买决策的原则主要有三个。

1. 最大满意原则

一般而言，消费者总是力求通过决策方案的选择、实施，取得最大效用，使某方面需要得到最大限度的满足。按照这一指导思想进行决策，即为最大满意原则。遵照最大满意原则，消费者将不惜代价追求决策方案和效果的尽善尽美，直至达到目标。

但实际中贯彻最大满意原则带有许多苛刻的附加条件，例如，需要详尽、全面地占有信息；对各种备选方案进行准确无误的评价、比较；能够精确预测各种方案的实施后果。而消费者受主观条件和客观环境的限制，几乎不可能全部具备上述条件。此外，是否达到最大满意，完全依赖于消费者的主观感受和评价。而受心理因素和环境变化的影响，消费者的主观感受不是一成不变的，购买前视为最佳的方案，购买后可能评价降低，甚至产生相反的感受。因此，所谓最大满意原则，只是一种理想化原则。现实中，人们往往以其他原则补充或代替它。

2. 遗憾最小原则

遗憾最小原则是指购买决策执行之后的感受。在制定购买决策，面临多种冲突方案的选择时，消费者追求的是购买后的遗憾最小化。由于任何决策方案的后果都不可能达到绝对满意，都存在不同程度的遗憾，因此，有人主张以可能产生的遗憾最小作为决策的基本原则。运用此项原则进行决策时，消费者通常要估计各种方案可能产生的不良后果，比较其严重程度，从中选择情形最轻微的作为最终方案。例如，当消费者因各类皮鞋的价格高低不一而举棋不定时，有人宁可选择价格最低的一种，以便使遗憾减到最低程度。遗憾最小原则的作用在于减少风险损失，缓解消费者因不满意而造成的心理失衡。

3. 预期-满意原则

有些消费者在进行购买决策之前，已经预先形成对商品价格、质量、款式等方面的心理预期。为此，在对备选方案进行比较选择时，既不挑选最佳方案，也不选择可能产生遗憾最小的方案，而是与个人的心理预期进行比较，从中选择与预期标准吻合度最高的作为最终决策方案。这一方案相对预先期望，能够达到的消费者满意程度最大。运用预期-满意原则，可大大缩小消费者的抉择范围，迅速、准确地发现拟选方案，加快决策进程，同时可避免因方案过多而举棋不定。

当消费者面临多种选择方案时，他们往往会判断哪种方案会导致最坏情况，一般会选择导致最坏情况的可能性最小的方案；当不能判定各种方案的结果时，将随机选择；消费者对最小遗憾的关心要大于最大效用或最大满意的追求。一般来说，当消费者不得不面对遗憾结果时，消费者会追求遗憾最小化。而如果有条件追求满意的结果时，消费者自然会追求满意最大化。

思　考　题

1. 什么是顾客购买能力？

2. 试比较顾客市场与生产者市场需求的异同。

3. 影响顾客购买的主要因素有哪些?

4. 顾客购买决策的过程包括哪几个步骤?

5. 谈谈推销人员应该如何根据顾客购买决策的原则进行推销?

练 习 题

1. 回答下列问题

(1) 顾客说: "不错,那是很漂亮的数码录像机,但是对我来说太复杂了,可能需要一名工程师来为我说明如何使用它。" 你将如何处理?

(2) 顾客说: "我不能购买昂贵的电脑,我的用户大多数都是蓝领阶层,不是公司的白领人员。" 你将如何处理?

(3) 你推销服装时,顾客说: "这衣服很美观,但是价格却略高于我的估计。" 你将如何处理?

(4) 一位袖珍型速记机推销员的顾客说: "看起来好像是一部手提的小机器,但是我发现卡箱比标准型略小,我想还是用标准规格的卡式录音机比较好。" 你将如何处理?

(5) 推销员正在向汽车零件商推销电池,顾客说: "我听说万一电池有问题的话,贵公司不负责任。" 你将如何处理?

(6) 你是一家大规模零售商店的店员,被分派在电器部门服务。有一位顾客因为与你有过不愉快的经历而不欣赏你,他显得很生气,于是开始辱骂你。你将如何处理?

(7) 你是专门向珠宝店与百货公司推销石英数字表的推销员,有一个客户对你说: "我不想现在就进货,听说这种手表的价格已经下跌了,我不希望以高价储存这些手表,所以现在暂缓购买。" 你将如何处理?

(8) 你是一位推销各种刷子的推销员,搞不清楚为何顾客对你存有疑心。你将如何处理?

(9) 推销员正向一位顾客推销新车子,他说: "我确实很喜欢新型车的设计,但是车子是否有足够的空间容得下我和我的太太,我希望拥有一部空间宽大的舒适的汽车。" 你将如何处理?

2. 假如你是上海大众的汽车销售顾问,你的顾客来买帕萨特轿车。从你的顾客的购车心理特征的角度给其做一个基本的判断。

(1) 他们的年龄如何?

(2) 他们的学历如何?

(3) 他们的经济能力如何?

(4) 他们的职业多数属于什么类型的?

(5) 他们倾向问什么问题?

(6) 他们最重视哪类问题?

3. 请思考如下的问题。

(1) 请写下你最信任的人的名字,请回忆从认识这个人到你完全信任他,用了多长时间?

(2) 请写出获得一个陌生人信任的最重要的方面。

(3) 请回答如果掌握了你认为的重要方面，你是否可以缩短获得一个人信任的时间，缩短多少？

(4) 请总结并描述你最近观察的 10 个客户(或陌生人)的行为，请从年龄、学历以及职位上来观察和思考。

案 例 分 析

"美佳"说明了什么

日本东京的"美佳"西服店，有效地运用折扣售货方法销售，获得成功。

具体方法是：先发一则公告，介绍某商品的品质性能等一般情况，再宣传打折扣的销售天数及具体日期，最后说明打折扣的方法，即第一天打九折，第二天打八折，第三天、第四天打七折，第五天、第六天打六折，以此类推，到第十五天、第十六天打一折。这种销售方法的实践结果是，前两天顾客不多，来者多半是打探虚实和看热闹的。第三、四天顾客渐渐多了起来，在打六折时，顾客像洪水般地拥向柜台争相抢购。以后连日爆满，还没到一折售货日期，商品早已售缺。

问题：

你认为美佳能够获得成功的最主要的原因是什么？

第三章　推销人员的素质与能力

本章学习要点

● 　推销人员的素质与业务能力
● 　推销人员的控制与激励
● 　推销人员的礼仪

在市场经济条件下，市场推销已成为企业销售过程中的重要活动。企业的生存和发展，一刻也离不开推销。正如国外有句名言所说："没有推销就没有事业。"可见，推销工作的优劣直接关系到企业的存亡。

优秀的推销员是企业的宝贵财富，他可以成功地把企业的产品推销给用户，给企业带来经济效益，而且和用户保持良好的关系。推销人员的素质与能力直接影响着企业产品销售量的大小和企业的形象及声誉。如果一个企业拥有一批素质优良、受过专门训练的推销人员，就能吸引并保有较多的顾客，就能在推销产品的过程中自觉地维护企业形象。

第一节　推销人员的素质与业务能力

一、推销人员的素质

(一)思想道德素质

(1) 推销人员的思想素质。推销人员要维护国家民族和企业的利益，就要道德情操高尚，这是推销人员必须具备的最根本的素质。

(2) 具有良好的职业道德。推销员必须具有强烈的事业心和责任感，推销员的事业心主要表现为：要有献身于推销事业的敬业精神，应具备集体利益高于个人利益的思想境界；应具备公道正派的思想作风，要有一股勇于进取、积极上进的劲头，不怕艰苦，任劳任怨，有取得事业成功的坚强信念。推销员的责任感主要表现为：忠实于本企业，忠实于自己的顾客；维护企业的形象和顾客的利益，积极热忱地为顾客服务，发扬全心全意为客户服务的精神，千方百计达到开拓市场的目的。

(3) 强烈的服务意识和良好的服务态度。推销员不仅是企业的代表，也应成为消费者的顾问，应真正树立"用户第一、顾客至上"的思想。

要时刻想着："我能为顾客提供哪些服务？"要以自己的诚意和行动打动顾客，获取顾客的信任。周到的服务往往能收到意想不到的效果。与顾客打交道时，要设身处地为顾客着想，对顾客想要了解和期望的事情尽快提供服务；对顾客来洽谈业务、购买商品，怀有感激的心情；尊重顾客的想法、知识、人格、职业、地位等。当顾客看到你以至诚的态度为他效力时，他也会诚挚地回报于你。

(4) 具有中国传统的仁义礼智信的品德。推销员要向顾客推销他们真正需要的产品，满足其需求。推销员应摒弃推销工作中的一切不正当的推销方法和手段，杜绝推销活动中的弄虚作假、坑蒙拐骗、以次充好、见利忘义、损公肥私等行为。

(二)推销人员的文化素质

推销工作是一项极富创造性与挑战性的工作，因此，推销员除具备过硬的思想素质外，也要求具有较高的文化素质。拥有较高的文化素质是取得良好推销绩效的必要条件。推销员所接触的顾客成千上万、形形色色、心态各异，推销员在推销活动中要以最短的时间、最快的速度对顾客做出判断，并确定推销的方式与技巧。因此，推销员首先应具有较好的法律知识，懂得和理解与市场营销有关的法律规范，并能在实际工作中运用；其次，推销员应具有较好的经济学、市场学和推销业务知识；最后，推销员应具有较好的社会学、心理学知识，商品推销总是伴随着一定程度的人与人之间关系的活动，推销人员只有具备丰富的社会学、心理学知识，才能掌握对方的内心世界和思想脉搏，对症下药，有针对性地开展工作，从而达到事半功倍的效果。

(三)推销人员的身体素质

推销人员的推销活动既是一项复杂的脑力劳动，又是一项艰苦的体力劳动。推销人员的工作性质决定了推销人员必须有强健的身体方能胜任，健康的身体也是实现推销活动中一切策略的物质保证。推销人员必须经常外出推销，在必要时还得携带样品、目录、说明书等；推销人员的推销有时还必须日夜兼程，劳动时间长，劳动强度大；对于工业品推销，需要推销人员安装、操作、维修等较大强度的体力与脑力劳动；与客户接触的整个推销过程，更是斗智斗勇的过程，也需要充沛的精力作保证。因而，强健的身体是推销工作的基础与前提。

(四)推销人员的心理个性素质

推销工作的特殊性决定了对推销人员性格的特殊要求。首先，合格的推销人员应该具有感情外露、热情奔放、活动能力强、能当机立断的外向型性格特征。一般来说，性格外向的人易于与他人接洽，也擅长辞令，易接受别人，别人也能较快地接受他，有利于向陌生顾客开展推销工作。其次，推销人员应该具有强烈的自信心，要有"不管遇到多大的困难，我都能解决，我都能应付，我都能完成任务"的信念。最后，合格的推销人员应该具有良好的个性品格。推销人员应做到诚实、言行一致、履行自己的承诺，让顾客感觉到你的确是一位值得信赖的人，只有这样，才能与顾客培养和建立起长期稳定的关系，才不会使竞争者轻易从你手中抢走客户。

(五)推销人员的业务素质

推销人员应具备以下几个方面的业务素质。

(1) 产品知识。推销人员帮助顾客购买产品需要掌握基本的产品知识，推销人员应了解产品的性能、用途、用法、维修及管理程序等知识。

(2) 企业知识。推销人员应了解企业的发展历史、规模、经营方针、规章制度、在同行业中的地位、企业的销售策略和服务项目、交货方式、付款条件等情况。

(3) 营销知识。推销人员应掌握销售调查和预测的原理和一般方法，善于把握销售的变化趋势等。另外，为了把推销工作做得更好，推销人员应该从更高的层次，即从营销的高度去进行推销，使自己真正成为新型的推销员，即不仅是销售产品、获得订单者，而且是信息沟通者和策略决策的参与者，这样就必须要掌握营销的知识。

(4) 消费者知识。推销人员应懂得一些社会学、心理学、行为科学方面的知识，尤其要注意掌握购买心理等基本知识，主要包括购买动机、心理、购买过程等。

(5) 法律知识。市场经济是法制经济，不懂得法律或无视法律的推销员将寸步难行。推销员必须掌握有关的法律知识，如《消费者权益保护法》、《反不正当竞争法》和《经济合同法》等。

除上述几个方面外，文、史、逻辑学等知识都很有用，有助于提高推销人员的品位；丰富的词汇可以提高推销人员的表达能力和增强介绍的说服力；广博的知识能提高推销人员的信心，同时也能增强顾客对推销人员的信赖。

二、推销人员的业务能力

推销人员具备了一定的思想素质、文化素质、身体素质、个性素质与业务素质后，只是具备了当好推销人员的基本素质，并不一定能成为一名出类拔萃的推销人员。一名杰出的推销人员除具备以上这些基本素质外，还应具备一定的业务能力。

(一)良好的语言表达能力

推销工作总是以一定的语言开始的，不管是形体语言还是文字语言，都要求推销员通过语言准确地表达所要推销商品的信息，同时也要能使顾客清楚地理解和明白推销品的方方面面。如果推销员语言贫乏，词不达意，逻辑性差，思路不清，笨嘴拙舌，顾客是不可能接受这样的推销员的，也不可能接受他所推销的产品。优秀的推销员应是富有鼓动性的"辩才"，要能言善辩，但同时又是最忠实的听众，善于聆听顾客的意见。

(二)较强的社交能力

推销人员向顾客推销商品的过程，实际上也是与顾客交往的过程。推销人员必须善于与他人交往，有较强的沟通技巧，同时也能维持和发展与顾客之间长期稳定的关系；待人随和，热情诚恳；能设身处地地从顾客的角度出发，为顾客解决实际问题，取得顾客的信任、理解和支持；推销人员应具有较为广泛的兴趣爱好、宽阔的视野和知识面，以便能够得心应手地应付不同性格、年龄、爱好等特征的顾客。

(三)敏锐的洞察能力

推销人员应善于察言观色，具有洞察细微事物的慧眼，把顾客的手势、反应、脸色、心境等表现在头脑中快速形成影像并加工整理，迅速做出判断，哪些顾客是可能的买主，哪些顾客绝不可能成为买主，哪些顾客有购买欲望，哪些顾客有购买力。现代推销的节奏不可能让推销人员花更多的时间与精力去鉴别顾客，因此，好的推销人员应该具备洞察顾客心理的能力，对多数人所忽略的细枝末节有较强的敏感性，就像一台 X 光机一样能够比较准确地透视顾客。

新世纪高职高专课程与实训系列教材

(四)快捷的应变能力

推销工作的对象是复杂的，甚至是变幻莫测的。推销人员应该逻辑缜密、思路清晰、适应能力强、反应速度快，面对困难与不利做到遇事不惊、随机应变，要善于处理被动局面，变被动为主动，要在山穷水尽之时，找到柳暗花明之路。

(五)高超的处理异议的能力

推销人员在向顾客推销时，顾客往往会对产品的质量、价格、式样等方面提出种种责难，故意挑剔。为此，推销人员首先应深知"被拒绝"原本就是推销的一部分；对推销者的拒绝，是顾客的习惯之一；顾客现在拒绝，并不等于永远拒绝；人人都有对推销员说"不"而得到尊重的权利，顾客异议是一个交易得以进行的信号；顾客异议为推销成功提供了推销努力的方向。推销人员在推销活动中应该把握主动权，创造一种宜于推销洽谈的气氛，按照需要控制买主的谈话内容。对顾客提出的各种疑难，推销员要区别对待，不能统统认可或完全拒绝。

(六)为顾客服务的能力

推销人员为顾客提供的服务主要有两项：一是服务态度，即推销人员应该举止文雅、仪表端庄、态度谦虚、平易近人，能设身处地为顾客着想；二是提供推销服务，即利用自己所掌握的商品知识为顾客排忧解难。

(七)实际工作能力

一般来说，推销人员在实际工作中应具备处理各种实际问题的能力，要灵活运用各方面的知识，根据实际情况开展创造性的推销工作，进行广泛的社交，在工作中灵活应变，与顾客进行心灵的交流，这样业绩自然就产生了。

总之，一名优秀的推销员应该具有哲学家的头脑、侦察员的眼睛、外交家的风度、运动员的体魄、科学家的智慧、初恋者的热情、演说家的口才、宗教者的执著、大将军的果断、改革家的远见。

第二节　推销人员的管理与控制

一、推销人员管理的内涵和特征

管理推销人员既涉及推销员的配备问题，又涉及推销员的培养和使用问题。推销人员的配备绝不仅仅是企业人事部门的工作，销售部门应主动向人事部门提出选择推销人员的标准，自觉地配合企业人事部门选择推销员。企业推销员管理就是在不断培养、提高推销员素质的过程中，激励、引导推销员积极认真地为企业收集有利于企业长远发展的信息，注意刺激顾客需求，顺利推销企业产品，不断扩大企业市场份额的过程。其特征具体体现在以下几个方面。

1. 优化推销员队伍的结构，不断提高推销员素质

众所周知，刚刚入门的推销员与优秀推销员的水平相差甚远，这就给推销员管理者提供了一个较大的工作空间，也同时面临着几种推销员队伍结构组合的选择：第一种是低低组合，即只配备清一色的低素质推销员，其结果必然是培训难度大，工资支出少，推销业绩差；第二种是高高组合，即只配备高素质推销员，表面上看是推销员队伍素质高，培训起来相对容易一些，但其缺点一是工资总额会大大提高，二是有将无兵，推销的整体业绩同样不一定理想。第三种是强弱结合，即少数强将和多数目前素质较低但基础条件较好的弱兵的搭配，这样的推销员队伍，平均工资水平不高，培训起来比较容易，采取以老带新的方式见效快，便于用较少的投入获取较大的推销业绩，是一种比较理想的推销员队伍组织方式。

2. 为收集市场信息和营销决策提供依据

企业推销员在推销产品的过程中，能够收集到产品上下游的信息、竞争者的信息、消费者的信息，这些信息及时反馈到管理者手中，经过整理、归纳、汇总，可以为企业经营决策提供依据。

3. 检验营销管理实效，实现营销管理目的

推销员管理是营销管理的重要组成部分，营销管理的方向和力度、营销组合与市场需求结构的契合度，决定着推销员管理的方向、力度及有效程度。推销员管理既是实现营销管理的目的，又对营销管理起着检验和调整的作用。

二、推销人员管理的基本内容

1. 规范管理工作

推销工作点多面广，需要推销员根据顾客千差万别的具体情况，充分发挥主动性，以较强的应变能力，因人、因时、因地制宜地做好工作，才能顺利完成企业的推销任务。为此，管理部门应做好以下基础工作。

(1) 关于推销员培养方面的定期培养制度、传帮带制度和授权制度。

(2) 关于产品推销方面的合同制度、样品登记制度、交接制度和汇报制度。

(3) 关于信息沟通方面的信息反馈制度、售后服务制度、与中间商沟通制度和顾客档案制度。

(4) 货款回收方面的结算制度和报销制度。

2. 对推销员的定量管理

推销员管理是通过对推销员所从事的具体业务环节的管理来实现的，这些业务环节包括对推销产品的管理、对市场的管理、对市场信息的管理以及对经销商的管理。为保证各个环节的顺畅、高效运行，实行联销计酬、建立激励机制在企业界已得到普遍认同，但在实际操作中还有几个误区，应该加以分析和研究。

推销员的工作是一种容易量化的工作，应注意不能只从产品销量上来考察，应联系销售价格、推销费用、货款回收速度、信息反馈的数量与质量，结合地区市场有关特点进行

综合考察，长期追踪记录。不但要把它作为推销员工资计酬的依据，而且要把它作为考核推销员敬业精神、业务水平及提拔使用的重要资料。

三、推销人员的选拔

推销是一种职业，但并不是人人都可以成为一名成功的推销员。因此，让最适合搞推销的人干推销工作是对推销人员管理的第一步。那么，什么样的人适合干推销工作？应该按照"品质第一，能力第二，知识第三"的原则，通过以下方法选拔。

1. 企业内部选拔

企业内部选拔，即在企业内部选拔招聘具有推销素质的人员，可先自荐或部门推荐，然后进行笔试、口试，最后根据该职工的平时表现(是否具有所需的基本素质)，结合笔试口试成绩决定是否聘任。企业内部人员对企业的生产经营情况及产品很了解，有利于推销工作。

2. 外部招聘

若企业扩大规模或因其他原因急需推销人员时，可公开向社会招聘，采用面试、笔试、口试等形式层层选拔，至于考核的内容与方法则可结合企业实际情况进行。最后根据他们的综合表现由企业领导商定选用。

3. 内外结合

内外结合即把上面两种方法结合使用。

无论是企业内部选拔还是外部招聘人员，一般来说都需要进行岗前培训及实践中的培训和锻炼，只有这样，才能更快地使其成长为优秀的推销员。

四、推销人员的培训

(一)培训计划的制订

培训计划需要明确以下问题：培训目标、培训时间、培训地点、培训方式、培训师资、培训内容等。培训计划的设计应考虑到新人培训、继续培训、主管人员培训等不同类型培训的差异。

1. 培训目标

培训目标有很多，每次培训至少要确定一个主要目标。总的说来，培训目标包括发掘销售人员的潜能、增加销售人员对企业的信任、训练销售人员的工作方法、改善销售人员的工作态度、提高销售人员的工作热情等。最终目的都是为了提高销售人员的综合素质，以增加销售。

2. 培训时间

培训时间可长可短，具体可根据需要来确定。确定培训时间时需要考虑以下问题。
(1) 产品性质。产品性质越复杂，培训时间应越长。
(2) 市场状况。市场竞争越激烈，培训时间应越长。

(3) 人员素质。人员素质越低，培训时间应越长。

(4) 要求的销售技巧。要求的销售技巧越高，培训时间应越长。

3. 培训地点

依培训地点的不同可分为集中培训和分开培训。集中培训一般由总公司举办，培训企业所有的销售人员。一般知识和态度方面的培训，可采用集中培训，以保证培训的质量和水平。分开培训是由各分公司分别自行培训其销售人员。有特殊培训目标的可采用分开培训，可以结合推销实践来进行。

4. 培训方式

培训方式有在职培训、个别培训、小组培训、定期设班培训等。各企业可根据实际情况选择适宜的方式。

5. 培训师资

培训师资应由学有专长和富有销售经验的专家学者担任。任教者应具备如下条件：对于所授课程应有彻底了解；对于任教工作具有高度兴趣；对于讲授方法有充分研究；对于所用教材随时进行补充和修正。

6. 培训内容

培训内容常因工作的需要及受训人员具备的才能而异。总的说来，培训内容包括以下几个方面。

(1) 企业的历史、经营目标、组织机构、财务状况、主要产品和销售、主要设施及主要高级职员等企业概况。

(2) 本企业产品的生产过程、技术情况及产品的功能用途。

(3) 目标顾客的不同类型及其购买动机、购买习惯和购买行为。

(4) 竞争对手的策略和政策。

(5) 各种推销术、公司专为每种产品概括的推销要点及提供的推销说明。

(6) 实地推销的工作程序和责任，如适当分配时间、合理支配费用、撰写报告、拟定有效推销路线等。

(二)基本知识的培训

1. 相关产品的知识

有关产品的知识，推销员要做到八知道：知道产品的材料构成和化学成分；知道产品的工艺流程；知道产品的结构特点和物理性能；知道产品的技术要求；知道产品的功能、用途；知道产品的检验方法；知道产品的使用方法、寿命；知道产品的保管、保养方法。另外，推销员还应了解本企业目前在同行业中的位置，同时还应了解竞争对手的有关情况。这些知识可通过知识讲座集中学习，或通过看录像、发放资料自学等形式进行培训，还可通过下车间实际操作的形式进行培训。

2. 签订合同的知识

推销员经常要和客户签订合同，因此要了解合同签订的程序、合同的履行及违约的处理等情况。

3. 商品运输知识

推销员不仅要推销产品,还要懂得运输的常识,以便受用户的委托,做好货物的发运工作,将产品及时、安全地运送到客户手中。

4. 交往礼仪的知识

礼节是人们相互交往时的行为规范,也是尊重他人的表现。作为一名推销员,应具备这方面的相关知识。这些知识可通过讲座集中培训,或发放资料自学,并进行模拟训练以达到目的。

(三)心理素质的培训

成功的推销技巧在具有良好心理素质的推销员身上能发挥巨大的功效。因为推销是一件艰苦而又充满挫折的事情。作为一名推销员,应该充满自信地开展业务,同时又要做好失败的准备,失败之后,还要有耐心、有信心、充满希望地拜访下一个客户,只有这样才能取得最后的成功。企业可通过各种方法培养他们良好的心理素质,如派他们到车间进行烦琐而紧张的劳动;指派有经验的推销员介绍经验(主要介绍如何面对失败,如何锻炼自己的心理素质);进行有关推销活动方面的小测验;委派他们单独完成一笔业务等。

(四)培训方法

推销员的培训方法有以下几种。

1. 集中培训法

集中培训法是指企业通过采取办培训班、研讨会等形式对推销人员进行集中培训的方法。

2. 实践培训法

实践培训法是指企业派新推销员到现场跟随有经验的推销员一起工作的一种传统培训方法。通过师傅带徒弟的办法,请有经验的推销员讲解他们的经验,即他们是如何把书本上的推销技巧和实际情况相结合的,包括如何招揽顾客,如何说服顾客,如何消除顾客异议,如何诱导顾客成交,如何和顾客保持下次的合作关系等。

3. 角色扮演法

角色扮演法是指由受训的推销员扮演推销员进行推销活动,由有经验的推销员扮演顾客,从而进行培训的方法。

以上三方面的培训可以相互结合,穿插进行。事实上,对推销员的培训是一个长期的、连续的活动,需要培训—实践—再培训—再实践,实践不止,培训不停。

(五)培训方式

1. 岗前培训

企业对新招聘的推销人员应首先进行上岗前的业务素质培训,这样,一方面可以使新

的推销人员通过系统的业务技术培训很快适应工作岗位；另一方面，通过建立岗前培训制度，使企业能够科学地对培训费用进行定额预算管理，有效地防止费用定额的忽高忽低现象，节省培训费用。

2. 在职脱产学习

企业对那些有发展前途的推销业务人员可以实行脱产培训制度，把他们派送到高等院校或科研机构进修学习，使他们成为真正的推销专业人才，以便在今后的工作中发挥更大的作用，或者作为他们晋升提职的依据。

3. 自我训练

自我训练的方式适用于所有的推销人员。它是建立在推销人员自觉意识基础之上的，其目的是使有进取心的推销员成为最优秀者。自我训练是与推销员的日常生活和工作过程密切联系在一起的，即把公司的价值观念、行为准则和职业道德规范落实到日常生活和工作中去。

1) 心理修养训练

良好的心理修养是一个人成熟的标志，要成为优秀的推销员，就必须重视心理修养的训练，具有积极的人生观和乐观的处世态度，有坚强的意志和吃苦耐劳的精神，善于调剂自己的工作和控制自己的情绪，学会自我激励，使自己的行为围绕着预定的奋斗目标进行。

2) 仪表和礼节训练

仪表和礼节是推销员心理素质的外在表现，是推销活动中最先传达到顾客的信号，它形成了顾客对推销人员的"第一印象"。第一印象的好坏，会直接影响推销工作能否继续下去。所以，在与顾客交往中，推销员讲究仪容、服饰、举止、谈吐、礼节等交际因素，使其符合惯例是树立良好的个人形象、获取顾客好感的先决条件。

3) 身体素质训练

推销员所从事的是快节奏、高效率、高强度的脑体综合性劳动，没有健康的体魄为基础是难以应付工作的。健康的体质使人经常保持旺盛的热情和精神状态，使人具有敏锐的观察力和缜密的分析力。身体健康应包括生理和心理两方面，心理健康主要表现为各种常规智力正常，情绪稳定，行为协调，反应适度等。良好的心理修养就是建立在健康的生理体能的基础上的。

4) 知识训练

知识训练包括两个方面：一是关于产品的知识；二是关于推销技巧的知识。

五、推销队伍组织结构的确定

推销人员如何组织起来才能最有效率，也是人员推销决策的一个重要问题，企业在设计推销队伍的组织结构时，可在下述四种类型中选择。

(一)地区型结构

地区型结构是一种最简单的组织结构，即每个推销员分管一个地区，负责在该地区推销企业的所有产品。这种结构适用于产品和市场都较单纯的企业。

1. 地区型结构的特点

(1) 有利于调动推销人员的积极性。因为推销员的责任明确，可对所管地区销售额的增长情况负责。

(2) 可鼓励推销员与当地的企业和个人建立固定联系，从而有利于提高推销效率。

(3) 差旅费用较少，有利于降低推销成本。

2. 实行地区型结构需要决定销售区域的大小和形状

销售区域形状的确定应综合考虑区域的自然形状、区域内顾客的分布状况、推销成本、便利程度等因素，以减轻推销人员的工作负荷量，降低成本，取得最好的推销效益。

(二)产品型结构

产品型结构，即每个推销员负责一类或几类产品在各地的推销。当企业产品种类繁多，而且产品的技术性较强时，采用产品型结构较合适。因为推销人员只有熟悉他所推销的产品，才能提高推销效率。但当企业产品种类繁多，相互间并无关联的产品被相同的顾客购买时，这种形式就会显现出极大的欠缺。

(三)顾客型结构

顾客的分类可依其产业类别、顾客规模、分销途径来进行。不少企业还按顾客类别来组织推销队伍，如按不同行业的顾客、新顾客、老顾客、大顾客、小顾客，分别安排不同的推销员。顾客型结构的主要优点是推销员可以更加熟悉和了解自己的顾客，更能掌握其需求特点及决策过程。

(四)复合型结构

复合型结构是指当企业的产品类别多、顾客的类别多而且分散时，综合考虑区域、产品和顾客因素，按区域—产品、区域—顾客、产品—顾客或者区域—产品—顾客来分派销售人员的形式。在这种情况下，一个销售人员可能要同时对数个产品经理或几个部门负责。

六、对推销人员有效的激励

(一)激励推销人员的原则

激励推销人员的措施必须科学、合理，否则不仅起不到调动、鼓舞推销人员工作积极性的作用，相反还会挫伤其原有的工作热情。推销管理部门在对推销人员进行激励时，应当根据企业、产品、销售地区、推销环境和推销人员的不同情况制定合理的激励方案，应遵循的原则如下。

1. 公平合理

所制定的奖励标准和所给予的奖励必须公平合理。奖励的标准必须恰当，过高或过低

都会缺乏驱动力。所给予的奖励，应当考虑到推销人员工作条件的不同和付出努力的差别而有所区别。

2. 明确公开

推销管理部门的奖励措施必须明确，并公开宣布，让推销人员充分了解和掌握奖励目标和奖励方法，促使他们自觉地为实现目标而努力。否则，就不可能产生积极的效果。

3. 及时兑现

对推销人员的奖励，应当按预先的规定，一旦达到奖励目标就兑现许诺，使达标者及时得到奖励。如果拖延奖励时间，会给推销人员造成开空头支票的感觉，这将严重打击他们的积极性。

(二)推销人员的报酬管理

建立合理的报酬制度，对于调动推销人员的积极性和主动性，保证推销目的的实现，有着重要意义。推销人员的工作能力、工作经验和完成任务的情况是确定报酬的基本依据。企业付给推销人员的报酬主要有三种形式。

1. 薪金制

薪金制，即给推销人员固定的报酬。这种制度简便易行，可简化管理部门的工作。推销人员也因收入稳定而有安全感，不必担心没有推销业务时影响个人收入。但这种制度缺少对推销人员激励的动力，容易形成吃"大锅饭"的局面。

2. 佣金制

佣金制，即企业按推销人员实现销售量或利润大小支付相应的报酬。这种制度比薪金制有较强的刺激性，可以使推销人员充分发挥自己的才能，但这种方法会导致推销人员不愿接受非销售性工作，而且常常出现推销人员为追逐自身利益而忽视企业长远利益的现象。

典型的销售佣金制包括两种形式：一是预支性佣金制，一般实行一次性提款方式。这种制度将推销人员的推销贡献与其个人收入挂钩，推销一次提成一次。为了保证推销人员在获得佣金之前有足够的促销费用，企业一般要预支一定的费用给推销人员，金额大小既要与保守的佣金估计相当，也可以仅仅是促销费用的支援。当然，如果推销人员的实际报酬低于预支的费用，推销人员就等于欠企业的债，预付费用实际上成为贷款。有些企业要求推销人员与企业签订协议，保证在他们实际收入低于预支费用时，差额收回。二是纯粹佣金制。在这种酬赏制度下，推销人员是独立的订货人，他的全部促销费用由自己支付，并且不要任何福利津贴。显然，这种佣金制对推销人员来说面临的风险最大。推销人员必须自己支付全部费用，很可能付出的费用大于收入。即使推销人员的生意很好，也要等数月之后才能拿到钱。但对于一些富有挑战精神的人来说，这种酬赏制度也有一些长处，就是推销人员行为自由、利益独立，而且如果成功的话，获得的佣金也最高。纯粹佣金制对于推销人员意味着巨大的风险投入，目前我国企业还很少采用，就是在国外也大多存在于企业与独立性的销售代理人或代理商之间，而不在企业的销售队伍中推行。

3. 薪金加奖励制

薪金加奖励制，即企业在给推销人员固定薪金的同时又给不定额的奖金。这种形式实际是上述两种形式的结合。一般来讲，它兼有薪金制和佣金制的优点，既能保障管理部门对推销人员的有效控制，又能起到激励的作用。但这种形式实行起来较为复杂，增加了管理部门的工作难度。由于这种制度比较有效，目前越来越多的企业趋向于采用这种方式。

对多数企业而言，理想的销售酬赏模式应该采用"薪水(工资)+奖励(提成)"的方式，确保销售人员有一个稳定的薪水(工资)收入，并根据其贡献大小获得额外的奖励(提成)。这种酬赏制度保持了较大的灵活性，可以根据具体情况的差异进行相应的变通性调整。

(三)推销人员的激励方法

一般来说，组织中的任何成员都需要激励，推销人员更是如此。

企业可以通过环境激励、目标激励、物质激励和精神激励等方式来提高推销人员的工作积极性。

(1) 环境激励是指企业创造一种良好的工作氛围(比如工作环境、条件、人际关系等)，使推销人员能心情愉快地开展工作。

(2) 目标激励是指为推销人员确定一些拟达到的目标，以目标来激励推销人员上进。销售经理应该结合总体目标建立销售定额、毛利额、访问户数、新客户数、访问费用、贷款回收等目标。

(3) 物质激励是指通过满足人的物质生活的需要以激发人的积极性。例如，制定合理的工资、薪金制度、改善福利设施待遇，给做出优异成绩的销售人员晋级、奖金、奖品、额外报酬等实际利益，以此来调动推销人员的积极性。物质激励往往与目标激励联系起来运用。

(4) 精神激励是指通过满足人的心理方面、精神方面的需要来激发人的积极性。例如，理想、道德、价值观、荣誉、信任、尊重、友谊、归属感、旺盛的士气、各种文化娱乐活动等。给做出优秀成绩的推销人员以表扬，颁发奖状、奖旗，授予称号等，以此来激励推销人员上进。

七、对推销人员实施科学考评

要评估推销人员的绩效，一定要有良好而合理的标准。考评标准不能一概而论，企业考核时应充分了解整个市场的潜力和每一位推销人员在适应工作环境和销售能力上的差异。绩效标准应与销售额、利润额和企业目标相一致。

(一)建立绩效标准

建立绩效标准的方法有两种：一是为每种工作因素制定特制的标准，如销售量、访问次数；二是将每位推销人员与推销人员平均业绩相比较，如销售排名。

常用的推销人员考评指标主要有销售量、毛利、访问率、平均订单数目、销售费用率、新客户数目等。为了实现最佳考评，销售经理在运用考评标准时应注意销售区域的潜

力以及区域差异、地理分布状况、交通条件等对推销效果的影响，还要注意一些非数量化的标准，如合作性、工作热忱、责任感和判断力度。

(二)业绩考评的方法

对推销人员的业绩考评主要有横向比较法、纵向比较法和尺度考评法。

(1) 横向比较法是一种把各位推销人员的销售业绩进行比较和排队的方法，它不仅对推销人员完成的销售额进行对比，而且还要对推销人员的销售成本、销售利润、顾客对其服务的满意度等进行对比。

(2) 纵向分析法是将同一推销人员现在和过去的工作业绩进行比较，包括对销售额、毛利、销售费用、新增顾客数、失去顾客数等数量指标的分析。这种方法有利于衡量推销人员工作的改善状况。

(3) 尺度考评法是将考评的各个项目都配以考评尺度，制作出一份考评比例表加以考评的方法。在考评表中，可以将每项考评因素划分出不同等级的考核标准，然后根据每位推销人员的表现按依据评分，并可对不同的考评因素按其重要程度分别加权，最后核算出总的得分。

考评时对推销人员的资料收集务必全面、充分，资料来源主要有四个方面。一是推销人员销售报告，包括销售活动计划报告和销售活动业绩报告。二是企业销售记录，企业内有关销售记录，如顾客记录、区域的销售记录、销售费用支出等，都是考评的宝贵资料。三是顾客意见。有些推销人员业绩很好，但在顾客服务方面做得并不理想，特别是在商品紧俏的时候更是如此。如某公司一位推销人员负责某地区销售事务，经常以商品紧张为由对顾客提出用车等非分要求，对公司形象造成不好的影响。因此，顾客意见也应作为考评的依据。收集顾客意见的最好途径是顾客的信件和投诉。另外，定期进行顾客调查也能收集到比较全面的顾客意见信息。四是企业(公司)内部职员意见。这一资料来自营销经理、销售经理或其他有关人员的意见，推销人员之间的意见也可作为参考。这些资料可以提供有关推销人员的合作态度和领导才干方面的一些信息。

第三节　推销人员的礼仪

随着市场经济的发展，各行各业对商务人才的要求越来越高，企业日趋看重人才在专业知识背后的人格魅力、道德修养、社交综合能力和团队合作精神等人文方面的综合素质。为适应这种市场和社会的新需求，推销人员必须从仪容仪表、语言谈吐、行为举止等小节做起，提高综合礼仪修养，培养和逐步提升其内在的气质和风度。

一、推销人员的个人仪表礼仪

一个人的外在形象反映了他特有的内涵。倘若别人不信任我们的外表，我们就无法成功地推销自己。推销员在与顾客初次见面时，要给顾客留下良好的第一印象。

成功的推销员深知第一印象的价值。一个推销人员能与顾客面对面说话的时间很短，要在有限的时间内使顾客对自己有所了解是很难的。如果推销员留给顾客的第一印象不好，就无法引起顾客对推销人员有进一步接触和了解的愿望。顾客对第一印象不好的推销员的反应就是拒绝。心理学家研究发现，人们的看法常受"晕轮效应"、"首因效应"的影响。

由此看来，推销员和顾客第一次见面，如何留下良好的印象是至关重要的。良好的第一印象会使顾客对推销员心怀好感且久久难忘；反之，坏的印象则很难改变。但是，推销员只有一次给顾客留下好印象的机会，因此千万要把握好这个机会。为此，推销员要注意以下几点。

(一)推销仪表

仪表包括仪容和仪态。仪容包含面部妆容和表情、目光，仪态是静动结合，既有服饰装扮也有行为举止。在仪表上注重修饰自己既是热爱生活、尊重别人的表现，也是具有品质生活和成功事业的象征。营销人员随时以最佳个人仪表形象出现，是现代个人素养礼仪的体现。一个精心修饰、注意自己社交细节的人，其一举一动都会自控自律。

(二)推销"养生八法"

(1) 勤于洗澡——使你神清气爽，可适当用点香水，但不宜太浓。
(2) 护理头发——经常洗头，保持光滑整齐，不要让头屑影响你。
(3) 脸部化妆——适当化妆，显示你最好的容貌。
(4) 经常修面——保持颜面干净。
(5) 修剪指甲——让你的手更漂亮。
(6) 小心污点——保持清洁，小心香烟熏。
(7) 保持身材——经常锻炼，消除多余赘肉。
(8) 注意仪态——站如松，抬头，挺胸，收腹；坐如钟，坐直，浅坐。

(三)服饰

见面后，首先映入顾客眼帘的是服饰，因此推销员应重视自己的服饰。据调查，一位外表整洁的推销人员是引起顾客购买欲的先决条件。日本推销界流行的一句话就是：若要成为第一流的推销人员，就应先从仪表修饰做起，先以整洁得体的衣饰来装扮自己。只要你决定投入推销业，就必须对仪表服饰给以投资，这种投资绝对是合算的。

推销人员的着装要符合个人的性格、爱好、身份、年龄、性别、环境、风俗习惯，不要赶时髦和佩戴过多的饰物。如果穿戴过于引起别人注意的服饰，反而会使人觉得你本人无足轻重，招致相反效果。

1. 服饰着装色彩

服饰着装包括色彩、面料、款式、造型和饰品五个重要元素，其中色彩对人的着装效果起决定性作用。一身色彩不过三；一身首饰不过三；与身体、肤色、性格、职业四吻合原则；着装简洁、协调、美观、个性化、递进等原则都是职业人必备的。人的着装与色彩有着重要关联，色彩选择到位就映衬肤色，使人显得健康、红润、白皙、神采奕奕，在商务活动中会令人印象深刻。

2. 个人着装款式风格

个人着装款式指的是每个人具有与生俱来的气质特色，根据自身风格装扮就会既协调又有个性，从而做到赏心悦目，为自己的职业形象初步定位。

3. 衣着原则

(1) 不要吝啬——在经济条件允许的范围内买最好的衣服。

(2) 各类衣服——不同场合穿不同的衣服。

(3) 适合场合——穿合适的衣服去适合的场所。

(4) 定期熨洗——污点对你没帮助，反而令人讨厌。

(5) 小心收藏——小心悬挂，保持形状。

(6) 选择饰物——饰品不应该分散客人的注意力。

(7) 鞋子搭配——鞋子要有所选择。

(8) 鞋子保养——保持光亮，不要让鞋跟磨掉。

二、推销人员的礼节

推销人员的礼节是推销业务中非常重要的一环。推销员不懂礼节，往往会在无形中破坏交谈的结果。顾客是聪明的，他们只向值得信赖、礼节端正的推销人员去购买。讲求礼节的基本原则是：诚恳、热情、友好和谦虚。围绕这几个基本点去处理事情，就会收到预期效果。

1. 举止礼仪

在社交场合，目光和蔼、温暖真诚的投射和处事，可充分地让对方感到你对他人的尊重、欣赏和感兴趣。推销人员应学习用眼神来展现个人魅力和风采。眼神可以通过训练表达和传递高兴、难过、理解、疑问、惊讶、接纳、欣赏等信息。

2. 谈吐礼仪

推销人员要落落大方、谈吐得体。虽然没有一个统一的模式供推销人员运用，但有一些问题，推销人员必须注意避免，如说话速度太快、吐字不清、语言粗俗、声音粗哑、有气无力、说话不冷不热；批评、挖苦、吹牛、撒谎、油腔滑调、沉默寡言、太随便、与顾客勾肩搭背、死皮赖脸、死磨烂缠、挖耳搔头、耸肩、吐舌、咬指甲、舔嘴唇、脚不住地抖动、不停地看表、皮笑肉不笑、东张西望、慌慌张张等。

3. 微笑礼仪

人的微笑是职业场所无成本投入却极富魅力的工具。在公众场合，微笑是最好的社交语言。人的微笑就像眼睛一样能传递许多情绪、感觉和信息。微笑使人显得温和亲切，微笑使交际从陌生走向熟悉，微笑使人更具团队凝聚力，微笑使人具有好人脉。

4. 手势礼仪

手势可以在人的交际和行为举止中起到强化和渲染的作用，自然潇洒的手势会增添一个人的外表魅力，帮助传递信息和表达情感，它犹如树梢上的叶子，能随时感知时气、季节、温度的变化。运用好得体优雅的手势语言可使职业形象丰富多彩。

5. 社会交往礼仪

社会交往礼仪是人类长期在社会交往中的约定俗成。它反映了推销人员在专业技能外的人文素养和礼节礼貌水平，也是商务职业人士急需修炼和必备的知识，如电话礼仪、聚餐礼仪等。

1) 电话礼仪

电话是目前最普及却又极少为人们所真正重视的社交工具，它能使人们远距离地轻松交流，节省大量时间和金钱。无论何时，当你通过电话与一个陌生人交谈时，接电话的人在最初几秒钟里的应答，会给打电话的人留下好的第一印象，这一印象会影响并延续到以后的交往效果。电话就像一道门，你说话的一刹那，就像毫无遮掩地站在别人面前，人们可以上下来回地打量你并留下最初的感觉。由于打接电话的语言感觉不同，带来的沟通效果也大不一样：一个电话可以完成一个月的业务指标，可能使你迅速得到上级的重视和提升，也可能使你被解雇。电话礼仪的基本要求是：使用礼貌语言，说话口齿正确清晰，掌控电话语言速度和音调。合适的感觉是：热情、礼貌、阳光、自信、亲切、冷静、宽慰、关怀、同情、体贴、友好、感兴趣、温暖、轻松、愉快、明智。

2) 聚餐礼仪

营销人员的商务洽谈、买卖成交、拓展市场、联络友情的业务应酬中有许多重大事件是在酒桌上完成的。餐桌上的基本礼仪在社交商务来往中是极为重要的，它既反映了个人的礼仪修养，也折射出公司和你所代表的产品及城市形象。中餐礼节是：注意座位高低尊卑有别；菜肴摆放位置有别；使用筷子有规则；敬酒、递烟、敬茶道理不浅；进餐中的讲话气氛有讲究；离席告别前后有序。西餐礼节是：注意西式宴会的服饰规范；西式刀叉使用有讲究；洋酒佐餐菜肴有规矩；餐巾、餐具摆放有暗示；就餐中洗手的方法较为特别；西餐水果的吃法与中式迥异；喝咖啡的程序有规定；餐毕结账买单较隐讳；就餐身体姿势有要求；餐桌上推销人员的风度最重要。

作为推销人员，美好的谈吐会令人心旷神怡、如沐春风。人们生活的空间从来就不是一座孤岛，人和人之间必须沟通、联系、配合和协调，然后共同解决问题，达成共识，完成双赢。我们处在一个形象加推销的时代，没有形象无法生存，而有形象不能展示出去还是被人遗忘！语言沟通和交流是一对一或一对多的，我们希望在与人交流中感受到下面的情感和气氛：能清楚达意地说清问题；能痛快流畅地与人交谈；感到被人欣赏和赞美；感到别人喜欢自己而且愿意与自己交谈；个人意见被重视并被采纳。

思　考　题

1. 优秀的推销人员应具备哪些基本的素质与能力？
2. 对推销人员的培训方法有哪些？
3. 如何有效激励推销人员？激励推销人员应遵循什么原则？

练 习 题

1. 请按照指示认真做表 3-1 中的 21 道题目。

要求:

(1) 每道题目中都有两个英文字母,请分别给这两个英文字母一个分数,但是,两个字母所得的分数之和必须是 3。如果你给 a 是 2 分,那么 b 就是 1 分;如果给 a 是 1 分,那么 b 就是 2 分;如果你给 a 是 0 分,那么 b 就是 3 分;如果你给 a 是 3 分,那么 b 就是 0 分。

(2) 所给的分数只能是整数。

(3) 请尽量按照真实的情况来给分。

表 3-1 推销人员综合能力测试表

序号	分数	题 目
1	a=	客户认为我非常了解他所处的行业,才决定购买产品
	b=	客户认为通过我的介绍,他更清楚产品能给他带来利润
2	a=	客户经常向我咨询一些产品发展方面的问题
	b=	由于我拥有行业方面的专业资格,因此客户采购时非常放心
3	a=	客户的观点总是在我这里得到肯定,因此,建立良好的关系导致销售
	b=	客户周围的一些人都在帮助我传递产品的信息,因此客户采购
4	a=	客户总是在我最后给出底价的时候才决定采购的
	b=	我由于认识客户的供应商,因此客户向我采购
5	a=	客户的观点总是在我这里得到肯定,因此,建立良好的关系导致销售
	b=	客户通常都是在优惠价格将要过期的时候才下决心采购
6	a=	客户周围的一些人都在帮助我传递产品的信息,因此客户采购
	b=	客户行业中遇到的问题我都了解,因此客户向我采购
7	a=	对客户来说,我可以非常好地回答如何使产品有良好的回报的问题
	b=	客户认为我非常了解产品的行业知识,因此信任我
8	a=	客户有复杂的问题时总是首先向我咨询
	b=	客户的观点总是在我这里得到肯定,因此,建立良好的关系导致销售
9	a=	客户通常都是在优惠价格将要过期的时候才下决心采购
	b=	客户认为我非常了解他所处的行业,因此决定购买
10	a=	我由于认识客户的供应商,因此客户向我采购
	b=	客户认为通过我的介绍,他更清楚产品能给他带来利润
11	a=	客户认为我非常了解他所处的行业,才决定进货
	b=	由于我拥有产品销售行业方面的专业资格,因此客户采购非常放心
12	a=	客户认为通过我的介绍,他更清楚产品能给他带来利润
	b=	客户总是在我最后给出底价的时候才决定采购

序号	分数	题　目
13	a=	客户认为我非常了解产品的行业知识，因此信任我
	b=	客户周围的一些人都在帮助我传递产品的信息，因此客户采购
14	a=	客户经常向我咨询一些行业发展方面的问题
	b=	客户认为我非常了解他所处的行业，因此决定进货
15	a=	客户通常都是在优惠价格将要过期的时候才下决心采购
	b=	客户认为我非常了解产品的知识，因此信任我
16	a=	我由于认识客户的供应商，因此客户向我采购
	b=	客户有复杂的问题时总是首先向我咨询
17	a=	客户行业中遇到的问题我都了解，因此客户向我进货
	b=	客户的观点总是在我这里得到肯定，因此，建立良好的关系导致销售
18	a=	对客户来说，我可以非常好地回答如何使产品有良好的回报的问题
	b=	客户的许多与生意无关的一些重要决策也开始向我咨询了
19	a=	我代表的公司在行业中领先的地位使得客户决定向我采购
	b=	客户总是认为我能给他们的观点进行恰当的评价
20	a=	客户经常向我咨询一些产品发展方面的问题
	b=	客户总是在我最后给出底价的时候才决定采购
21	a=	客户认为通过我的介绍，他更清楚产品能给他带来利润
	b=	客户的观点总是在我这里得到肯定，因此，建立良好的关系导致销售

将每题得到的相应的分数填写到表 3-2 中。

表 3-2　推销人员综合能力得分表

行业知识	客户利益	顾问形象	行业权威	赞扬客户	客户关系	压力推销
1a=	1b=					
		2a=	2b=			
				3a=	3b=	
					4b=	4a=
				5a=		5b=
6b=					6a=	
	7a=		7b=			
		8a=	8b=			
9b=						9a=
	10b				10a=	
11a=			11b=			
	12a=					12b=
			13a=		13b=	

续表

行业知识	客户利益	顾问形象	行业权威	赞扬客户	客户关系	压力推销
14b=		14a=				
			15b=			15a=
		16b=			16a=	
17a=				17b=		
	18a=	18b=				
			19a=	19b=		
		20a=				20b=
	21a=			21b=		

计算表 3-2 中每一列的总分,将一列的总分写到最后一行,并将所得分数圈在图 3-1 中的相对应的数字上,最后将所得的圆圈用直线连接起来。

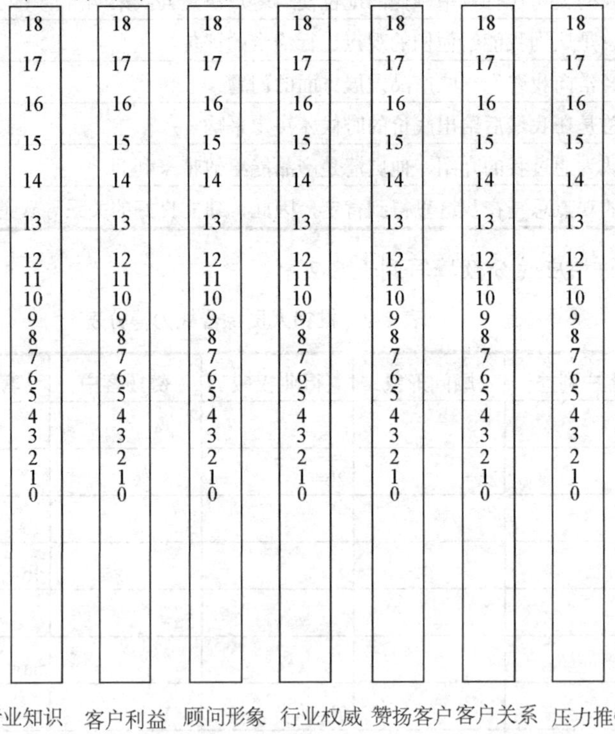

新世纪高职高专课程与实训系列教材

行业知识　客户利益　顾问形象　行业权威　赞扬客户　客户关系　压力推销

图 3-1　推销人员综合能力测试结果图

这七个数值反映的是一个推销人员在试图影响目标客户时可以运用的七个核心技能,其中行业知识、客户利益以及顾问形象和行业权威都是可以赢得客户信任的技巧。如果对以上的各项技能运用自如,不仅可以成为一个出色的推销人员,而且在销售任何贵重、昂贵的产品时都可以做到所向披靡。

有意识地提升自己得分较低的相应的技能,并且有针对性地提高这些方面的技能。这个销售核心技能测试在我国已经测试过了接近一万人，普遍分数较低的是客户利益、顾问形象以及客户关系。请自己对照你较低的得分，并有意识地在相应的核心技能上努力和练习。

2. 优秀推销顾问应该回答的问题

通常一个推销人员的任务是这样描述的：接待客户，热情、耐心地向客户介绍产品，了解客户的需求，为客户做好服务，从而完成经理下达的销售指标。让所有新的推销人员自己通过文字来描述自己的推销工作，得到的结果基本上都被概括在上面这句话中了，然而一个有自我追求的推销人员的工作绝对不仅如此，还有很多要做的事情。

你是否可以完全自信地回答下面的问题？

(1) 作为一个准备实现销售成就的推销人员，你的目标是什么？

(2) 成为一个成功的推销人员，除了做好工作要求以外，你还应该做好什么工作？

(3) 你选择这项工作是因为这个工作的报酬高？还是你愿意与人打交道？还是工作难找，你没有选择？还是这个工作的门槛比较低？

(4) 你准备做销售多长时间？

(5) 在七个销售核心技能中，你最弱的三项是什么？你准备如何提升？

(6) 以促进销售为目的的客户关系有几层含义，分别是什么？

(7) 在产品销售过程中，赞扬别人有三种表现形式，是哪三种？

(8) 你阅读过你销售得最多的产品的使用手册吗？你可还记得，关于控制的内容在手册中第几页吗？

(9) 如何通过介绍产品来强化你对客户利益的理解？

(10) 你通过做到什么，可以在其他人的眼中成为一个懂产品的权威？

案 例 分 析

案例一

水煮三国

《水煮三国》里有一则故事：一家公司招聘营销人员，公司要求应聘者在规定的时间内完成向和尚推销木梳的任务，否则将被淘汰出局。将木梳卖给和尚，岂不是天方夜谭！有人望而却步，有人饱受艰辛却无功而返。然而一位钱姓应聘者，却一次性推销出 1000 把木梳。原来，他有意回避了木梳的常用功能，也没有径直找一般和尚做工作，而是不动声色地来到一家香火极旺的深山宝刹，对住持开展公关："凡来进香朝拜者，多有一颗虔诚之心，宝刹应有所馈赠，以示纪念，保佑其平安吉祥，鼓励其多做善事。我正好有一批木梳，加上您超群的书法艺术，不妨刻上'积善梳'三字，这样的赠品一定会受善男信女的垂青！"住持闻之大喜，立即决定买下1000把木梳制成"积善梳"，广施"善缘"。

问题：

1. 从此案例中你得到了什么启示？

2. 你怎么看待产品的使用价值？

案例二

修教堂的人

有这样一个故事，好几百年前，有个外地人在法国萨特城附近的路上走着，看到有人推着手推车，上面载着石块。他问那推车的人："朋友，你在做什么？"那人简简单单地答道："你没有看到吗？我在推着一车石头。"外地人继续赶路，不久又碰到另一个人推着一车石块。他又问这个人说："朋友，你在做什么？"那个人带着厌恶的口吻答道："我每天这样就是为了三个法郎。"又走了一段，他碰上第三个人，也是推着一车石块，他又问道："朋友，你在做什么？"那个人看着问话人，微笑道："我正在建造一所大教堂！"语气是那样地自豪。

问题：

你从这个故事中得到什么感悟？

新世纪高职高专课程与实训系列教材

第四章　推销理论及模式

本章学习要点

- 推销人员方格的内容
- 顾客方格的内容
- 推销人员方格与顾客方格的关系
- 提问式销售模式的内容
- 提问式销售模式的要点
- 提问式销售模式的常用提问用句

　　随着市场经济的不断发展，现代推销学的核心已由传统的研究如何用推销技巧去说服顾客变为如何去满足顾客的需要，并挖掘顾客的潜在需要，激起顾客的购买欲望，与顾客建立和谐稳固的客户关系。一个优秀的推销人员既要为顾客的利益着想，尽量满足顾客的需求，又要坚定地进行推销工作，达成交易目标。通过对本章推销方格理论的学习，推销人员将会更加灵活地处理顾客需求与推销工作之间的关系，因人而异地开展推销工作；而对提问式销售模式的学习，将会使推销人员的推销工作更有成效。

第一节　推销方格理论

　　20 世纪 70 年代，美国管理学家罗伯特·布莱克(Robort R. Blake)教授和简·蒙顿(Jane S. Mouton)教授根据他们曾经提出的"管理方格理论"的要旨，率先提出一种新的方格理论——推销方格理论。该理论建立在行为科学的基础上，从推销人员与顾客在交易和交往两方面的心态出发，揭示出推销的成交取决于两者之间心态的最佳协调的原理，使推销学研究取得重大进展，如今已被广泛运用于实际的推销工作之中。

　　推销方格理论认为推销人员向顾客推销的过程实际上是双向沟通的过程。由于二者都会站在自己的立场上看问题，因而他们对推销与购买有不同的认识。同时，在交往中双方彼此会对对方产生一定的印象和看法，这将形成他们各自不同的心理态度，并直接影响推销效果。

　　推销方格理论分为推销方格和顾客方格两部分。推销方格是研究推销活动中推销人员的心理活动状态；顾客方格则是研究顾客在推销活动中的心理活动状态。学习推销方格理论，一方面可以直接帮助推销人员更清楚地认识自己的推销态度，看到自己在推销工作中所存在的问题，进一步提高自己的推销能力；另一方面还可以帮助推销人员更深入地了解顾客，掌握顾客的心理活动。它对于培养推销人员正确的推销心理态度、开发其推销能力、提高其推销效率等均具有重要意义。

一、推销人员方格

推销方格理论认为，推销人员在进行推销活动时有两个明确而具体的目标：一是尽力说服顾客购买，从而实现销售目标；二是尽力迎合顾客的需求偏好，与顾客建立良好的人际关系。这两个目标的侧重点不同，前者关心"销售业绩"，后者强调"顾客利益"。推销人员的不同，具体环境的不同，对这两个目标所持态度的不同，追求这两种目标的心理愿望程度的不同，最终导致推销人员的推销业绩不同。若把推销人员对这两个目标的追求用一个平面坐标系第一象限的图形表示出来，就形成了推销人员方格，如图4-1所示。

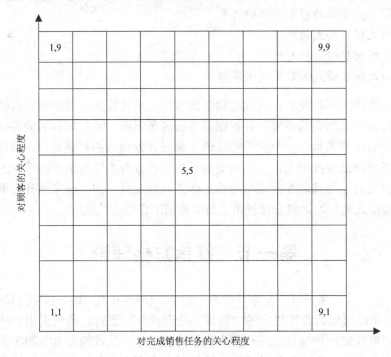

图 4-1　推销人员方格图

图中纵坐标表示推销人员对顾客的关心程度，横坐标表示推销人员对完成销售任务的关心程度。横、纵坐标各分为 9 等份，其坐标值都是从 1 逐渐等值增大到 9，坐标值越大，表示关心的程度越高。不同的方格代表各种推销人员不同的推销心理态度。推销方格理论形象地描绘出推销人员对顾客的关心程度和对完成推销任务的关心程度的 81 种有机组合，为有效地协调推销活动中推销人员与顾客既相互联系又相互制约的关系提供了一个形象而又明晰的框架。对于图中所示的 81 种推销心态，我们只介绍 5 种非常典型的推销人员心态，即事不关己型、顾客导向型、强销导向型、推销技术型、解决问题型。

(1) 事不关己型(take it or leave it)，即推销方格中的(1, 1)型。从坐标图上我们可以看出，这种心态的推销人员对销售任务的关心程度处于最低值，对顾客的关心程度也处于最低值。这说明他们既不关心自己的推销任务能否完成，也不关心顾客的需求和利益是否得到满足。其具体表现是：工作态度冷漠，工作目标模糊，工作效率低下，对顾客缺乏热情，顾客是否购买商品与己无关。这种类型的推销人员会给顾客留下很坏的印象，对产品销售没有任何帮助，甚至会破坏企业的形象。产生这种心态的主要原因如下：一是推销人员自己的原因，如没有正确的人生观，缺乏进取心，或在工作中遭遇过挫折，有职业自卑感；二是企业的原因，如公司管理制度不够健全，没有适当的激励和奖惩制度等，没有充分调动推销人员的积极性。

(2) 顾客导向型(customer relations oriented)，即推销方格中的(1, 9)型。从坐标图上我们可以看出，这种心态的推销人员对顾客的关心程度处于最高值，对销售任务的关心程度却处于最低值。这说明他们只关心顾客，希望尽可能地满足顾客的需求，更多地考虑顾客的利益，从而忽视了对销售任务的关心。其具体表现是：过分注重与顾客建立和保持良好的关系，不管顾客提出的要求与异议是否合理，都一味地迁就或让步，妄想凭借这种私人的感情促使顾客购买所推销的产品，对公司的利益则考虑不多。这种类型的推销人员只会促使顾客不断地提出更多不合理的要求，不利于企业效益的提高。他们只会通过让步来获得良好的人际关系，不是一个成功的推销人员。产生这种心态的主要原因如下：一是与推销人员懦弱的性格有关，推销信心不足，害怕失去顾客；二是推销人员不想在公司干了，希望从客户那儿获取额外的好处。

(3) 强销导向型(push the product oriented)，即推销方格中的(9, 1)型。从坐标图上我们可以看出，这种心态的推销人员对销售任务的关心程度处于最高值，对顾客的关心程度却处于最低值。这说明他们的心态与顾客导向型正好相反，他们只关心销售任务的完成，不关心顾客的实际需要和利益。其具体表现是：工作热情高，以不断提高推销业绩为追求目标，为完成推销任务千方百计地说服顾客购买，不惜采用一切手段强行推销，缺乏对顾客需要及心理的研究。这种类型的推销人员虽有积极的工作态度，短期内可能取得较高的经济效益，但由于他们的推销方式会引起顾客的反感，不可能与顾客建立一种长期的合作关系，最终则会损害企业的长远利益，也不是理想的推销人员。产生这种心态的主要原因如下：一是推销人员自视过高，认为自己的推销技巧和能力足以应付顾客；二是推销人员经验不足，一味地想完成销售任务，没有顾及顾客的心理与需要。

(4) 推销技术型(sales technique oriented)，即推销方格中的(5, 5)型。从坐标图上我们可以看出，这种心态的推销人员对销售任务的关心程度处于中间值，对顾客的关心程度也处于中间值。这说明他们既比较关心推销任务的完成，也比较关心顾客的满意程度。其具体表现是：具备一定的推销技巧和能力，知道百分百迎合顾客或向顾客强行推销都是不可取的。在推销中一旦与顾客意见不一致，一般会采取妥协的态度，避免与之发生矛盾冲突，并善于运用推销技巧巧妙地说服顾客购买。这种类型的推销人员具有折中的心态、务实的风格，使之深受顾客的好评，推销业绩也明显好于前三类，但实质上他们忽略了顾客的真正需要。在他们的推销下，顾客会非常高兴地购买实际并不需要的商品，购后满意度不高，因而长期成交的可能性较小。他们的销售心态既损害了顾客的利益，也影响了企业的利益，因此也不是理想的推销人员。产生这种心态的主要原因可能是推销人员的推销观念没有转变，现代的推销观念不仅仅是把商品卖出去，而是要从顾客的实际出发，让他们购买切实符合自身需求的商品，从而与顾客建立长期的合作关系。

(5) 解决问题型(problem solving oriented)，即推销方格中的(9,9)型。从坐标图上我们可以看出，这种心态的推销人员对销售任务的关心程度处于最高值，对顾客的关心程度也处

于最高值。这说明他们对顾客的需要以及对推销任务的完成都非常关心。其具体表现是：工作积极主动，真诚关心和帮助顾客，能根据自己所推销产品的优劣与特点，结合顾客的实际情况，最大限度地解决顾客的困难，把推销的成功建立在满足顾客需求的基础之上。这种类型的推销人员总能针对顾客的不同问题提出解决的方法，满足不同顾客的各种需求，同时取得最佳的推销效果。他们力求在满足顾客和推销人员需求的过程中找到二者最好的结合点和经济利益的最大增长点。这种推销心态才是理想的推销心态，具有这种心态的推销人员才是最佳的推销人员。培养具有这种心态的推销人员的关键在于不断提高推销人员的自身素质，使其树立正确的推销观，真正认识到推销工作的实际意义和社会责任。

二、顾客方格

推销过程是推销人员与顾客的双向心理作用的过程，因此，推销人员不仅仅要了解自己，还必须深入研究分析顾客的购买心理，因人而异地开展推销活动。推销方格理论认为，顾客在购买商品的过程中会产生对推销人员和对自身购买活动两方面的看法：一是希望通过自己的努力获得有利的购买条件，力争以尽可能小的投入，获取尽可能大的收益，完成其购买任务；二是希望与推销人员建立良好的人际关系，为日后长期合作打下良好的基础。这两个目标的侧重点有所不同，前者注重"购买利益"，后者强调"人际关系"。在具体的购买活动中，每个顾客对这两个目标的重视程度和态度是不一样的，有的顾客注重购买商品本身，而另一部分顾客则注重推销人员的态度和服务质量。若把顾客对这两种目标的重视程度用一个平面坐标系中第一象限的图形表示出来，就形成了顾客方格，如图4-2所示。

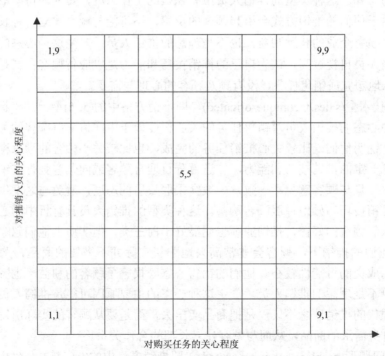

图 4-2　顾客方格图

顾客方格图中的纵坐标表示顾客对推销人员的关心程度，横坐标表示顾客对购买任务的关心程度。横、纵坐标各分为9等份，其坐标值都是从1到9逐渐增大，坐标值越大，表示顾客对推销人员或购买的关心程度越高。顾客方格中的每个方格分别代表顾客各种不同类型的购买心态。顾客方格形象地描绘出顾客对推销人员及自身购买任务的关心程度的81种有机组合，它作为研究顾客购买心态的理论，对推销人员了解顾客态度，学会如何应付各种不同类型的顾客，争取推销工作的主动权，提高推销工作的效率具有重要意义。对于图中所示的81种顾客心态，我们只介绍5种非常典型的顾客心态，即漠不关心型、软心肠型、防卫型、干练型、寻求答案型。

(1) 漠不关心型(careless purchaser)，即顾客方格图中的(1,1)型。从坐标图上我们可以看出，这种心态的顾客对购买任务的关心程度处于最低值，对推销人员的关心程度也处于最低值。这说明他们既不关心自己与推销人员的关系，也不关心自己的购买行为及结果。其具体表现是：受人之托或奉命购买，自身利益与购买行为无关，无决策权，缺乏热心及敬业精神，怕担责任，认为多一事不如少一事，往往把购买的决策权推给别人。这种类型的顾客把购买活动视为麻烦，充其量做到例行公事，对能否成交、成交的条件及与推销人员的关系等问题均漠然处之。产生这种心态的主要原因如下：一是没有购买决策权；二是害怕承担风险。这类顾客很难打交道，向这类顾客推销产品是非常困难的，推销成功率是相当低的。对此，推销人员应先从情感角度主动与顾客接触，了解顾客的情况，再用丰富的产品知识，结合顾客的切身利益，引导其产生购买欲望和购买行为。

(2) 软心肠型(pushover purchaser)，即顾客方格图中的(1,9)型。从坐标图上我们可以看出，这种心态的顾客对推销人员的关心程度处于最高值，对购买任务的关心程度却处于最低值。这说明他们非常关注与推销人员的关系，对自己的购买任务和行为却不关心。其具体表现是：非常注重情感，不重视利益，容易冲动，容易被说服和打动；重视与推销人员的关系，重视交易现场的气氛，缺乏必要的商品知识，独立性差等。当推销与购买发生冲突时，为了能与推销人员保持良好的关系，或者为了避免不必要的麻烦，这种类型的顾客很可能向推销人员做出让步，吃亏地买下自己不需要或不合算的推销品，宁肯花钱买推销人员的和气与热情。产生这种心态的主要原因如下：一是性格所致；二是缺乏购物经验。这种类型的顾客在现实生活中也并不少见，许多老年人和性格柔弱、羞怯的顾客都属于此类。因此，推销人员要特别注意感情投资，努力营造良好的交易气氛，以情感人，顺利实现交易的成功。同时，推销员也应保护这类人的基本利益，否则容易损害企业和推销员个人的长远利益。

(3) 防卫型(defensive purchaser)，即顾客方格图中的(9,1)型。从坐标图上我们可以看出，这种心态的顾客对购买任务的关心程度处于最高值，对推销人员的关心程度却处于最低值。这说明他们恰好与软心肠型顾客的购买心态相反。他们只关注自己的购买行为和利益的实现，不关心推销人员，甚至对推销人员抱有敌视态度，他们不信任推销人员。其具体表现是：处处小心谨慎，精打细算，讨价还价，对推销人员心存戒心，态度冷漠敌对，事事加以提防，担心推销人员从自己的购买行为中得到什么好处。产生这种心态的主要原因如下：一是顾客的性格保守，优柔寡断；二是有传统偏见或有曾经受骗的经历。他们拒绝推销人员，完全是出于某种心理问题，而不是不需要推销品。对此，推销人员不能操之

过急，而应先推销自己，以诚待人，以实际行动向顾客证明自己的人格，赢得顾客对自己的信任，消除顾客的偏见，然后再转向推销商品，努力达成交易。

(4) 干练型(reputation purchaser)，即顾客方格图中的(5,5)型。从坐标图上我们可以看出，这种心态的顾客对购买任务的关心程度处于中间值，对推销人员的关心程度也处于中间值。这说明他们既关心自己的购买行为，又关心推销人员的推销工作。其具体表现是：乐于听取推销人员的意见，但又能自主地做出购买决策，购买理智、冷静、自信心强，购买决策客观而慎重。这种类型的顾客有时会与推销人员达成圆满的交易，买到自己满意的商品。这是一种比较合理的购买心理。具有该种心态的顾客一般都很自信，甚至具有较强的虚荣心。他们有自己的主见，有自尊心，不愿轻信别人，更不会受别人的左右。对此，推销人员应设法用科学的证据和客观的事实说服顾客，然后让其自己去做出判断与决策，若能在顾客采取购买行动时再赞赏几句，推销效果会更好。

(5) 寻求答案型(solution purchaser)，即顾客方格中的(9, 9)型。从坐标图上我们可以看出，这种心态的顾客对购买任务的关心程度处于最高值，对推销人员的关心程度也处于最高值。这说明他们既高度关心自己的购买行动，又高度关心推销人员的推销工作。其具体表现是：在考虑购买商品之前，能够非常理智地对商品进行广泛的调查分析，既了解商品质量、规格、性能，又熟知商品的行情，对自己所要购买商品的意图十分明确。这种类型的顾客对商品采购有自己的独特见解，不会轻易受别人左右，但他们也十分愿意听取推销人员提供的观点和建议，对这些观点和建议进行分析和判断，善于决策又不独断专行。具有这种购买心态的顾客是最成熟、最值得称道的顾客。他们充分考虑推销人员的利益，尊重和理解他们的工作，不给推销人员出难题或提出无理要求；他们把推销人员看成是自己的合作伙伴，最终达到买卖双方都满意。对这类顾客，推销人员应设法成为顾客的参谋，了解顾客的需求所在，主动为顾客提供各种服务，加强双方合作，尽最大努力帮助他们解决问题，实现买卖双方的最大收益。

三、推销方格与顾客方格的关系

从前面的论述中我们可以得知，推销人员具有解决问题型的心态是最理想、最成功的。但是只有具备了这种心态的推销人员才能取得销售的成功吗？答案是否定的。例如，一位顾客导向型的推销人员遇到了一位软心肠型的顾客，他们一个以顾客为中心，尽量满足顾客的种种需求，一个以推销人员为中心，容易被推销人员说服购买其所推销的商品。由此可见，这种类型的推销人员虽然算不上是最理想的推销专家，但照样可以达成交易，取得成功。因此，我们不能对所有的顾客都采用同一种推销心态，我们要根据顾客的不同类型，采取相应的推销策略。

在现实的推销过程中，任何一种心态的推销员都会遇到具有各种不同心态的顾客。布莱克教授根据对实际推销状况的考察总结出推销人员方格与顾客方格的关系，建立了推销人员方格与顾客方格搭配关系表，初步揭示了推销员与顾客两种心态的组合与推销能否顺利完成的关系及基本规律，如表4-1所示。

表 4-1　推销人员方格与顾客方格搭配关系表

顾客 推销人员	漠不关心型	软心肠型	干练型	防卫型	寻求答案型
解决问题型	+	+	+	+	+
强销导向型	0	+	+	0	0
推销技术型	0	+	+	-	0
顾客导向型	-	+	0	-	0
事不关己型	-	-	-	-	-

注：表中"+"表示可以完成销售任务；"-"表示不能完成销售任务；"0"则表示处于模糊状态，既有可能顺利成交，也有可能达不成任何交易，需要结合其他条件进一步分析。

从关系表中可以看出：处于解决问题型的推销人员无论遇到什么类型的顾客都有争取推销成功的可能性；处于强力推销型的推销人员如果遇到软心肠型和干练型的顾客，他们推销成功的可能性是很高的，但如果遇到漠不关心型、防卫型和寻求答案型的顾客，他们推销成功的可能性就大大降低了；处于推销技巧型的推销人员如果遇到软心肠型和干练型的顾客，他们推销成功的可能性是很高的，但如果遇到漠不关心型和寻求答案型的顾客，他们推销成功的可能性就大大降低了，如果恰好遇到防卫型的顾客，推销失败的可能性就很高了；处于顾客导向型的推销人员如果遇到软心肠型的顾客，他们推销成功的可能性是很高的，但如果遇到干练型和寻求答案型的顾客，他们推销成功的可能性就大大降低了，如果恰好遇到防卫型和漠不关心型的顾客，推销失败的可能性就很高了；处于事不关己型的推销人员无论遇到什么类型的顾客都没有推销成功的可能性。根据西方学者的调查证实，解决问题型推销人员的推销效果比推销技巧型推销人员高 3 倍，比强力推销型推销人员高 7 倍；比顾客导向型推销人员高 9 倍；比事不关己型推销人员则高出大约 75 倍。

此外我们要强调的是，由于外部环境与内部因素等多种条件的影响，推销人员与顾客的心态是十分复杂的，并没有绝对精确的划分。我们可以说，世界上有多少个推销员，就有多少种推销心态；相反的，有多少个顾客，就会有多少种购买心态。推销与购买心态也绝非是仅仅受关心对方与关心商品两方面因素的影响，推销方格理论只是大致上概括出两种心态的组合，仅供我们分析时参考。在具体的工作中，推销人员应结合实践经验，不断加以充实和完善。但千百次的推销实践反复证明着这样的理论：推销员的心态越好，推销效果相对来说也越好。

第二节　提问式销售模式

所谓推销模式，是指针对不同的产品和顾客，可以普遍适用的一套程序化的标准销售方法。推销模式来自于推销实践，具有很强的可操作性，是现代推销理论的重要组成部分。推销模式的种类有很多，主要有提问式销售模式、爱达斯(AIDAS)模式、迪伯达(DIPADA)模式、埃德帕(IDEPA)模式、吉姆(GEM)模式和费比(FABE)模式等。其中提问式销售模式最为普遍，尤其是在贵重商品的销售中更适用，现在市场上很多产品的人员销售

基本采用这种模式。

推销过程中存在多个环节，每个环节都要精心策划，有很多时候推销人员做了很多工作，但到了最后成交阶段单子却飞了，为什么会这样呢？大部分这样的情况是由于推销人员在与客户最后的语言交流方式上出现了问题。当一个客户面对推销时，他的心理是这样的：当你说句号时，客户认为推销活动结束，欲望之心门关闭；当你说问号时，客户的购买欲望之门将打开。

提问对于推销来说，犹如呼吸对于生命一样重要。如果你发问失败，你的推销就失败了；如果你问错了问题，虽然不至于马上致命，但也难逃死路一条；如果你问的问题是对的，你将获得订单。

一、与客户对话才能成交

推销是与顾客的对话而不是说话。很多推销人员在和顾客的交流过程中只介绍产品，而不是根据顾客关心的问题来对话，所以只能听见推销人员在讲道理，顾客变成了与之无关的听众，其结果就是拿不下单子。所以推销人员要学会与顾客对话，针对顾客所关心的内容提问。

1. 与顾客对话的要点

1）提问加诱导控制推销的主动权

成交的关键在于问话，把所说的话中的陈述内容变成提问，就可以发现顾客关心的问题，采用理解加反问的手段就能够控制销售的主动权。

2）针对顾客关心的好处和对其的威胁提问

人在购买的时候注意力常集中在自己能获得的好处和所受到的威胁上，针对这些进行提问，可以激发顾客的购买欲望，可以放大他们获得的好处，增加不购买的痛苦，从而引发顾客的思考，促使其采取购买行动。

3）在了解客户需求之后做针对性的回答

在尚未了解客户的需求前就给客户介绍产品，是销售中的大忌。所以，作为一个推销人员，如果不善于倾听，不善于询问，成交必将与他失之交臂。

2. 如何提问

在销售过程中将陈述内容变成提问的核心思想就是先求小同再求大同，即先求小"Yes"，再求大"Yes"。

这里要注意在提问的开始时不要冒犯对方，否则就很难进行下去，所以要说些寒暄的话来创造一种轻松的气氛，并引导对方思考和回答问题，然后再进行接近销售主题的提问。如果开始的提问就直入主题，对方就会警觉，甚至直接拒绝回答。

例如，在推销人寿保险中有如下一段对话。

问：您的心情我非常理解，如果我在哪个环节没有给您讲清楚，请您指教。

答：我觉得这个计划对我没什么用。

问：我了解您的感受，那您认为什么计划更适合您呢？

答：现在这个必须是身故才赔，我想退休的时候能多拿点钱。

问：那我给您重新设计一份养老保险计划书，过两天送过来，您看怎么样？

答：那好吧，来之前给我打个电话。

问：您觉得退休的时候应该领多少钱呢？

答：当然是越多越好啊。

问：每月领 4000 元少吗？

……

问：您觉得这份计划书对您是不是很重要？

答：是比较重要。

问：那今后这方面的事我为您办，可以吗？

答：当然。

问：那请您在这儿签字。

答：现在就签？

问：您签了字，这份计划会在明天准时生效，我认为这对您很重要，您说是吗？

答：是这样，好吧。

（资料来源：孟昭春. 成交高于一切[M]. 北京：机械工业出版社，2007.）

3. 经常使用的发问集锦

下面列举一些经常会遇到的提问话题，仅供参考。

(1) 您是怎么理解这个产品的？

(2) 这是不是您不愿意签单的唯一原因呢？除此之外，还有没有别的问题，如果有，请提出来，好吗？

(3) 根据我的经验，通常当客户对我这么说的时候是对价格不满意，您也是这样吗？

(4) 如果我能够证明我值得您信赖，您是否会考虑同意这份计划书呢？

(5) 您跟我说……但我想您一定有别的意思，是吗？

(6) 这么说如果费用降一些，您是否就可以接受这份计划了呢？

(7) 我能否这样理解您的意思……

(8) 您是否觉得这些要领会对您有帮助？

(9) 您认为在哪一个方面，我能为您提供帮助？

(10) 我理解您的感受，请问您为什么会这样想呢？

(11) 当机立断、立刻行动是否是您一贯的作风？

(12) 以您的分析，我们共同分享的概念有道理吗？

(13) 您是说想等比较一下再说，请问您为什么会这样考虑呢？

(14) 您是不喜欢这份计划，还是计划设计得真的有点高出您的接受能力呢？您希望的费用是多少？

(15) 您能和我分享一些心得吗？

(16) 目前，您人生中最大的心愿是什么？您有什么计划来完成您的心愿吗？

(17) 我非常愿意为您效劳，您看如何？

总之，推销人员的提问可以引导顾客的情绪。提问能使人注意所忽略的事情，提问能

发掘一个人的需要，提问能使推销人员不断成长。销售中的提问要不断地思考和练习，注意见到顾客之前要对提问进行策划。

下面的案例充分显示出提问推销的魅力。

陈明利是新加坡乃至东南亚的保险行销皇后，在一次保险业行销论坛上，她与孟昭春在没有任何准备的情况下，现场进行销售演练(假设孟昭春是比尔·盖茨，陈明利是保险销售员)，以下是当时的对话。

陈：比尔先生，我知道您是全世界最有钱的人，您的钱几代人都花不完，您知道您为什么这么成功吗？

孟：会赚钱。

陈：没错，您不但会赚钱，我听说您还是全世界最具有爱心的人，可是您是不是也承认，生意有起有落，您也经历过一些风浪，经历过一些低潮，是吗？

孟：对。

陈：那么当您经历低潮的时候，您有没有想过，您对这个世界的爱心还希望继续做下去吗？

孟：是。

陈：不管您这个人在不在世了，是不是？

孟：对。

陈：那么如果比尔先生，我能够提供给您一个计划，就是说您不用自己掏口袋里的钱，而且即使您不在世了，也会有很多穷人因为您而得到帮助。您愿意听听吗？

孟：当然。

陈：那么，比尔先生，您觉得做慈善应该用多少金钱才够？

孟：是我资产的一半。

陈：资产的一半，非常好。那么比尔先生，现在我这个情况就是，您只要投保一份您资产一半的保额的保险，而这个保险是以您的名义，不管您人在不在世，这份保单将会提供给全世界不幸的儿童。并且，因为您的不在，全世界因为失去您这位巨人，会有许多儿童永远永远、世世代代地怀念您的爱心基金，您觉得这个计划好不好？

孟：OK，谢谢！

(资料来源：孟昭春. 成交高于一切[M]. 北京：机械工业出版社，2007.)

在这个案例的对话演练中，陈明利的对话策略始终是按照一定的节奏进行的，提问一句，让客户回答两句，并且一直对客户的话表示理解，从不反对。陈明利通过给对方制造痛苦，然后一步步推动销售的进程。其中的重点就在于退后一步，让对方再往前一点，就这样一退一拉，就把对方拉到你要他回答的问题上了，就控制了销售的主动权。这样的对话方式显然创造了与客户的良性互动，一步步把客户的真实想法带了出来。

二、找到拒绝根源，反问引导成交

在推销成交的关键时刻，当客户严词拒绝时，解决难题的有力武器就是反向提问，而不是说明。销售就是一场技巧性很强的特殊的问答，相互设计，相互交锋，最后一锤敲定。因此，谈判大师都是"语言杀手"。推销人员一定要以理解加反问的方式来处理拒绝，这样才能走出困境，获得订单。

1. 找出顾客拒绝的根源

每个推销人员都被顾客拒绝过，这时候应该仔细想想对方拒绝的原因？销售不怕拒绝，怕的是弄不清拒绝的原因。例如以下的拒绝原因。

(1) 他是真正下决心的人吗？他付得起款吗？

(2) 你有没有建立一种信赖感，并且找到准客户的心理动因，比如买点和卖点呢？

(3) 你的商品说明力度足不足？在你的商品说明中，有没有事先考虑到反对的因素？

2. 以倾听克制拒绝

对付顾客拒绝的最好手段就是倾听，倾听对方拒绝的理由，然后找到合适的提问内容，针对性地回答问题。不论顾客拒绝的理由是什么，这些理由都可以给推销人员提供各种信息，使其找到拒绝的根源，为销售成功提供机会。如果要想克服拒绝，无论客户拒绝的理由有多少，不要气馁，也不要反驳，先听客户说。

在销售时，可以用不同的方式把销售的理由引导出来，再确定一次。比如："客户先生，这几个问题，您是怎么想的呢？您觉得让这个问题继续存在下去，会对您有哪些妨碍呢？"这些都是说服客户的好办法。

此外，有时还需要从客户的话中，判断他说的是不是真话。很多时候，客户会说一个假的反对理由打发你，这就需要具体分析了。

被誉为全美"最伟大的推销员"的乔·吉拉德的亲身经历说明这样的手段可以克制客户的拒绝。

有一次，乔·吉拉德花了半个小时为一位顾客详细解说了一部轿车，而且十分自信对方会买下这部汽车。乔·吉拉德自以为接下来只需要把客户带到办公室，请他签下订单就可以了。

当他们向办公室走去时，这位顾客开始谈起他那上大学的儿子。当他说到"我的儿子将来会成为一名律师"时，他神采飞扬。

"恩，不错。"乔·吉拉德说。在他们继续朝办公室走去时，乔·吉拉德看见公司其他一些销售员正聚在一起嬉笑。乔·吉拉德被吸引住了，于是，在这个客户拉家常时，他不自觉地将目光转向了公司的那群销售员身上。对于客户的话，乔·吉拉德附和着，但目光依旧看着外面那群人。谈着谈着，客户发现乔·吉拉德根本就没有专心听他讲话，于是他生气地说："我要走了。"说完便离去了。

乔·吉拉德下班回到家中后回想起当天的所作所为，当他想起这名客户时，心里觉得很不舒服。他不明白问题到底出在哪儿，是什么使得这位客户态度突变呢？他决定弄个究竟，于是，他给这位客户打了个电话：

"我是乔·吉拉德，很希望您能再次光临。"

那位客户立即说："不好意思，我已经从别人那里买到车子了。"

"为什么？"乔·吉拉德感到十分惊讶。

"我从一个会欣赏我说话的人那买了一辆车。因为当我骄傲地谈起我的儿子时，他能

非常专注地倾听。"沉默了几秒后，这位客户接着说，"乔，你当时根本就没有听我说话。让我告诉你一件事，当别人跟你说话时，无论是你喜欢的，还是不喜欢的，请你专心聆听！"

一瞬间，乔·吉拉德知道了，他犯了一个愚蠢的错误。于是，他诚恳地说："先生，如果这正是您不买我的车的原因，那么这真是一个很好的理由。如果换成是我，我也会这么做的。我很遗憾，让您认为我是一个不足取的人，但是您可不可以帮我一个忙？"

"什么忙？乔。"

"如果以后有一天您能再次光临，给我一个向您证明我是一个好听众的机会，我很愿意尝试一下。当然，如果您因为今天的事从此不登我的门，我也没有任何意见。"

奇迹发生了！三天之后这位客户居然回到乔·吉拉德的公司，买了一部车子。

（资料来源：陈安之. 超级行销[M]. 北京：知识出版社，2001.）

这件事告诉我们，客户拒绝的原因有很多，而这一次乔·吉拉德之所以遭到客户的拒绝，丧失一笔本来已经到手的单子，仅仅只是因为他没有认真聆听顾客的话。但是拒绝不可怕，可怕的是没弄清拒绝的原因就轻易放弃了。倘若后来乔·吉拉德没有再一次给那个客户打电话，或许他永远都不会明白当日是为什么失去了那笔单子。

3. 用理解加反问的方式来回应客户的拒绝

用理解加反问的方式来回应客户的拒绝时要注意以下两点。

1）当客户拒绝时，先表示理解

推销人员要记住：客户永远是对的。所以当客户拒绝的时候，不要立即反驳，而要先表示理解，气氛缓和了，问题就好解决了。

2）以反问的方式造成销售的攻势

销售就是一场技巧性很强的特殊的问答，当客户拒绝的时候，推销人员应该知道以什么样的反问内容把球踢还给客户，而且踢回去的时候要直中其要害。

所以，推销人员的话太多，尤其说话陈述内容太多，提问太少的话，获得的信息就少，就解决不了客户的拒绝。

三、提问式销售

提问式销售模式是一种实战性很强的销售方法，是由美国的咨询专家尼尔·雷克汉和他的研究小组通过直接分析 3.5 万件销售实例中销售人员的行为和他们的特点，总结而形成的一种有效的销售方法。经过提问式销售模式培训的人员，业绩有 17% 的增长，此模式实战性非常强。

提问式销售模式就是在销售过程中，与潜在客户的交流应按照让客户自己发现问题以及由此导致的严重后果，并产生强烈的解决问题的欲望，并通过交流，使客户自己认识到应该通过你来解决以上问题的顺序展开的销售模式。这种模式更适合大订单、时间长、参与人员多、客户心理变化大的销售。

推销人员从客户那儿得到的需求信息越多、越明确，销售就越有可能成功。提问式销售模式就是围绕这个目的来一步步、一层层地向前推进的。

新世纪高职高专课程与实训系列教材

1. 提问式销售模式的具体内容

提问式销售模式主要是通过四类问题的逐步深入展开的销售模式。这四类问题按照以下的顺序进行。

1) 顾客背景性问题

顾客背景性问题是指与买方现在的业务和状况的事实或背景有关的问题。其目的是收集信息和使对方放松，数量不可太多，否则容易令顾客产生反感和怀疑。

2) 难点和不满性问题

通过提出难点和不满性问题推销人员可以发现客户的问题、难点和不满，而自己的商品和服务恰好可以帮助客户解决他们的这些问题。比如，"您是不是很担心所购买的设备会经常出故障？"这样的问题对了解顾客的想法很有帮助。

3) 增加顾客痛苦性问题

通过提出增加顾客痛苦性问题，可以扩大顾客的问题、难点和不满，使之变得清晰、严重，并能够揭示出潜伏的严重后果。如"这个问题对你们的远期利益有什么影响吗？"增加顾客痛苦性问题会使顾客的担心增加，最终产生购买行为。但提出这类问题时必须注意用词，不要引起对方的反感，或是让对方觉得你是危言耸听。问题的数量也要适量，提问时要注意观察、把握对方的情绪，不能使之情绪低落。

4) 解决痛苦的对策性问题

推销人员通过这类问题，描述可以解决顾客难题的对策，让顾客主动告诉你，你提供的这些对策可以让他获利多少。如"如果我们能降低你们成本的 10%，是否对你有很大的利润呢？"

推销人员最易犯的错误就是在积聚起问题的严重性之前就过早地介绍对策。在潜在顾客还没有认识到问题的严重性之前就提供对策，会给你的需求开发设置障碍。所以解决痛苦的对策性问题一定要在对方把现在存在的问题看得非常重要的时候提出来，这时才最有杀伤力。

其实提问式销售模式就是在客户的身上发现了一块未耕种的土地，并将一粒购买的种子投入，然后适时浇水、松土，最后就得到了销售这个果实的过程。

2. 提问式销售模式在使用时应注意的事项

(1) 提出顾客背景性问题时，问题数量不要太多、太简单，否则容易冒犯客户或招致客户厌烦，生意自然就做不成了。成功的推销人员不是不问顾客背景性问题，而是不问那些没有必要的顾客背景性问题。

提出顾客背景性问题时，具体要注意以下几点。

① 询问有关顾客现状的问题不能太多。

② 不问与销售有关的问题，即问题没有核心重点。

③ 永远掌握主动权，不能被对方牵着鼻子走。

(2) 提出难点和不满性问题时应该注意以下两点。

① 对产品的了解程度决定了你对顾客的深入分析情况。

② 对顾客面临的问题、困难和不满之处，要能依据重要性与紧急性来划分优先顺序。

(3) 提出增加顾客痛苦性问题时，应该注意以下几点。

① 如何把隐含需求变成明确的需求？

② 如何把买方的问题不断引申成为连环式的问题？

③ 如何把不急迫的问题变成较忧虑的问题？

④ 一定要涉及与产品特性、价值等有关的内容，而不是谈及那些不能解决的问题。

(4) 提出解决痛苦的对策性问题时，应该注意以下几点。

① 顾客是否有需求？

② 顾客对这个问题是否认可？

③ 这个解决方案是否是顾客的最好选择？

四、提问式销售模式中的典型问题

以下问题都是在实际销售过程中可以做局部改动后应用的范例，推销人员要细心体会，灵活应用。

1. 一些典型的顾客背景性问题

(1) 您认为咱们公司目前需要迫切解决的问题是什么？

(2) 您的孩子多大了，是不是工作了？

(3) 咱们今年主要做的是哪些方面？明年有何打算？

(4) 咱们公司的计划需要通过什么部门的审核和什么样的流程？

(5) 咱们公司用什么方式进行考核？

(6) 马上就到年底了，咱们公司是否有采购计划呢？

(7) 您这些年最大的收获是什么？

(8) 您的企业发展这么久，现在处在什么阶段呀？

(9) 项目预算的金额是多少？

(10) 咱们公司中高层管理者有多少人？

(11) 您平时喜欢玩什么？有什么爱好？

(12) 针对女老板：您很年轻啊，如何保养的？

(13) 您家人现在都在身边吗？业余时间都做什么？

(14) 希望合作伙伴选择怎样的背景和层次？

(15) 对方公司和你们公司高层哪几个人有关系？

(16) 哪几方面是评标的主要依据？

(17) 请问您觉得我们公司的产品同其他公司相比有何差异？

(18) 希望使用什么样的产品？

(19) 使用过其他同类产品吗？效果怎样？

(20) 你们的预算有多少呢？

(21) 您认为他们的服务有我们好吗？

(22) 请问您觉得其他公司有比我们更好的产品更适合您吗？

(23) 他们的产品哪方面的功能比我们的更好？

(24) 您了解我们非常成功的案例吗？

(25) 贵公司所拥有的资源量多大？

(26) 请问您，贵公司对产品的最终验收会请哪些机构进行把关？

(27) 我们产品在您这个项目要求中有哪些功能需要改进或增加？

(28) 您觉得同类产品各有什么优缺点？

(29) 公司对您使用这种产品的要求是什么？

(30) 这个项目计划几年完成，周期多长？

(31) 这么多的技术指标中最重要的是什么？

(32) 最看重、最希望这种产品的功能是什么？

(33) 产品需要什么样的功能？

(34) 关于价格方面您的理想价位是多少？

2. 一些典型的难点和不满性问题

(1) 您认为业绩最好的员工与业绩最不理想的员工差别在哪？

(2) 您认为能力重要还是忠诚重要？

(3) 您认为人才是培养出来的还是挖来的？

(4) 您是否遇到过很有个性的老板，您是怎么处理与他们的关系的？

(5) 听说贵公司培训做得很好，我想请教一下您都是如何做的？

(6) 您认为您在这份工作中还想了解哪些知识呢？

(7) 员工是否对现有系统有意见？

(8) 生产情况是否满意？

(9) 比较突出的是哪一块不顺手？

(10) 最近我们这个行业，××出现有较多不大方便的地方，您知道吗？

(11) 现有的产品给您带来哪些利润？

(12) 如果生产发生紧张，你们会延迟交货吗？在这种情况下，会考虑增加设备吗？

(13) 您觉得怎样才能降低现有的成本，提高贵公司产品的市场份额？

(14) 您现在感到最困惑的、最烦恼的问题是什么？

(15) 您觉得公司销售业绩上不去，主要问题在哪里呢？

(16) 我们公司某产品有××优势，您有何看法？

(17) 现有系统哪些方面浪费您的劳动力及时间？

(18) 目前的信息系统对您的决策起到什么支持作用？

(19) 您对目前的供应商进货渠道有什么不满意的地方？

(20) 您对今年利润满意吗？对成本控制有哪些要求？

(21) 回顾这一年，哪段时期是您最难忘的？能跟我描绘一下吗？

(22) 您认为对管理一家公司最麻烦的是什么？

(23) 现有系统是否对工作带来不便？

(24) 公司是否有购买新系统的打算？

(25) 您怎么看待我们这两家竞争公司？

(26) 对于我们的产品，您有什么不满意的地方吗？

(27) 您对现有的工作条件是否满意？

(28) 制约您公司目前发展的因素有哪些？

(29) 对于服务这一块您有困惑吗？

(30) 您是否关注新系统的各项性能指标？

(31) 与旧系统相比，新系统有何优缺点？

(32) 您知道公司现有哪个方面问题较多吗？

(33) 你们公司××系统的运行情况怎么样？

(34) 现有系统的工作效率如何？

(35) 在工程技术方面还有哪些不完善的地方吗？

(36) 最近有比较棘手的事吗？

(37) 对现有的产品或系统，您觉得有哪些不足？

(38) 您觉得最近员工士气高吗？为什么？

(39) 公司职员对目前状况有何抱怨及意见？

(40) 您在管理中遇到的最大困惑是什么？

(41) 您的销售目标完成了吗？

(42) 公司的绩效管理能做得很合理吗？

(43) 公司年初的目标完成了吗？提高了多少？如果没能达成，是什么原因呢？

(44) 不知道您是否有时感觉中层和高层沟通不畅呢？

(45) 假如您公司下季度的业绩翻一番，您觉得可能吗？

(46) 您认为您现在最大的困惑是什么？

(47) 如果您下达一个命令，您需要多长时间让您的每一个员工都知道，都理解？

(48) 现在忙吗？导致您现在这么忙的原因是什么？

(49) 您是否想提升销售团队的业绩？有没有好的解决方案？

(50) 中层管理者的管理技能怎么样？

(51) 贵企业的员工流失率这么大，您是怎么解决的？

(52) 公司的整体销售技能水平怎么样？

(53) 您的一些新的策略和方案是不是经常贯彻得不到位？

(54) 您的工作会得到老板的认可和员工的理解吗？

3. 一些典型的增加顾客痛苦性问题

(1) 我们的合作是非常符合贵公司发展要求的，您认为呢？

(2) 我们的合作已经给您在技术上带来了革新，您认为呢？

(3) 这些问题的存在是否对您的工作及利益产生了影响？

(4) 学习是推动企业发展的一个很重要的因素，您是这么认为的吗？

(5) 我已经开始全力以赴为您服务了，您认为我们距离合作还有多久？

(6) 这些问题会对您自身产生哪些影响？

(7) 改变后您的客户对你们的评价会有什么改变？

(8) 这些问题对您造成的障碍主要是什么？

(9) 这些问题对您的工作造成了多大的影响？

(10) 您认为这个项目的成功标准是什么？

新世纪高职高专课程与实训系列教材

(11) 这些问题的存在是否影响到了您的使用？

(12) 根据您对市场的调查，您的买家主要寻求的是哪种品牌的相关产品？

(13) 同行业的公司中是否也存在同类问题？

(14) 这些问题会不会影响到贵公司的利润和组织架构？

(15) 您认为您的员工是不是也很希望不断学习和提升自己呢？

(16) 这些问题会对您公司的发展产生哪些影响？

(17) 这些问题的存在会不会影响到贵公司的效率？

(18) 这些问题的存在是否会影响到贵公司的品牌？

4. 一些典型的解决痛苦的对策性问题

(1) 你们希望获得什么样的售后服务？

(2) 准备用什么样的方法来解决您现在的问题？

(3) 如果这个问题这样解决……您认为怎么样？

(4) 您认为我们应该怎样配合您来解决这个问题？

(5) 这些问题可以帮助您的流程更规范吗？

(6) 您认为这个项目的成功标准是什么？

(7) 您看您竞争对手都成为我的会员了，如果您没参加后果会如何？

(8) 您倾向于哪几种方法？为什么？

(9) 使用我们的产品后，您的客户会满意吗？

(10) 说实话，您是一个思想非常超前的企业家，您看您选择哪类方案？

(11) 您觉得用这样的成本能解决您现在的问题是不是件很令人愉快的事呢？

(12) 您今天的决定一定会有助于您企业的发展，对吗？

(13) 看得出您是一个非常爱学习的人，我们的课程一定会适合您，您说是吗？

五、销售中敢于重复就能成交

从心理学的角度上讲，产品和服务的好处要让客户感受出来才行，这样才能产生购买的动机。推销人员仅仅告诉了客户这些好处还不够，必须重复这些好处，1 次、2 次、3 次，这样才能对其潜意识产生影响力。事实证明，当你不断地重复向顾客灌输时，顾客就会产生购买行为，就像广告一样，天天重复观看，就会由拒绝到反感，由反感到仔细观看其内容，然后可能会有兴趣了解广告中的产品，以至去尝试。这个道理告诉我们，再顽固的拒绝，只要推销人员敢于坚持、敢于重复，就能成交。

但当顾客冷冰冰地拒绝时，推销人员将面临着极大的心理考验：是否继续坚持。当顺利成交时，我们都会开心；而被拒绝时，肯定会不高兴。不断拜访，得到的却只是拒绝，继续坚持下去，这需要勇气。

著名的销售大师吉姆连续四年每周都去拜访同一个客户，虽然都没有拿到单子，但他坚持下去了，最后他成功了。这也是他销售生涯中最大的一个单子。

那为什么很多推销人员坚持不下去呢？这是个人的心理问题，也可以说是心态问题，不敢重复其实质就是个人的虚荣心在作怪。

中国有句话叫"人怕见面，树怕扒皮"，就是这个道理。销售的时候面对拒绝而不敢

重复，是因为怕自己的面子受伤，所以不能坚持重复。因此也可以反过来想，对方也讲究面子，与拒绝的客户见面多了，对方也会有不好意思的心理。这样，拒绝就变成了可以交流，销售的机会也就来了。这就是重复的力量。

思 考 题

1. 根据推销方格理论，不同心态类型的推销员有什么样的特点？不同心态类型的顾客有什么样的特点？

2. 推销人员方格与顾客方格的关系是什么？

3. 推销人员为什么要具有良好的推销心态？

4. 提问式销售模式的内容是什么？

5. 提问式销售模式的要点是什么？

6. 为什么要用理解加反问的方式进行提问？

7. 你从常用的提问用语中得到了哪些感悟？

练 习 题

1. 你会说出商品的缺点吗？

假设你是一位不动产的推销员，负责推销一块地皮，这块地皮约有 80 亩，靠近火车站，交通很方便，可是附近是钢铁加工厂，打铁及研磨机的声音十分嘈杂。你已找到一位准顾客，地皮的价格和地点都与其要求相吻合，你会如何向他推销？

(1) 强调优点，忽略缺点。

(2) 提出缺点，同时暗示可降价弥补缺点。

(3) 调查顾客地皮的用途，看是否介意噪音。

以上三种推销方式分别属于推销方格中的哪种类型？

2. 如何开始推销最合适？

假设你是某医药公司的医药代表，主要负责向各家医院推销药品。今天你要去拜访一位医生客户，你选择如下的方式开始谈话，你认为你的客户会做出如何的反应呢？除此之外你还会运用怎样的方式？

(1) 恭维对方医术高明，学术渊博。

(2) 一见面就谈钱。

(3) 询问自己的药用得怎么样。

(4) 向对方介绍自己的产品。

3. 模拟推销。

请先选择下面的某一种商品，再任意选一种推销模式，模拟推销场景进行推销表演。

(1) 牛奶。

(2) 机器设备。

(3) 保险。

(4) 旅游。

(5) 服装。

(6) 手机。

案 例 分 析

案例一

他该怎么办

小王是一家企业的销售员，他刚刚接到经理的通知，看来他 9 月份的定额似乎完不成了。这已是第三个月，他一直未完成任务。除非他以后有较大起色，否则很难实现年度配额。这样他将失去年终奖。在谈话中，小王被告知他是唯一一个完不成任务的销售员，这对他的前途将产生很坏的影响。

小王有一个老客户表现出对该企业某种大型机器的兴趣，因为售价几万元，一旦成交小王将扭转被动局面。但是他知道这种机型不适合这位客户的生产线，别的客户已出现此类问题，但这位客户尚不知道。其他销售员依旧在销售此类机器，公司虽然正在采取纠正措施，但短期内机器仍将有问题。当然，小王也不想失去奖金和这份工作。

(资料来源：陈思. 现代实用推销学[M]. 广州：中山大学出版社，2001.)

问题：

1. 如果你是小王，你该怎样去做？

2. 小王的销售经理怎么能帮他？

3. 公司对于机器的质量问题将采取什么措施？

案例二

一次成功的推销

某大百货商店老板曾多次拒绝接见一位服饰推销员，原因是该店多年来经营另一家公司的服饰品，老板认为没有理由改变这种固有的关系。后来这位服饰推销员在一次推销访问时，首先递给老板一张便笺，上面写着："你能否给我十分钟就一个经营问题提一点建议？"这张便条引起了老板的好奇心，推销员被请进门来。他拿出一种新式领带给老板看，并要求老板为这种产品报一个公道的价格。老板仔细地检查了每一件商品，然后做出了认真的答复，推销员也进行了一番讲解。眼看十分钟时间快到，推销员拎起皮包要走。然而老板要求再看看那些领带，并且按照推销员自己所报价格订购了一大批货，这个价格略低于老板本人所报价格。

(资料来源：陈企华. 最成功的推销实例[M]. 北京：中国纺织出版社，2003.)

问题：

1. 该推销员是如何赢得老板的会见的？

2. 该推销员采用了哪种推销模式？

3. 老板为什么会订购一大批货?

案例三

小池的推销

日本大企业家小池出身贫寒,很早就在一家机器公司当推销员。有一个时期,小池推销机器非常顺利,不到半个月就跟 33 位顾客做成了生意。可是正当心下窃喜的时候,小池却发现自己公司卖的机器比别的公司要贵。小池想,向他订货的客户如果知道了,一定会对他的信用产生怀疑。于是,深感不安的小池立即带上订货单和定金,整整花了三天时间去逐个地找客户,然后老老实实向客户说明他所卖的机器比别家的昂贵,请他们废弃契约。小池这种诚实的做法,使每个客户都深受感动,结果 33 位客户没有一个废约,反而加深了对他的信赖和敬佩。此后,许多人都被小池的诚实所感动、吸引,前来订货的客户络绎不绝。没过多久,小池就成了腰缠万贯的大亨了。成功后的小池在总结经验时说:"做生意就像做人一样,第一要先学会做人,其次才能做好生意。"

(资料来源:陈企华. 最成功的推销实例[M]. 北京: 中国纺织出版社,2003.)

问题:

1. 小池属于推销方格的哪一类推销人员?

2. 如何理解"做生意就像做人一样,第一要先学会做人,其次才能做好生意。"这句话?

3. 为什么所有的客户都没有废约?作为客户他们的心态是怎样的?

案例四

成功的典范

印刷用品公司的推销员弗兰克已约好去见普鲁印刷公司的生产部经理波恩。

弗兰克:早安!波恩,今天早上承蒙接见,至感荣幸。我知道您的工作很忙,时间安排得很紧凑。对了!我在报纸上看到有关贵公司的报道,业绩超越最近这五年,这一定是您的经营方向正确,领导有方,相信一定有很多人在谈论贵公司的管理。

波恩:是的,我们对公司的业绩感到很欣慰,那不是轻易得来的。本公司和其他公司一样,同样也有我们的问题。

弗兰克:贵公司有哪些问题呢?

波恩:最主要的问题是印刷时,机器停顿的时间太多。

弗兰克:造成机器停顿的原因是什么呢?

波恩:原因之一是本公司购买的温滚筒质量太差,不只是向您的竞争厂商 Ajax 购买,同时也向贵公司购买。这些滚筒都不耐用,接缝处有撕裂的痕迹,绒布上沾有油墨。

弗兰克:我了解您的感受,很高兴您把这些问题告诉我。直到最近为止,这确实是业界相当普遍的问题。这也是我今天来拜访您的原因之一。本公司最近开发一种崭新且现代化的 3-Plate 湿滚筒,如果使用它,您刚才所提的这些问题就不会再发生了。您听说过这种新产品吗?

波恩:尚未听说过。

弗兰克：我想您应该认识第三街 Paragon 印刷公司的 Fred Filbert 吧，您认为他的作业方式和贵公司的作业方式相同吗？

波恩：是的，大部分都相同。

弗兰克：上个月我和 Fred 讨论时，他告诉我，他的纸滚筒潮湿表面的平均寿命才 16 小时，因为强烈的碰撞、起泡、解开等动作，平均每次换班时间就得更换表面，此时机器就要被迫停顿了。这就是您所遭遇到的问题吗？

波恩：是的，正是如此。

弗兰克：大约在四星期前，经过我建议之后，Fred 决定试用 3-Plate 湿滚筒，后来他发现不但减少了强烈碰撞、起泡、解开等动作。经过一个月运行后，第一个湿滚筒仍然一直在使用。因为无须更换表面，所以减少机器停顿的时间，节省的钱就足够支付 3-Plate 湿滚筒的费用了。

波恩：不错，这是我常听推销员说的套话。这种新产品的价格一定很贵吧。

弗兰克：让我把这个问题说清楚之后，再来讨论价格吧！坦白说，3-Plate 滚筒是一种革命性的新产品，潮湿的表面是一个崭新的观念，它是一个完整的圆柱形，尤其是含有坚固的纤维管，完全没有接缝，可以消除您所遭遇到的问题。其实，3-Plate 湿滚筒确实要比干燥滚筒更坚固，您以前只使用过纸滚筒吗？

波恩：当然用过，纸质比布质便宜多了。

弗兰克：纸质的单价可能比较便宜，但就长期而言，比布质更昂贵。例如 3-Plate 滚筒不会像您所使用的纸质滚筒那样有裂缝、会伸张、会收缩。

波恩：安装又如何呢？

弗兰克：我为您准备了一份，让我们到您的机器上去试试。

他们朝着机器的方向走去，并叫来一名机器操作员。

弗兰克：您看，装滚筒就是这么容易。这种滚筒的单价虽然贵一点，但是当您要改变印刷颜色时，无须清洗，实际上是节省了不少费用。印刷中遇有短暂的停顿时，也不会像纸张一样变得干燥。何不把我所赠送的 3-Plate 滚筒装到您的印刷机上呢？让我们再回到办公室去吧，那里要安静得多。

他们一起回到波恩先生的办公室。

弗兰克：现在让我把 3-Plate 湿滚筒的优点做一个总结，首先是可使印刷清晰，而且绝对不会留有柳絮状的纤维；其次是改装印刷颜色时，无须清洗或更换套筒；第三是工作进行中，不会产生任何形式的痕迹；第四是无须重新准备或调整。

弗兰克：您可能会担心成本问题，可不是吗？使用 3-Plate 滚筒之后，无须使用酒精或其他特别溶液，也无须花费洗衣费用。曾经使用过这种滚筒的人，都发现 3-Plate 滚筒比他们以前所使用的任何滚筒都经济。

当然，最后的结果，是波恩买了弗兰克推销的滚筒。

（资料来源：吴健安. 现代推销学[M]. 大连：东北财经大学出版社，2000.)

问题：

1. 弗兰克推销时做了哪些事？
2. 运用所学推销模式分析弗兰克成功的原因。

3. 如果你是弗兰克，你会怎样做？

案例五

一位铺货员的一天

在可口可乐某装瓶厂市内销售部例行晨会上，陈经理宣布今天是新品果粒橙的上市日，同时下达了所有业务代表必须完成当日线路 70%的铺市要求。命令一下，在座的许多业务代表都悄悄地互相交换了一下眼色：首轮铺市这么高的要求的确有点意外。在座的代表中唯有小王面带微笑，显得胸有成竹。此番新品上市，小王早几日便已提前熟悉产品卖点和政策，并对线路上的所有客户在脑海里进行了盘点。换句话说，小王早已经预演 N 遍，此刻就等一声令下了。半个小时后，晨会结束了。小王快速地收拾了一下广告纸、价格牌等拜访客户的必需用品，将样品放入工作包内，出门启动摩托车就上路了。

30 分钟后，小马的香烟店就在眼前了。小马的店铺虽然以卖烟为主，但因地段不错，半年前小王建议他兼卖饮料，现在的饮料生意非常不错。向这样的客户推荐新品对小王而言几乎跟上家里的自留地拔棵葱一样简单。这不，小王刚开了个头，小马就发话了："别啰唆了，不就是新产品吗，两箱够了吧？多少钱呢？"小马就是这样，快人快语，对于小王推荐的新品来者不拒。告别小马后，小王想：要是所有的客户都像小马那样就好了。随后他给小马这样的客户起了个带有家乡特色的名称——自留地型客户。在小王每天的线路上都有几家类似的客户，他们是小王潜心培养的对象，拥有非常良好的客情关系和稳固的销售状况。一旦有铺市任务或处理些临期品时，他们都会当仁不让地起到一马当先的作用。

遐想间到了李姐的店铺，李姐的店铺位于小区入口的边上，和柴叔的铺子隔路相望。虽说两家是邻居，但因生意上的事闹得不太愉快，搞得小王也很难做人。平时每次拜访总是有意识地平衡先后次序，以免造成厚此薄彼的印象。但这次小王决定先拜访李姐。李姐属于典型的小恩小惠型客户，中年女性的店老板很多属于这种类型。果然，宣传了相关的卖点后，李姐还是以店铺规模小、不需要太多产品为由拒绝进货。"李姐，这产品现在正打着电视广告呢，刘青云代言的，维生素 C 特别丰富。尤其是像你这样年轻漂亮的喝了皮肤特别有弹性……""少来！大姐我早就不吃这套了，还年轻漂亮呢，不要。"李姐心里受用，但嘴上一点都不松口，眼看就要进入僵局。幸好小王早有准备，此时娓娓道来："这样吧，你不是一直抱怨市面上买的开瓶器质量太差吗。这次我专门和我们经理反映了你的情况，陈经理特意找了几个广告开瓶器来让我送给你。陈经理可是很关注你这家店的。你呢也帮我这个小忙，这样我回去陈经理那里也好交代……""就上次来的那个陈经理吗？他还记得我呀……"李姐的脸蛋乐开了花，"好吧好吧，难得你这么有心，我帮你要一箱吧。""哎，小王！"李姐一边数着开瓶器一边对就要出门的小王喊，"卖不了你可得给我退啊……"同样是开瓶器，经理送的就好像更有价值似的，小王很为自己的这个小伎俩得意。上回他自己送几支笔给李姐，她还嫌质量太差写字不舒畅。咳！看来对这样的客户不光要考虑送什么礼品，还得考虑如何送才能发挥更大的效益啊。

小王清理更新完柴叔店门外的广告纸，抬腿进门。柴叔故意装作没有看见小王从对面过来："哎哟，小王！又来了啊。我正要订货呢。怎么样，我这儿的销量在这一片数得上吧！"寒暄过后，订完常规的货，小王拿出了样品："柴叔，这是公司出的新品，专门针对年轻消费者的，咱小区那么多新新人类，光是对面电脑市场的租房客就不少，销路肯定不会太差……"柴叔手里拿着样品反复揣量，始终不说话。小王知道，柴叔进入了犹豫期。这时候拉一下，就会向积极的方向发展，不然极有可能向拒绝的方向倾斜，毕竟大部分人对不熟悉的东西有一种自然的抵御心理。当然，小王了解柴叔是个非常要强的人，属于争强好胜型客户，尤其和对门李姐的这种竞争关系更是小王早就计划好利用的。"这不，对门的都进货了。""哦！"柴叔从产品上收回眼光，盯着小王，"进了多少啊？""不多，才一箱，毕竟是新产品……"柴叔从嘴角渗出一丝胜利者从容的笑意："她还能进多少？你又不是不了解。我早说过她那点量我都给你包了你又不信。"柴叔又一次委婉地试探小王的意思。小王未置可否。"价格还是有点高，不然放十箱都没什么问题！"柴叔以非常肯定的语气下了结论，随后补充道，"要不先来两箱试试？""我当然是了解柴叔您的能力啦，还是数柴叔您最爽气！不过两箱足够了，卖好了再进一样的，谢谢了！"对于柴叔，小王一直是高帽奉送的。毕竟这种类型的客户关键是要证明自己的能力，满足了这一点就好办多了。

　　几个客户过后，周老板的店铺到了。周老板四十挂零，国企下岗，一家小店被他打理得井井有条。小王平时和他客情关系不错，就是感到这个周老板对于新产品抗拒心理比较严重，一般不轻易进新品，小王称之为碉堡型客户。不过小王早已想好了应对的方法。小王先不直接向周老板推荐果粒橙，而是再一次向周老板推荐上个月就已经推荐过的雀巢柠檬茶，并以强大的推荐力度进行了佯攻。周老板果然中计，亦拿出了全部的"防御"火力进行抵御。从产品价格太贵到生意竞争的激烈，再到流动资金的紧缺……20 分钟过后，小王感觉到双方都已经进入相对的疲惫期，于是话锋一转，开始正式突破主攻点。"周老板，你说得非常对，作为朋友我也非常认同你的观点，行！这雀巢柠檬茶我就不难为你了，谁叫我们是朋友呢！"小王先是刻意强调双方的朋友关系，然后用非常果断的语气接着说："要不这样吧，你进一箱果粒橙得了！这产品虽说上市时间不长，但别家卖得都还不错，之前我也一直没向你推荐，我想卖好了你更容易接受……"周老板经过 20 分钟的防御作业，口干舌燥，精神已经完全处于无防备的放松状态。冷不丁小王又发起了猛烈攻击，周老板显然已经无法再次集中精力予以有效的反击。再说毕竟和小王关系不错，对小伙子的工作也蛮认同的。此番刚刚拒绝了小王的雀巢柠檬茶，确实也不好意思再拒绝一次，于是就有了做次人情的念头。这细微的感觉变化被小王精确地捕捉到了，这是明显的成交信息的显现。小王当然不会放过这样的机会，果断落锤："谢谢了，周老板！"那边称谢，这边已经在客户卡上登记了。

　　一晃时间就到中午了，一路经过的大小餐饮店都坐满了就餐的人群。小王却故意不吃饭，因为他马上要拜访的客户是宋老太。这个老太太，平时吃素，潜心信佛，隔三岔五上门来的乞丐从没有落空的。小王归纳其为典型的乐善好施型客户，打算使一下苦肉计。果不其然，一见面宋老太就关心上了："哎哟，大中午的还在跑呀，午饭吃过了吗？""还没有呢，咳！任务还没完成呢。"小王抹一下额头的汗水。"啥任务那么重要，都顾不上吃饭了。小年轻的不按时吃饭，搞坏身体可就晚喽……""没办法呀，新产品铺市，不完成 75%的铺市率不准回公司的。"小王从摩托车上拿来抹布一边给宋老太柜台上的玻璃瓶可乐一瓶瓶地擦灰一边说道。"阿弥陀佛！现在干份工作也真是不容易。来来来，什么新

产品，阿婆我也帮你分分忧。""就是这个果粒橙啦！"小王耐心地介绍产品的卖点和销售方法，"货来了放到这个位置好让大家都看得到……记得把这个价格标签套到瓶口上……有年轻人来要多多推荐……您老太太慈眉善目的大家一定相信您啦……"说实话，对于这样的客户虽然小王也会玩点博取同情的伎俩，但其实是特别关注售后服务的，不像有的公司的业务人员利用老太太的善心一味地塞货。小王总觉得要对得起宋老太对他的那份关爱和信任，这比啥都重要。

午饭小王是在刘哥那里吃的，刘哥和老婆开个五六十平方米、上下两层的小饭馆，楼下大厅，楼上包厢。老婆负责点菜开票，刘哥负责里外招呼客人，给熟人发烟。这会儿楼下的生意已经过了高峰期，刘哥也显得比较清闲。小王平时跑这条线路基本都在刘哥这里用餐，一菜一汤刘哥只收七块钱，经济实惠。只是刘哥的饭馆可口可乐饮料只卖老三样"可乐、雪碧、芬达"，后来经小王的几番努力，才勉强又进了酷儿。这次小王也没打算把刘哥列入 75%内。吃饭间，知道刘哥喜欢足球，小王就顺便聊起了昨晚的中日之战，不料不提不要紧，一提就打开了刘哥的话匣子。眼看刘哥越说越来劲，脸色渐渐由青转红。小王也用完餐，出门跨上摩托车。正要启动，小王发现刘哥竟然破例地送出门来，便鬼使神差地问了一句："刘哥，新产品果粒橙来一箱试试？"刘哥似乎还沉浸在抒发胸臆后酣畅淋漓的快感中，显然是不愿意破坏这种感觉，他意犹未尽道："我们下次再聊，好走！饮料明天送过来就是了。"路上小王想，没想到无心插柳还成了荫。看来对于刘哥这种冲动型客户还真不妨多用兴趣爱好作为切入点，然后趁热打铁来解决问题。

顾婶站在柜台后，听完小王的介绍，还在犹豫不决。小王打开客户卡凑到她眼前说："都进了，您看，没骗您吧！大家都接受的东西，您放心好了！"顾婶属于跟随型客户，眼看大家都进了货也就欣然接受了。

韩伯，二中校内小卖部老板，小王把他归纳为理智冷静型客户。跟他再煽情也没用，他完全是用数字来考虑问题，明显的特点是对数字的记性特别好。此刻由于学校正在上课，他得以有空听听小王为他讲述的"利润的故事"。"的确，韩伯您讲得不错。已经卖的都是我们的饮料了，对我们来说是无所谓了。"小王掏出计算器来，"不过，对您可就大不一样了！你看，就按您说的价，每卖一瓶果粒橙比其他的多赚 0.2 元钱。就算只有 10%的学生会来购买。二中千把号人，您看，客户卡显示您每月的销量有 600 多箱将近 15 000 来瓶。如果说用果粒橙的话，同样销量情况下您就会多赚 300 块，一年下来少说多赚两千来块……"韩伯看着计算器上显示的数字明显有所动摇了。"这样吧！"小王一挥手，祭出了撒手锏。公司市场部的小林是小王的同省老乡，每次新品上市总有些资源。小王早就已经争取到些许"重磅武器"准备在关键时刻"攻城拔寨"。"反正学校里也没城管啥的来管，我让市场部的同事在你店头拉个大大的喷绘广告，准保吸引孩子们的眼球，到时候恐怕就不是刚才那个数了。"小王在计算器上的显示数上乘了个 3 又拿到韩伯面前。这下韩伯彻底动心了，在了解到喷绘的到位时间后果断地下了首次 20 箱的订单。

"哎哟，可乐公司又拿什么东西来骗人了？"小徐哥又拿小王逗上了。小徐哥经营个不大不小的网吧，每天不到下午 3 点看不到人。或许是闲得慌，就喜欢拿各厂家的业务人员开涮。小王早就把他归为胡搅蛮缠型客户。因为特别难缠，加上去早了老不见人，所以尽管绕点路也特意将他的拜访时间放在当天线路的最后一家，以便有充足的时间应付他。

"这次是什么政策呀,卖一送二吧!来来来,先来十箱。"小徐哥扔过一根烟来,自己先点上了,再将打火机递给小王。小王以前采取的措施是见招拆招,后来发现这样小徐哥更来劲,几次搞得小王理屈词穷狼狈不堪。虽说最后他一般也会接受新产品,但特别耽误时间。现在小王改变了策略,每次小徐哥发过来的招数小王总是不置可否,朝着小徐哥憨憨地笑着,渐渐的小徐哥也就感到索然无味改为有事说事了。果然,几招出去无甚反应后,小徐哥接过小王又一次敬过来的烟,指指柜台里的女孩说:"找阿慧去吧,看看还有多少货。"

从小徐哥处出来已经下午 4 点多了,日头照样毒辣,小王却感觉浑身轻松,如沐春风。今天的计划如期完成,现在得抓紧赶回公司开单和填写日报表。晚上按老习惯还得写写日记,好好总结今天的得失,争取明日再取得良好的业绩。小王相信只要自己这样努力下去,早晚在这个美丽的城市会有自己的一片蓝天。

(资料来源:郭毅.人员推销[M].北京:电子工业出版社,2001.)

问题:

1. 小王为什么能如此顺利地完成铺货任务?

2. 根据顾客方格理论分析,这些客户分属哪种类型?

3. 小王运用了哪些推销模式?

4. 小王是如何针对不同的顾客进行推销的?

第五章　推销中的沟通

本章学习要点

- 推销中的恰当沟通
- 与各种类型顾客的交流要点
- 推销中的双向沟通

一、推销中恰当的沟通原理

推销是一个买卖信息的沟通过程。与顾客沟通没有一个固定的模式，不同类型的顾客处理同一件事情会有迥然不同的态度和做法。在销售过程中，分析不同类型顾客的特点，采取有针对性的沟通策略，可使销售工作更加有效。一个推销员在销售工作中，会遇到许多顾客，包括不同年龄、不同行业、不同性格的顾客。为了提高成交率，每个推销员必须对各种不同类型的顾客心理、性格特点进行认真的总结。

顾客的类型及处理方法如下。

(1) 特别友好的顾客：这类顾客特别友好，与顾客之间的谈话会非常愉快。但是推销员要当心，不要忽略销售谈话和为其提供服务。

(2) 寡言的顾客：这类顾客不爱说话，也没有什么表情，令人难以琢磨。其实他们在用心听，在仔细考虑，不提问题则罢，一提就会提出一个很实在，并且会令人头痛的问题。这时推销员如果解决不了他们的问题，他们就会立刻停止交易。对这类顾客，推销员不能夸夸其谈，要快速搞清其对产品的要求和愿望，并根据其要求展开详细阐述。

(3) 饶舌的顾客：这类顾客要他做最后的决定是一件很困难的事，因为他很喜欢说话，一谈起来就天南海北聊个没完。这时，推销员需要耐心倾听，同时把握机会，很技巧地将话题引回推销事务上，适时进行准确的问话和明智的回答。沟通过程中，推销员一定要保持很亲切、很诚恳的态度，否则他便会认为你不尊重他。

(4) 匆忙的顾客：推销员如果遇上了匆忙的顾客，必须尽快接近他。说话速度要快一点，处理事情的动作应利落一点。介绍商品时，只要说明重点即可，给他做良好的咨询。因为这类顾客下决定很快，所以，推销员只要应和他，生意就能很快做成。

(5) 自以为是的顾客：这类顾客喜欢自己决定事情，而不愿意别人提任何意见，所以，对这类顾客人，应该以他为主，不要反对其立场，给他太多意见会产生相反效果，搞得双方不愉快。如果顾客是个自以为是的人，推销员可以礼貌待客，让他自行决定购买，方能取得好的效果。

(6) 犹豫迟疑的顾客：这类顾客的购买决定相对做得较慢，推销员不要催促他，对他所提出的各项问题必须要给予满意的答复，把握机会强调公司信誉及产品的优良。

(7) 无礼的顾客：面对无礼的顾客，推销员在其面前应该不失平静，态度保持友好，不争吵，也不低三下四，想办法逐步攀谈。

(8) 持批评态度的顾客：顾客对推销的产品、服务持批评态度的时候，推销员不要惊慌气恼，应当保持友好的态度，集中精力、令人信服地回答顾客提出的问题，不能失去耐心。

(9) 过分认真的顾客：这类顾客喜欢知道各种细枝末节，推销员要有耐心，认真回答他所提出的各项问题。

(10) 有权力意识的顾客：这类顾客往往居高临下，对推销员的态度较为傲慢。推销员不能被激怒，要心平气和，把握机会向其提供有用的信息和帮助。

二、推销沟通是一个双向的过程

人员推销就是一个有效沟通的过程，即是一个有目的地提供信息、说服和反馈的沟通过程。另外，沟通是一个双向的过程，它不仅包括说也包括听。

人们通常误认为一个成功的推销人员仅仅是一个能说会道并且夸夸其谈的人，拥有三寸不烂之舌。虽然会"说"是帮助人们有效沟通的一种方法，但这并非是沟通中首要的或唯一的技能。事实上，销售中"倾听"可能比"演说"更为重要。也就是说，有效地倾听，还可以通过眼睛去观察，通过心灵去感受，通过大脑去思考，通过嘴巴去提问，是沟通中一个重要的部分。

两个人或更多的人之间准确的信息交流，只有在双方共享或分享经验、感知、思想、事实或感情时才会发生。个人内部和外部存在的某些因素，往往会产生不准确的感知并导致不尽如人意的信息交流。但是，这并不一定需要双方的观点、意见完全一致，只要这些对立的观点按照原来打算表达的含义被传递、接收和理解了，就会发生准确的个人之间的信息交流。

三、影响推销沟通的因素

1. 推销信息发送者的编码质量

如果推销员发送的信息编码方式完全按自己的爱好和习惯编制，没有考虑到顾客的接收方式和习惯，会造成顾客不能将收到的信息转换成脑电波，因而不能做出判断。例如对非专业人士大量使用专业术语，再如对善于接收图像信号的人使用大量文字等。一般来说，不同的人对不同的信息接收能力是不同的。有人喜欢文字，有人则偏重于表格，还有人喜欢图像。让喜欢图像的人去读大段的文字，他可能会漏掉很多信息。

2. 顾客对推销编码信息的错误解释

(1) 选择性地接收某些信息。顾客根据自己的需要、动机、经验、背景以及个人特点有选择地去看或听信息。

(2) 选择性地保留信息。顾客根据自己的需要、动机、经验、背景以及个人特点有选择地保留信息。

(3) 曲解某些信息。顾客在处理信号时，大脑是根据已经存在于潜意识中的感受进行的。如果已有的信息和推销员的意思不一致时就会造成所谓的"错误的理解"。

3. 推销噪音的干扰

推销噪音是指沟通过程中对信息传递和理解产生干扰的一切因素。推销噪音存在于沟通过程的各个环节，如难以辨认的字迹、买卖双方的语言障碍、电话中的噪声干扰、身体的不适、顾客固有的成见等，都可以称之为推销噪音。当推销噪音对编码或译码过程产生干扰时，就有可能导致推销信息的失真。

四、推销中的双向交流与交流状态

推销沟通必须是双向的，单方面的信息传递是无法进行沟通的。在推销过程中，为了使交流更为有效，推销人员必须让传递的信息适应顾客的风格和习惯，要做到这一点，最有效的交流技巧是倾听和提问。

交互分析亦可称为交流沟通过程分析，它是理解沟通双方行为状态的一个模型，由加拿大心理学家伯恩(T. A. Berne)提出，即 PAC 理论(人格结构分析理论)。这种分析理论认为，个体的个性是由三种比重不同的心理状态构成的，这就是"父母"、"成人"、"儿童"状态。取这三个单词的第一个英文字母，Parent(父母)、Adult(成人)、Child(儿童)，所以简称为人格结构的 PAC 理论。PAC 理论把个人的"自我"划分为"父母"、"成人"、"儿童"三种状态，这三种状态在每个人身上都交互存在，也就是说这三种状态是构成人类多重天性的三部分。

(1) 父母状态：倾向于权威性，严厉支配性。其表现为：好为人师，惯于斥责对象，谈话时居高临下，自以为是，不善于倾听对方的谈话。当一个人的人格结构中 P 成分占优势时，其行为表现为凭主观印象办事、独断独行、滥用权威。这类人讲起话来总是"你应该……"、"你不能……"、"你必须……"、"我们一直这么做"。

(2) 成人状态：倾向于稳重和理智，三思而行，并且有自己的观点，对交流的信息有兴趣，且不含感情色彩。成人状态表现为注重事实根据和善于进行客观理智的分析。这类人能从过去存储的经验中估计各种可能性，然后做出决策。当一个人的人格结构中 A 成分占优势时，其行为表现为待人接物冷静、慎思明断、尊重他人。这类人讲起话来总是"我个人的想法是……"。

(3) 儿童状态：倾向于变化无常。父母状态表现的是个人意识，而儿童状态表现的是个人感情。其表现为：乐观好奇或自私自利，少言寡语，反复无常没有责任心。儿童状态像婴幼儿的冲动，表现为服从和任人摆布，一会儿逗人可爱，一会儿乱发脾气。当一个人的人格结构中 C 成分占优势时，其行为表现为遇事畏缩、感情用事、喜怒无常、不加考虑。这类人讲起话来总是"我猜想……"、"我不知道……"。

根据 PAC 理论，人与人相互作用时的心理状态有时是平行的，如父母—父母、成人—成人、儿童—儿童。在这种情况下，对话会无限制地继续下去。如果遇到相互交叉作用，出现父母—成人、父母—儿童、成人—儿童状态，人际交流就会受到影响，信息沟通就会出现中断。最理想的相互作用是成人—成人状态。推销员对于不同状态的顾客必须保持成人状态，适时把顾客的状态也调整为成人状态，这样才有利于推销沟通的顺利进行。

新世纪高职高专课程与实训系列教材

五、把握顾客的社交风格

尽管每个人身上都具有一种典型的沟通风格，但是对大多数人而言，其沟通风格都是以下几种类型的混合体。

(一)与不同社交风格顾客的沟通

1. 驱动型顾客

具有驱动型沟通风格的顾客比较注重实效，具有非常明确的目标与个人愿望，并且不达目标誓不罢休；当机立断，独立而坦率，常常会根据情境的变化而改变自己的决定，他们往往以事为中心，要求推销员具有一定的专业水准和深度；在与推销员沟通中，他们精力旺盛，节奏迅速，说话直截了当，动作非常有力，表情严肃，但是有时过于直率而显得咄咄逼人，如果一味关注自我观点，可能会忽略他人的情感。

与这种类型的顾客沟通时，首先要刺探其想法，提供各种备选方案，若觉得不合适，可以提供其他方案，投其所好，趁其不备，提出新点子。若直接反驳或使用结论性的语言，啰啰唆唆，这样的沟通注定是低效甚至是无效的。

2. 表现型顾客

具有表现型沟通风格的顾客显得外向、热情、生气勃勃、魅力四射，喜欢在销售过程中扮演主角；他们干劲十足，不断进取，总喜好与人打交道并愿意与人合作；具有丰富的想象力，对未来充满憧憬与幻想，也会将自己的热情感染给他人；他们富有情趣，面部表情丰富，动作多，节奏快，幅度大，善用肢体语言传情达意，但是往往情绪波动大，易陷入情感的旋涡，可能会给自己及他人带来麻烦。

与这种类型的顾客沟通时，首先应该成为一个好观众或好听众，少说多听，热情反馈，支持并肯定，加之适度的引导。切忌将自己的观点强加给他或打断、插话，或冷漠、无动于衷，这都会影响与这种类型的人的有效沟通。

3. 友善型顾客

具有友善型沟通风格的顾客具有协作精神，支持他人，喜欢与人合作并常常助人为乐；他们富有同情心，擅长外交，对人真诚，对公司或顾客忠诚，为了搞好人际关系，不惜牺牲自己的时间与精力，珍视已拥有的东西。这种类型的顾客做事非常有耐心，肢体语言比较克制，面部表情单纯，但是往往愿意扮演和事老的角色，对于涉及销售中敏感的问题，往往会采取回避的态度。

与这种类型的顾客沟通时，应该了解其内心的真实观点，多谈点主题内容，多提封闭式问题并以自己的观点适度影响他。沟通时应尽可能少提开放式问题，不要过多增加自己的主观意识，若顾客感觉压力过大，则会回避或退却，同时要避免跟着顾客的思路走，因为这种顾客不愿对一些棘手的事做出决策。

4. 分析型顾客

具有分析型沟通风格的顾客擅长推理，一丝不苟，具有完美主义倾向；严于律己，对

人挑剔，做事按部就班，严谨且循序渐进，对数据与情报的要求特别高；他们不愿抛头露面，与其与人合作，不如单枪匹马一个人单干，因而他们往往在销售过程中沉默寡言，不大表露自我情感，动作小，节奏慢，面部表情单一，有时为了息事宁人，他们采取绕道迂回的对策，反而白白错失良机。

与这种类型的顾客沟通时，必须以专业水准与其交流，因而必须表达准确、内容突出、资料齐全、逻辑性强，最好以数字或数据说明问题，以自己的专业性去帮助其做出决定。推销员切忌流于外表的轻浮与浅薄，避免空谈或任其偏离沟通的方向。

(二)不同社交类型的推销员与顾客的沟通方法

不同类型的推销员与不同类型的顾客进行沟通时，应发扬其长处，对于不同的顾客采用不同的社交风格方式，尽量适应顾客的社交方式。

1. 驱动型风格的推销员与不同类型的顾客沟通

1) 与驱动型顾客的沟通

具有驱动型风格的顾客往往认为驱动型推销人员办事匆匆忙忙、盛气凌人、效率高，但是显得固执、难相处甚至有点冷漠，独立并且决策迅速。为了与这类顾客有效沟通并实现销售目标，推销人员需要事先与其确定沟通目标，为其得出独立的结论与决策提供心理空间与自由。

2) 与表现型顾客的沟通

具有表现型风格的顾客往往也追求成就感，具有独立性与决策力，他们认为驱动型推销人员有些冷漠，缺乏情趣还爱评判他人。为了与表现型的顾客有效沟通，推销人员需要导入情感，放宽时间限制，给予顾客考虑的时间，给予对方激励与机会，尤其让对方有充分表现自我才能的机会。

3) 与友善型顾客的沟通

具有友善型风格的顾客往往认为驱动型推销人员办事效率高、遵守时间，但是缺乏情感，有时难以相处并会显示出不耐烦。为了与友善型的顾客有效沟通，推销人员需要显示出对他们及其家人的关心，尤其加强对他们个人的关注，适度放慢交易的速度，为他们实现目标提出具体而实在的建议与支持。

4) 与分析型顾客的沟通

具有分析型风格的顾客办事讲究逻辑与数据，以任务为导向。与这种类型的顾客沟通，切忌性急或者显示出优越感、竞争性与过度冒险。为了提高沟通效率，推销人员要给他们详细的数据与事实，尤其需要有书面资料，提供时间与空间让分析型顾客对各种资料做出独立的评估，但是可以协助他们设定最后期限并适度帮助他们做出决策。

2. 表现型风格的推销人员与不同类型的顾客沟通

1) 与驱动型顾客的沟通

驱动型顾客在有些方面与表现型推销人员类似，如外向、富有想象力和竞争性。与他们沟通时，推销人员要切忌让人感觉自己容易情绪化、流于外表或者肤浅，因而需要用实在的结果支持自己的热情，展示自己的真才实学，准时并且显示出专业化，尽可能地让驱动型顾客做出选择。

2) 与表现型顾客的沟通

表现型顾客具有与推销人员相同的风格，他们认为对方外向、热情、有见解、能说会道，具有较强的进取心，但是容易情绪化，若过于讲究说话技巧反而显得有些虚伪。与表现型顾客沟通时，推销人员需要在交往过程中导入程序与规范，若只是不切入主题交往可能会一事无成。要注意有效沟通只是手段而非目的，推销人员的终极目标是提高销售业绩。

3) 与友善型顾客的沟通

友善型顾客具有温馨、热情、富有魅力的特点，而表现型推销人员往往具有外向与冲动等特征。为了与友善型顾客有效沟通，推销人员需要适度放慢沟通节奏，降低音量与音调，多花时间与这些顾客建立良好的人际关系。需要注意的是，在同一时间仔细做一件事，鼓励友善型顾客多提建议并参与群体活动。

4) 与分析型顾客的沟通

分析型顾客富有想象力与自我意识等特征，他们可能会对推销人员的说到做到与全程跟踪的能力产生异议或疑问，他们可能认为表现型的人说话大声，显得浮夸与情绪化。与分析型顾客相处时，推销人员需要注重事实与细节，而不是煽情与激情，可以利用权威的力量与专业化的数据来支持自己的观点与论据，对待他们的决定需要适度的耐心。

3. 友善型风格的推销人员与不同类型的顾客沟通

1) 与驱动型顾客的沟通

驱动型顾客认为友善型推销人员以团队为导向，擅长支持与帮助他人，做事谨慎、敏感，但是缺乏进取心，缺少创意思维，思路狭窄，强调细节。与驱动型顾客交往时，推销人员需要导入商业意识，与其交往只是为了达成交易，并非仅仅建立友好关系或者成为朋友(至少在开始阶段)。推销人员要倾听顾客的需求，制订严格的工作计划与日程表，提供事实性结论，然后让他们根据你提供的建议做出决策。

2) 与表现型顾客的沟通

表现型顾客认为友善型推销人员具有友善与敏感、支持与助人等特征，但是对其过于谨慎的工作作风与缺乏竞争的态度不太认可。为了提高与表现型顾客的良好沟通，推销人员需要积极进取，提出自己的独特见解，当然可以寻找外援——权威的支持，同时公开认可并赞赏他们的成就与进取精神。

3) 与友善型顾客的沟通

友善型顾客与友善型推销人员一样具有安静、友好、谦让、助人、敏感且开放的特征，但有时显得有些害羞与犹豫不决，生怕伤害他人而过于谨慎。与友善型顾客交往时，推销人员需要坚定与坚持，有时甚至以命令的方式(可以软硬兼施)促进友善型顾客做出决定。尽管这种方式不太令人愉快，但是总比一事无成、劳而无获要好。

4) 与分析型顾客的沟通

分析型顾客往往谨小慎微，安静并喜欢独处，逻辑性强，但是过于按部就班，显得拘谨保守，故步自封。为了与分析型顾客更好地合作，推销人员需要适度冷静，不要太情绪化，讲究数据与事实，而不能仅仅依靠情感来维系顾客关系(因为这一招对分析型顾客而言

往往会失灵),通过职业化的技术水平与自信心赢得对方对你的尊重。

4. 分析型风格的推销人员与不同类型的顾客沟通

1) 与驱动型顾客的沟通

驱动型顾客往往认为分析型推销人员讲究逻辑与准确性,做事喜欢按部就班,知识丰富,但是缺乏想象力与决策力,他们往往对其缺乏冒险精神而显得不屑一顾。为了与驱动型顾客更好地交往,推销人员需要将各种事实用不同的方式表达出来,无论是产品展示还是做技术简报,一定要简洁明了并让他们做出决策。

2) 与表现型顾客的沟通

表现型顾客往往外向,注重情感而非事实,讲究观点而非数据,他们往往认为分析型推销人员对事实与数据过于吹毛求疵,缺乏人情味,对他人的情感无动于衷而显得过于冷漠。为了拉近与表现型顾客的距离,推销人员要尝试与他们"共度好时光",利用非正式的交流与场所,坦诚相见,满足他们认同与交友的需要,从而达成交易。

3) 与友善型顾客的沟通

友善型顾客具有合作精神,表达准确,做事耐心,有时显得保守。他们可能认为分析型人员缺少温馨与密切的人际关系,过分依赖数据与事实。为了与友善型顾客建立良好的顾客关系,推销人员需要表示出对他们的兴趣,利用自己的推理与数据分析特长,帮助友善型顾客得到更多的预算与资金并实现其目标。

4) 与分析型顾客的沟通

分析型顾客与分析型推销人员具有相同的特点,如擅长思考,喜欢独立,追求事实与数据,做事严格而精确,安静,同样显得保守与刻板,甚至会为了一个数据而迟迟不肯做出决策。为了与分析型顾客有效沟通,推销人员需要让对方知道设立最后期限的重要性,更要让对方懂得"该出手时就出手",否则往往会由于过于追求完美而错失良机。

总之,由于双方的社交风格不同,推销员要根据实际情况分析对待。实践中就是一种感觉。

六、语言沟通方式

语言沟通是人们借助于口头语言和书面文字所进行的信息交流。

1. 口头沟通的注意事项

口头语言沟通包括交谈、报告、演讲、谈判、电话联络。这种形式灵活生动,想法能直接传达给对方,可以快速获得反馈意见,明确意思。缺点是相对而言比较费时,而且花费大。

(1) 推销之前必须考虑以下几个要素。

① 推销的主要目标。推销员要根据实际情况确定推销的主要目标,做出相应调整。

② 回避的目标。如果产品、服务本身存在某些缺陷或有比较棘手的问题,那么在口头推销过程中,推销员的目标可以是想办法回避这个问题,使其无法深入下去。

③ 最小目标。最小目标是推销洽谈中必须保证达到的最基本的目标,是洽谈目标的

最底限，如最低成交价格、分期付款的次数与期限、交货期限等。只有实现最低洽谈目标，推销人员才能获得一定的利益。显然，最小目标是一个下限目标，是宁愿谈判破裂也不能放弃的要求或立场，因此又称"底线"。口头推销时要把握好这个"底线"。

④ 顾客需要的目标(也就是顾客真正需要的东西)以及顾客采取的态度。口头推销过程中，推销员要善于观察，对顾客的言行进行观察分析。

(2) 洽谈时必须营造一种融洽的气氛。一般来说，在洽谈场合往往需要严肃的气氛。但如果将气氛弄得过于严肃、拘谨，反而不利于洽谈的顺利展开。相反，轻松、活泼的气氛往往更容易让人敞开心扉，顺利达成洽谈目标。因此，在开局之初，应尽力营造一种良好的洽谈气氛，让参与者(包括双方洽谈者)能放下包袱，轻松上阵。

(3) 谈话必须掌握一些语言的技巧。说明要点时要言词简短；能形象、具体地表现商品的特性；投顾客所好进行说明；语言通俗易懂。

2. 书面沟通

书面文字沟通包括通知、报告、文件、备忘录、会谈纪要、协议等。这种形式的优点是较口头沟通更为准确；有助于推销人员仔细考虑，能够保证信息交流的准确性和保存的长期性；缺点是有时表达不清，对附加的服务项解释不详。

在推销工作中，经常要使用信函，如利用信函约见顾客、用信件推销产品；生意成功，要向顾客写信致谢；对于顾客的责难，要写信进行解释；喜庆日子，向关系户发函祝贺等。写好这些信函，对于推销产品、维系感情、扩大生意起着很重要的作用。信函不同于面对面交谈，只能通过文字来表达，顾客只能从信函的格式、内容以及文笔来了解推销员及其产品，并做出判断。所以，推销员一定要注意销售信函礼仪，讲究信函的写法。其具体要求如下。

(1) 书写要规范、完整。信函规格一般包括称呼、问候语、正文、结束语、署名及发函日期。信函书写必须符合规格，信纸要讲究一些，信面要整齐、干净。有条件的话，要打印出来，增强说服力，给人一种正规、体面的感觉，避免不良推测。

(2) 文字要简练、得体。推销信函不同于一般公文，要做到文情并茂，但也不能像私信那样信笔挥洒，过于冗长。不能滥用华丽辞藻，否则会使顾客感到不耐烦，并有办事不实在的印象。向顾客解释时要含蓄、委婉，要尽量使用常见的字眼，避免词不达意或晦涩难懂。

(3) 内容要真实、确切。用信函推销产品时，所介绍产品的名称、规格、用途、用法、维修等要与实际情况一致。不然顾客购买以后就会产生一种受骗的感觉，以后再也不敢买你的产品了。另外，信函中对产品的价格、供货时间、地点和付款方式的表达也要准确、清楚，否则就可能产生不必要的误解和争执。

(4) 态度要诚恳、热情。推销员要用认真、热情、负责的态度写信，这样才能通过字里行间给顾客留下好印象。一篇好的推销信函除了要传达一定的信息外，还要融进和蔼的微笑，增加感染力，给顾客精神上的快慰。总之，推销信函要有人情味，切忌公文式的枯燥无味。

七、非语言沟通方式

非语言沟通是指借助于人的目光、表情、动作、体姿等肢体语言所进行的信息交流。在信息交流中，语言只起到了方向性和规定性的作用，而非语言才准确地表达了信息的真正内涵。非语言行为在人际沟通中不但起到支持、修饰或否定语言行为的作用，而且可以直接替代语言行为，甚至反映出语言难以表达的思想情感。

1. 体态语言

体态语言被许多人看做是非语言沟通中最重要的因素。这是一种潜意识的交流，体态语言无意做出来的是真的，有意做出来的是假的，体语与口语不一致，体语是真的。体态语言的一些基本要素包括眼睛、脸(尤其是嘴唇)、手、手臂、腿、体态和步伐。综合起来，这些因素可以像语词一样有效地用来沟通。

例如，顾客采取一种防御性姿态的时候，他的身体是僵硬的，他的手臂紧紧交叉地抱着，这种双臂交叉的姿势在日常生活中很普通，但在全球范围内都用来表示防御心理。推销员面对顾客的防御姿态，可以有几种反应方式。在做了简要的趋同行为之后，他可以通过体态语言向顾客传递自己的真诚。摊开双手，更接近客户，解开纽扣脱去大衣，或坐在椅子的边沿，这些都可以减少顾客的防御心理。可以递给顾客一本销售小册子，或走上前去展示一下产品的某些特征。也可以小心地提出问题，以便找出顾客抵制的原因。

当潜在客户通过触摸或揉鼻子、交叉双臂和双腿、清嗓子、擦手或用力捏一捏耳朵，或环顾左右等方式传达明显的抵制情绪时，以上策略同样是适用的。此时，推销员通过提出问题来了解问题是极其重要的："我想一定有不适合您的东西存在，您能告诉我是什么吗？"

当顾客对你的发言感兴趣的时候，顾客的体态语言有抬着头、手摸着脸颊、人向前倾并托着下巴等，这时候推销员可以把握时机，继续展示产品。

潜在客户直率地接受，是通过身体前倾(如果坐在椅子里)、松开的双手、不交叉的两腿、声音较生动悦耳等体态语言来表示的。如果碰到这种情况，推销员应该停止做进一步的说明，并要确保得到订单。如果顾客准备买了，推销员仍唠叨不休，很可能讨人烦，最终反而做不成买卖。

对推销员来说，揣摩顾客语言和非语言自相矛盾的情况特别重要。

2. 面部表情

对推销员来说，理解顾客的面部表情非常重要。如果潜在客户嘴巴松弛，没有机械地笑，下巴朝前，推销员的介绍可以紧紧跟上；如果客户同推销员的眼神交流维持几秒钟，微笑，表示他在掂量这个建议；如果客户微笑放松，表现得有了热情，销售便差不多成功了；如果客户的下颚肌肉拉紧，嘴唇上翘，身体姿势变为防御型，并且几乎没有信息传递出来，也很少有反应，则生意不会成功了。

一般而言，顾客不喜欢他人盯着自己。如果一个推销员把眼光放在一个潜在客户身上，直盯着对方的眼睛，从不眨一下，也不把目光移开，那么这个顾客便会觉得很不舒服。与顾客打交道时，尽管在倾听过程中推销员同顾客保持眼神接触是至关重要的，但推销员最好偶尔将目光从对方脸上移开。社会上的一般原则是，说话人应该设法首先开始眼神的接触，然后再移开。过于频繁地移开目光，是向发言人发出这样的信号："我不完全对你说的话感到满意，恐怕有条件限制。"而且，听众在发言人开始讲话的那一刻应洗耳恭听，如果发言人暂停并把眼光移开，表示他还没讲完话，此时不应打断。如果发言人把目光锁定在某一点，则意味着听众可以说话了。

3. 声音

声音尤其能透露顾客的意图。例如，顾客说"您这是什么意思？"或者"您的意思是……"时，推销员就得选不同的方式去应对。误解这些话的推销员会发现自己的处境很尴尬。

推销员的声音对于他能否被客户接受的影响重大。如果你对自己的声音非常了解，你就可以调节它，以便取得你所希望的效果。可以试着把自己的声音录下来并加以分析，注意以下两点。

(1) 音量。在你说话的时候，要留意顾客是否总是让你大声点；或者顾客在往后退，或靠后，这表明你声音太大了。听听你的潜在客户的声音，你就能很好地控制你的音量；对说话轻的人，你也说得轻一点；对说话响的人，你也说得响一点。如果你的顾客很生气，那就柔声细气，这容易使他平静下来。

(2) 抑扬顿挫。注意抑扬顿挫，这更能吸引顾客的注意力。句子结尾音调上升表示疑问；音调下降表示完成和肯定。谈到新的和令人激动的事时，声音要稍微提高一点。低音一般能使听众安下心来，应该在强调质量、服务和保证时使用。不过要注意，词语和句子之间停顿过长是讲话的坏习惯，这会使推销员的吸引力下降，并使潜在客户有时间去怀疑推销员、产品和公司，有时还会使听者怀疑说话人对自己所说的内容究竟是否了解。

4. 环境信息

在商务和社会关系中，有四种人际空间：亲密(2 英尺远，例如恋人之间)、私人(2～4英尺，例如朋友之间)、社会(4～12 英尺，例如商务活动)、公共(12 英尺以上)。一般而言，第二种距离不适合推销员活动，特别是在彼此还不是朋友的情况下。想象一下，一个第一次见面的推销员将一把椅子拖到顾客身边，近近地向顾客作产品介绍；走进一间办公室之后，立即让其样品占据客户写字台的一部分，这时顾客会做出什么样的反应呢？推销的时候，不要近得像朋友间的距离一样，侵入客户私人空间，这会使客户心中筑起很难打破的防御篱笆。因此，推销人员同顾客谈话时的距离，一般以第三种"社会"距离比较适合。第四种"公共"距离常用于老师上课时或公众集会演讲人演讲时，推销员一般不会采用，其距离太远，说服力较弱。

空间概念也可以延伸到财产和领地。有人不经同意就拿了你的网球拍，或坐在你最喜欢的椅子上，你是不是很不高兴？顾客也一样，他们有自己的领地。当受到威胁时，他们不可能好好地去听推销员说话。所以，推销员没有事先约好就永远不要站在客户办公室门口；也不要未敲门就闯进客户办公室；不经同意不要把玩客户的私人物品；当然也不应该傲慢地大步进入客户的办公室，并立即把自己的手提箱扑通一声放到客户的桌上。我们每个人都有自己的领地，我们喜欢自己拥有，除非我们另有打算。

一般而言，推销员不要过快地侵入顾客的领域，无论是心理的，还是空间的。推销员应该在合适的环境中相机行事。但是，如果客户希望与推销员建立更友好的关系，而推销员并没有靠近做出回应，那么顾客可能会为推销员的无动于衷和保持距离而恼怒。

八、提高沟通的有效性

提高沟通有效性的十诀如下。

(1) 开口说话之前，先用头脑想一想。

思考五 W 一 H，也就是要考虑 Who(何人使用)、Where(在何处使用)、When(什么时候使用)、What(需要什么)、Why(为什么要使用)及 How(如何使用)，从而确定销售目标。推销员要时刻专注于销售目标，所有的客户沟通都要围绕销售目标而展开。

(2) 说话之前，先知道要说什么，以及为什么说。

(3) 说话的内容要适合当时的听众与状况。

根据不同的时间、空间以及情景变化，选择适合的信息交流方式；针对不同的信息内容、不同的传递对象，采取特定的沟通类型，因人而异，以提高人际沟通和信息交流的效率。

(4) 注意说话的方式，包括音调的变化、用字的选择等，这些与说话内容同等重要。

推销员在商店中所说的话要得体，其语速要适中，音量以顾客能听到又不刺耳为宜。一般情况下，说话技巧包含以下五个原则。

① 尽量避免使用命令式语气，而应多用请求式语气。

② 少用否定句，多用肯定句。

③ 要一边说话，一边观察顾客的反应。

④ 言词要生动。

⑤ 说话时语气应委婉。委婉的语气大致可分为三类：第一类是尊敬语；第二类是亲切语；第三类是谦让语。这三类语气都是以亲切自然的语言表达尊敬对方之意，对不同年龄、不同性别的顾客应使用不同的语气。

(5) 除了说话之外，还有很多沟通方式，配合脸上的表情与手势，身体也会传达某些信息。

例如推销员的面部表情，如果说话时没有相应的面部表情，那么说出来的话语形同欺骗。再如推销员的视线，从不同的角度、以不同的姿态、用不同的视线看对方会传达出不同的含义。这些都是应该注意的。

(6) 配合听者内心需求的说法，这种信息最容易被对方牢记在心。想了解听者内心的想法，推销员可以按照下面的方法去做。

① 不要自说自话，应该问问顾客的意见。

② 询问顾客和商品提示应同时进行。

③ 质疑时，要从一般性的原则开始，然后再慢慢进行下去。

④ 凡事应随机应变，不可千篇一律地依循以往的经验。

⑤ 考虑顾客因年龄的不同，其心理上会产生不同的变化。

(7) 听取听者的反应，以确信信息被了解与被接受的程度。

(8) 考虑信息对听者与组织的影响。

根据听者的反映思考以下问题：信息被了解和接受了多少？如果没有被接受，原因是什么？对推销活动有哪些实质的影响？

(9) 不要说没有意义的话，以行动(例如展示)支持你所说的话。

(10) 学习做一名善于倾听的人。要擅长讲话，会倾听，加强沟通。在关系销售中，若要与顾客建立良好的关系，销售人员首先应该学会倾听顾客的讲话。

九、阻碍与顾客沟通的主要因素

阻碍与顾客沟通的因素主要有以下几个方面。

(1) 对推销工作没有兴趣，缺乏耐心，因而在推销工作中精力不集中，没有全力以赴。

(2) 推销工作组织得不好，经常准备不充分，总是临阵磨枪。

(3) 不喜欢记录工作，讨厌写写画画。

(4) 总是按自己的意愿行事，推销工作时好时坏，效果不一。

(5) 不愿意向别人学习，总是按自己的一贯做法行事。对于推销课程、训练、讲座、讨论没有多大的兴趣。

(6) 因为不喜欢顾客，就与他们合不来。

(7) 没有充分地利用公司印发的产品宣传材料，如产品说明书、图片、样本等。

(8) 经常不得不承认顾客是对的，公司是错误的。

(9) 进行销售谈话时，表达能力不够。

(10) 当顾客对价格表示强烈反对时，不知所措，不知道怎样反驳。

(11) 错误地判断了顾客的反应，过高地估计了顾客的兴趣和自己认识的一致性。

(12) 对自己推销的产品和竞争者的产品了解不够。

十、一些肢体语言

推销员一定要善于从顾客的动作中推测他的内心活动。推销员要明确顾客的肢体语言的真假，顾客有意识做出来的肢体语言就是假的，顾客无意识、自然地做出来的才是真的。下面是一些肢体语言的含义。

(1) 顾客瞳孔放大时，表示他被你的话所打动，已经在接受或考虑你的建议了。

(2) 顾客回答提问时，眼睛不敢正视你，故意躲避你的目光，那表示他的回答言不由衷或另有打算。

(3) 顾客皱眉，表示不同意你的观点，或对你的观点持怀疑态度。

(4) 与顾客握手时感觉松软无力，说明对方比较冷。

(5) 顾客双手插入口袋，表示他可能正处于紧张或焦虑状态之中。

(6) 顾客不停地玩弄手上的小东西，如手机、打火机或名片等，说明他内心紧张不安或对你的话不感兴趣。

(7) 顾客交叉手臂，表示不赞同或拒绝你的意见。

(8) 顾客面无表情、目光冷淡，就是一种强有力的拒绝信号，表明你的说服没有奏效。

(9) 顾客脸上的微笑不仅代表了友善、快乐,而且也意味着道歉与求得谅解。

(10) 顾客用手敲头,表示正在思索、考虑。

(11) 顾客用手摸后脑勺,表示思考或紧张。

(12) 顾客用手搔头,表示困惑或拿不定主意。

(13) 顾客垂头,表示惭愧或沉思。

(14) 顾客用手轻轻按着额头,是困惑或为难的表示。

(15) 顾客点头,表示顺从,愿意接受推销人员的意见或建议。

(16) 顾客下颚部往前突出、鼻孔朝着对方,表示藐视对方。

(17) 顾客讲话时用右手食指按着鼻子,表示对推销人员持否定态度。

(18) 顾客紧闭双目、低头不语,并用手触摸鼻子,表示犹豫不决。

(19) 顾客用手抚摸下颚,表示在思考,心神不安。

(20) 顾客讲话时低头揉眼,说明他在撒谎或至少他的话不够真实。

思 考 题

1. 为什么要做推销计划?

2. 如何与不同类型的顾客沟通?

3. 为什么推销员与顾客沟通时要保持成人状态?

4. 阻碍与顾客沟通的因素有哪些?

练 习 题

1. 假如你是一个推销员,向用户推销一种产品,你将如何介绍产品的特点、功能和使用方法?(产品自定,人人准备,进行模拟性推销训练。)

要求:语言准确、精练、通俗易懂,语句通顺,语调自然,声音响亮、亲切,运用一定推销技巧,3分钟内完成。

2. 几个同学一组,到 3 家能够买到快餐的商店(最好选择 3 家完全不同的商店),观察并记录每家商店的零售环境,并在这 3 家商店中观察购买商品的人,记下他们的特征(如年龄、种族、性别等)、所属的社会阶层以及与该商品相关的行为,再观察并记录推销员的表现和推销员的行为,了解他们的想法。准备一份报告,描述你所发现的推销员的工作优缺点和不同消费者之间的差异。

3. 几个同学一组,给每组一张卡片,卡片上分别写着一个推销任务(例如把棉衣卖给热带居民,把空调卖给爱斯基摩人,把沙子卖给沙漠居民等)。这个任务难度较大,顾客会拒绝这些产品,推销的目标与顾客的需要并不一致。推销员需要站在顾客的角度,以顾客的身份,考虑顾客的需要、想法和价值标准。

案 例 分 析

案例一

书是用来读才

伍德夫妇是一对年轻夫妇，住在亚利桑那州凤凰城郊区。他们都受过高等教育。他们有两个孩子，一个九岁，一个五岁。伍德夫妇非常关心对孩子的教育，并决心让他们接受当地最好的教育。随着孩子们的成长，伍德夫人意识到该是让他们看一些百科读物的时候了。一天当她在翻阅一本杂志时，一则有关百科读物的广告吸引了她，于是她电话通知当地代理商要求见面谈一谈。以下为二人有关此事的谈话摘录。

伍德夫人：请告诉我你们这套百科全书有哪些优点。

推销员：请您看看我带的这套样本。正如你所见到的，本书的装帧是一流的，整套五十卷都是这种真皮套封烫金字的装帧，摆在您的书架上，那感觉一定好极了。

伍德夫人：我能想象得出，你能给我讲讲其中的内容吗？

推销员：当然可以，本书内容编排按字母顺序，这样便于您很容易地查找资料。每幅图片都很漂亮逼真，比如这幅南美洲各国国旗图，颜色多逼真。

伍德夫人：我看得出，不过我更感兴趣的是……

推销员：我知道您想说什么！本书内容包罗万象，有了这套书您就如同有了一套地图集，而且还附有详尽的地形图。这对你们这些年轻人来说一定很有用处。

伍德夫人：我要为我的孩子着想。

推销员：当然！我完全理解，由于我公司为此书特制有带锁的玻璃门书箱，这样您的小天使们也许就无法玩弄它们，在上面涂花生酱了。而且，您知道，这的确是一笔很有价值的投资。即使以后想出售也绝不会赔钱的。何况时间越长，收藏价值还会增大。此外，它还是一件很漂亮的室内装饰品。那个精美的小书箱就算我们白送的。现在我可以填写订单了吗？

伍德夫人：哦，我得考虑考虑。你是否留下其中的某部分，比如文学部分，以便让我进一步了解了解其中的内容呢？

推销员：我真的没有把文学部分带来。不过我想告诉您我公司本周内有一次特别的优惠售书活动，我希望您有好运。

伍德夫人：我恐怕不需要了。

推销员：我们明天再谈好吗？这套书可是给你丈夫的一件很好的礼物。

伍德夫人：哦，不必了，我已经没兴趣了，多谢。

推销员：谢谢，再见。如果您改变主意请给我打电话。

伍德夫人：再见。

(资料来源：查尔斯. 苏丽文译. 销售学基础[M]. 大连：东北财经大学出版社，2000.)

问题：

1. 这位推销员的失误之处在哪里？

2. 伍德夫人购买此书的动机是什么?

3. 如果你来做这次推销拜访,你会怎样做?

案例二

要自己承担责任

詹佳是汇金文化用品公司业务销售员,他刚跨入罗亚的办公室。罗亚是美味食品公司的行政经理。詹佳身穿一套藏青色西装,当他走进办公室时,年近 60 岁的小个子罗亚正坐在一张很大的皮质沙发上看报纸,手臂和两腿都交叉着。

詹佳:(走近罗亚,伸出他的手)早上好,罗经理。很高兴见到你,今天你看上去特别精神。

罗亚:是的。你迟到了。

詹佳:刚才地铁出现了故障,害得我耽搁了,不过只是 5 分钟。

罗亚:(用手指摸了摸自己的鹰钩鼻,双臂抱得更紧了)那么好吧,我能为你做什么?

詹佳:我们公司刚进口了一批全新的文具,我想你们可能用得上。

罗亚:我就实话实说了,我们刚与红星文具社(汇金公司的竞争者)签了一份订单。

詹佳:(刚从牛皮公文包中拿出产品样本的手在颤抖,音调变高,声音变得结结巴巴)。哦! 听、听到这太遗憾了。我只是迟到了 5 分钟,我们在电话中都已经谈妥了,你们应该等着我来的,我们公司的定价比他们要低 10%~15%。

罗亚:(突然松开交叉的手臂和大腿,手托着下巴,身体向前倾斜着)是吗?

詹佳:(自说自话地站起身来,眼睛紧盯着天花板,整了整藏青色西装)对不起,我想我已经错过了一次机会,既然你们已经下了订单,下次我们再谈吧,好吗?

不等罗亚回答,詹佳有礼貌地道了声再见,径直走出罗亚的办公室。当詹佳离开时,罗亚刚站起的身子又重重地跌坐在沙发上,显得有些目瞪口呆。

(资料来源:查尔斯. 苏丽文译. 销售学基础[M]. 大连:东北财经大学出版社,2000.)

问题:

1. 詹佳在他的非语言行为中犯了什么错误?

2. 詹佳是否识别出了罗亚的非语言暗示?

3. 如果你是詹佳的话,你会如何与罗亚沟通?每两个学生分别扮演詹佳与罗亚。

案例三

与客户周围的人建立良好的关系

经过 3 年的磨炼,彭志欣已经成长为东海汽车轴承有限公司的销售经理助理。彭志欣仍然衣冠楚楚,风度翩翩,但是显得成熟了许多。彭志欣准备与可能成为关键客户的长江汽车饰件有限公司的李总约定见面时间。李总乃是当初的采购部经理李海洋,他工作努力,去年从一家著名的国际工商管理学院的 EMBA 班毕业,使得原本毕业于复旦大学工程数学专业的李海洋,平添了许多现代管理与营销理念的技能。原来的总经理任期期满后调任亚太区总裁,董事会经过讨论任命李海洋担任长江汽车饰件有限公司的总经理一职。李总处事严谨而不失风趣,讲究数据但是不拘泥于数据,稳重而又敢于拍板。

而彭志欣与李总的行政助理梅先生已经改了两次日程表，第一次是李总出国了，第二次是参加临时董事会，现在正在与梅先生商定第三次约会的时间。

梅先生在电话中告诉彭志欣说："如果你能够在 16:50 到我们公司的话，或许我可以安排你与李总见面，但是你千万不能迟到，一定要分秒不差。若我是你的话，我肯定会将各种资料准备齐全，尤其是贵公司的报价、产品的销量、已购买该产品的公司与厂家，还有技术指标等参数都要一一准备。李总想尽快结束这桩买卖，因为他要出国参加一个第二届国家建造汽车工厂的招标活动。B 公司(竞争者)的副总经理洪先生已经来过了，但是他们没有将李总的要求给予回复，这也是李总愿意见你的原因……我们李总曾经……"

(资料来源：吴健安. 现代推销学[M]. 大连：东北财经大学出版社，2000.)

问题：

1. 你能够推测李总的个性特征与沟通风格吗？
2. 你能够推测梅先生的个性特征与沟通风格吗？
3. 你打算如何通过提问来强化对李总的认识与了解？
4. 你准备如何应付李总并接到订单？

案例四

成为别人喜欢的人

苏黛薇是半年前毕业于一所名牌大学的研究生，分配到第五冶金设计院第三设计室工作。她芳龄 26 岁，出身于高知家庭，朝气蓬勃，大方直爽。室主任派她到七组参加某矿山机修厂扩建工程的设计工作，同时参与这项任务的还有七组代组长贾工(38 岁，在本院工作了 15 年)及同组另两位工程师。

小苏很高兴能分到五院工作，初来乍到就能参与设计工作，使她很兴奋。她全身心投入工作，碰到困难，她会主动加班到深夜，查文献、翻资料、上计算机室，仿佛有使不完的劲。因她基础扎实，所学知识新，加上埋头苦干，所以总比别人早几天完成分派给她的那部分设计任务。任务一完，她就坐立不安，总去找室主任要新任务。有时，她问贾工等人能不能分点儿活给她干，但每回都被谢绝了。她与同组同事们关系不错，可是与他们很少有工作以外的非正式交往。

星期四下午，室主任老马把小苏叫到自己的办公室谈话。下面是他俩谈话的后半段。

马：关于你这半年来的表现，还有一个方面我得提醒你一下，我刚才已经说了，你在技术方面的工作，领导很满意；不过你跟组内其他同事的关系，可有点儿问题。

苏：我不明白，您指的是啥问题？

马：好吧，说具体点，你们设计组里有些人对你那种"万事通"的态度和总想告诉人家怎么干自己活的方面，很有些意见。你对人家得克制点，别公开去评论人家的工作。这一组的工程师们挺强，多年来的工作一直属于优秀的一类。我可不愿意你把他们搅得不安心，影响工作质量。

苏：听我说几句行不行，主任？首先，我从来没公开批评过他们的工作，也没向您汇报过。起先，我把活先干完了，总要求帮他们干一点，这本是好心嘛，是不是？可他们次次都叫我"少管闲事"，以后我就埋头干自己的活了。"休管他人瓦上霜"嘛！

马：这对嘛！这我明白。

苏：您不明白的是，在这个组里干上了这几个月，我可看出来了，他们明明是在"磨洋工"。他们故意定一种很慢的工作节奏，远远低于他们的能力。哪是拼命干工作呀，明明是"力争下游"！他们感兴趣的是足球比赛，商量着"谢天谢地又是礼拜天"了，该怎么一块去看电影、陪老婆逛商店或是带孩子去吃麦当劳；还尽谈那样一些庸俗不堪的电视连续剧。我很遗憾，让我跟他们一块混日子，还有一点，他们压根儿没正眼瞧过我，以为我不过是个破坏他们那个"快乐的俱乐部"的"黄毛丫头"罢了！

马：你别胡说！给工程师们做鉴定、写评语，是领导的事。你的任务就是做好本职设计工作，别干扰人家干活。你要是好好干下去，在这儿还是很有前途的；可你只做你的技术活就行了，管理方面是我的职责。

小苏离开办公室时，觉得很伤心，也挺寒心。她不知道该怎么办，有点儿想哭，但马上忍住了。把头一抬，她又挺胸阔步朝设计室走去。

（资料来源：陈企华. 最成功的推销实例[M]. 北京：中国纺织出版社，2003.）

问题：

1. 试分析小苏的个性特征和心理状态。
2. 小苏与老马的沟通出了什么问题？
3. 找两个同学进行角色扮演，看看如何表达才能让沟通有效进行。

案例五

不买会死吗

有一位女企业家，她的企业效益很好。当保险销售员小张第二次去她公司拜访时，这位女老板接待了他。以下是他们的对话。

女企业家：您好！小张，我们一家人都很认可你这个人，你确实很优秀，不过我告诉你，经过我们一家人的研究决定，我们还是决定不买保险了。

小张：你能告诉我为什么不买吗？

女企业家：因为我买东西有一个习惯，当我决定哪个东西可买或可不买时，会问自己一句话，问完之后，我就决定买与不买了。

小张：关于保险的事，你是怎么问的呢？

女企业家：有一回我去国际商城看到了一串白金钻石项链，非常漂亮，27 万多一套啊！而对于这串白金钻石项链，我梦寐以求很久了，也去看过好几回，当我准备付款时，我一路在问我自己，不买会死吗？我得出的结论是，不会死。有别的东西代替吗？当然有。这次买保险，我同样这样问自己，如果我不买保险，难道会死吗？

小张：谢谢你，大姐。幸亏你这么提醒我。人不买保险不会死，但如果不买死的时候会死得很惨。当然不是你死得很惨，而是那些依靠你的人会很惨。因为你死了以后，他们悲痛万分。你是什么都不需要了。但是活着的人，他们万事艰难，什么都需要。保险是唯一的以一换百的保障方法，没有任何代替品！……

经过这一番对话，最后女企业家终于答应了。

（资料来源：孟昭春. 成交高于一切[M]. 北京：机械工业出版社，2007.）

问题:

1. 这位女企业家的话反映了人们在购买时的一种什么心态?

2. 小张是通过什么说服顾客的?

3. 如何打垮顾客的心理防线和拒绝的理由?

4. 从本案例中你得到了什么启示?

第六章　推销准备过程

本章学习要点

● 　推销计划的制订
● 　推销活动的基本流程
● 　寻找准顾客的方法
● 　接近顾客的方法和技巧

第一节　推销计划与程序

一、推销活动的五个阶段

1. 市场调查阶段

为了收集有关公司、商品、竞争对手情况的信息，确定有关推销工作的对象，需要推销人员有的放矢地开展具体的调查工作。了解市场需求和客户的生活方式、购买习惯、商品喜好等，都是相当重要的情报。有这种观念的推销员，必然会先到预定进行推销的地区听听看看，收集各项事实。在调查时要有明确的目的，并要制作各种表格和图表，还要确定所需要的数据种类和来源，以免调查时疲于奔波。

2. 设定推销目标

从总体上看，不同企业所制定的人员推销目标不尽相同。企业在确定人员推销目标时应考虑企业营销目标、顾客购买行为、企业促销策略、市场供求趋势等因素的影响。销售目标也许是销售金额，也许是销售分配额，也可能是毛利额，不论为何，尚未展开销售活动之前，推销员必须在心中描绘出奋斗的目标，作为行动的方向。

3. 行动过程，设计达成目标的方法

要达成目标，最重要的是应采取什么样的行动路线，也就是"方法及技术"的问题。若缺乏达到目标的行动路线，就如同未带地图即动身到一个陌生地方旅行，不知何时才能到达目的地。因此，设计达成目标的方法，并找出明确的行动路线，是成功的必经过程。

4. 方法的实施

这个阶段就是做商谈访问，帮助客户解决有关商品的问题，做示范展示，说服客户。如果完全忽视前三个阶段，就贸然采取行动，往往尚未成功，就已丧失战斗的意志，因此，为了达成该目标，必须确实地经过前三个阶段，再遵循设计的方法有效地行动，即第四阶段的实施。

5. 评价成功与失败的原因

在推销活动告一段落后，推销人员应对这段推销活动做一回顾，并撰写推销总结，进行自我总结，以便积累经验，吸取教训。若目标达成，可自问：为什么能达到目标呢？是哪里做得好？如果没达到目标，则须检讨：失败的原因究竟为何？结果离既定目标还有多远？是不是自己的推销技巧不够？是不是努力不足？……对自己做个彻底的分析、评估、反省，作为下次销售活动的开始。

总之，有效的销售活动要经过以上五个阶段，绝非一蹴可及。

二、推销目标

1. 如何确定推销目标

现代营销观念认为，不能把追求最大的销售额作为人员推销的唯一目标，而应把人员推销的目标确定为：使推销人员像营销人员一样地思考，使他们知道如何去发现、解决顾客的问题；衡量市场潜力；收集市场信息；制定销售策略；最终为企业带来最大的、长期的、稳定的利润及有利的市场地位。

传统观念认为，人员推销的目标就是追求最大的销售额。这要求推销人员具有较高的推销艺术和技巧，所完成的推销金额被认为是评估推销人员工作绩效的唯一标准。

从总体上看，不同企业所制定的人员推销目标不尽相同。如 IBM 公司的业务代表要负责推销、安装及改善客户的电脑设备；美国电报电话公司的推销人员则要负责产品开发、推销和维修。一般来讲，企业应该让推销人员担负起寻找顾客、传递信息、推销产品、提供服务、收集信息和分配资源等方面的任务。

企业在确定人员推销目标时应考虑以下因素的影响。

(1) 企业营销目标。如果企业在某一时期内的营销目标是实现一定的销售增长率和利润率，人员推销的目标应是巩固老顾客、开拓新市场；如果企业的营销目标是改善企业及产品的形象，则人员推销的目标应是把更多的注意力放在调查与访问用户上面。

(2) 顾客购买行为。不同类型的顾客，如初次购买者和重复购买者等，对产品的认识程度、偏好状况等都存在着明显的差异，企业必须根据具体情况建立不同的推销目标，制定不同的推销策略和方法。

(3) 企业促销策略。在实行推拉式策略的情况下，要求推销人员对经销的商品有充足的信心，并对经销商品的促销活动予以支持，激励其销货热情。

(4) 市场供求局势。在市场供不应求时，推销人员的主要任务是合理分配货物、调剂产品余缺、缓和产需矛盾，并协同有关部门尽快增加供应；反之，在市场供过于求时，推销人员的目标则是用各种推销手段与技巧实现理想的销售量。

2. 推销目标包括的子目标

常用的推销目标包括的子目标如下。

(1) 销售量与销售额。

(2) 推销目标完成率。推销人员推销目标完成率越高，反映推销人员对计划或定额推销任务的实际完成情况越好。

(3) 折扣率。推销员在客户要求折扣时需施展各种对应技巧，但有时会因能力不足而不得不做很大折扣，这绝不是个可喜的现象，因此，"销售金额增加，但却做了极大的折扣，毛利削减许多"这种情形应极力避免。

(4) 毛利率。销售金额减去商品成本，再进一步扣除折扣金额，所得的金额即为毛利。此毛利与销售金额之比则为毛利率。

由此得知，前面四个子目标实际是推销员的首要目标。因此，推销员对于销售额、销售目标完成率、折扣率、毛利率的变化，必须时时提高警觉。打个比方，将一个企业视为有生命的个体来看，销售额即血液，而毛利率则为血液中的营养成分。纵使血液量增加，但如果内部的营养成分反而降低，那么对这个个体而言也是毫无帮助的。

(5) 访问量(每天的访问次数)。即为了达到推销目标，每天必须拜访的客户数目。

(6) 再次访问的时间。推销人员再次访问的时间多，说明推销人员的努力程度高。

(7) 黄金时间。即拜访客户时，实际花费在商谈上的时间。商谈时间对推销员而言，无疑是"黄金时间"。

(8) 交通时段率。即一天中的商谈时间除以当天的工作时间，以百分比表示。事实上，商谈活动包含了许多非生产性的时间，亦即交通、等待会面、午休、寻找地点等事所花费的时间，因此商谈是个概括的名词。在增加商谈时间的前提下，必须先研究，一天的工作时间内，究竟有几个小时是花在路上。

第(5)～(8)点，是平时商谈活动所得的效率。

(9) 新客户数目。这是推销人员的特别贡献。新客户数目多，说明推销人员勇于开拓。

(10) 成交率。

(11) 货款回收率，即当月回收额除以当月销售额。

(12) 每次访问费用。即当月拜访花费总额除以当月的访谈次数。

三、推销员要完成的推销任务

(1) 做市场调查，站在销售的立场，清楚地分析顾客及市场现况。

(2) 设定销售目标，并分配销售额。

(3) 寻找新客户，经过选择后，针对这些客户订立拜访计划。

(4) 访问顾客，有时是新客户的访问，有时为可能成交客户的访问，或售后服务性质的访问，也可能是礼貌性的访问。

(5) 与顾客进行商谈，商谈内容包括商品说明、操作示范、填写订单、商谈成交等。

(6) 企业的内部事项，这对推销计划的制订有一定的影响。

(7) 将销售服务写成推销总结报告。推销总结报告是推销人员对工作效率的自我诊断，也是企业销售部门检查、指导和帮助推销人员的重要依据。具体内容应包括取得的成绩、存在的问题、存在问题的原因分析、改进措施等。

(8) 进行客户信用调查、回收货款等。

四、推销计划的制订

1. 确定拜访顾客的计划

为了顺利达到访问目的，需要制订周密的访问计划。访问计划的内容必须具体，拟定时要确定以下几个方面的内容。

(1) 确定访问顾客名单。视工作时间与推销产品的难度，以及以往的推销经验来确定人数，从所拟定的潜在顾客名单上挑选具体人物，可以根据交通和顾客地点来选择几个走访方便的顾客作为一个顾客群，这样有利于节省时间，提高效率。

(2) 选择访问路线。根据确定的走访的具体顾客名单来确定访问的路线，做到统筹安排。既要保证无一遗漏，又要保证节省时间和路费，尽量提高效率。

(3) 安排访问时间与地点。如果你已与某些客户取得了联系，那么不妨根据对方的意愿来确定访问时间与地点。

(4) 拟定现场行动纲要。就是要针对一些具体的细节问题和要求来设计一些行动的提要，拟定介绍的要点。在对产品有了深入了解的情况下，不妨将产品的功能、特点、交易条款，以及售后服务等综合归纳为少而精的要点，作为推销时把握的中心。设想对方可能提出的问题，并设计回答。经验不丰富的推销人员一定要在这个环节下工夫。

(5) 准备推销工具。在推销时除了带上自己精心准备好的产品介绍材料和各种资料(如样品、相片、鉴定书、录像带等)外，还要带上介绍自我身份的材料，如介绍信、工作证、法人委托书、项目委托证明书等。

2. 确定拜访顾客的地点

访问路线的选择要根据具体情况而定，应该与访问对象、目的、时间和接近方式相适应。选择访问地点的基本原则是方便顾客，有利于推销。从推销实践看，办公室推销和家庭推销是主要的推销方式。其实，推销员走到哪里，哪里就是推销地点，并不存在固定的最佳推销地点。为了保证推销效果，在选择推销路线时要做细致的考虑。一般来说，下述场合可供推销人员选择约见地点时参考：如果推销对象为法人团体，最佳地点一般是访问对象的工作场所；如果推销对象为个体顾客，推销产品为日用消费品，此时的访问地点一般是顾客的住所；在社交场所进行推销约见，如招待会、座谈会、订货会、供货会、舞会、酒会等，从某种意义上说，会使顾客更乐意接受；有些顾客的工作地点和居住地点都不方便约见，推销员可以让顾客考虑一般的公共场所是否可以作为约见地点。

3. 确定拜访顾客的时机

拜访顾客的时机是否恰当，直接关系到能否接近顾客甚至整个推销的成败。最好由顾客主动安排约见时间。拜访的对象、目的、方式、地点不同，拜访的时间也就有所差别。推销员应根据下列因素来确定拜访时机。

(1) 拜访对象的工作与生活特点。推销员必须具体考虑拜访对象的作息时间和活动规律，安排的拜访时间要尽可能避免拜访对象工作忙碌、休息和心情不佳的时候，如全周工作的星期一、家庭主妇买菜做饭的时候，以及午休时间和顾客生病的时间。当然，对于某些特殊的行业和商品，也可能这些时候是最佳的拜访时机。

(2) 拜访的目的要求。确定拜访时机的基本原则是尽量有利于达到目的。如果拜访的直接目的是正式推销，就应该选择有利于达成交易的时间进行约见；如果拜访的目的是市场调查，则应选择市场行情变化较大或顾客对商品有特别要求时进行约见；如果拜访的目的是提供服务，可选择用户产品出现故障需要提供服务的时候；如果拜访的目的是收取货款，就应选择顾客资金充裕的时候进行约见；如果是一般性的拜访，并无特定目的，则应

该把握适当时机，相机行事，随机应变；如果以签订正式合同为目的，则应适时把握成交信息及时约见。

(3) 拜访的地点。一般说来，会见地点约定在家中，就要选择对方工作以外的时间；如果约定在办公室里洽谈，则应选择上班时间；如果拜访地点是在公共场所，就要根据各个公共场所自身特点决定拜访时间。

(4) 拜访对象的意愿。在约定拜访时间时，推销人员要尊重拜访对象的意愿，做到留有余地。最佳的办法是双方协商决定一个妥当的时间。一般来说，如果双方都有足够的把握，就可以约定一个固定的时间，例如，"今天下午 1 点整"。如果双方在推销拜访前后还安排有其他工作，或者考虑到其他意外原因，就可以约定一个比较灵活的时间，例如，"今天上午 8 点到 9 点"。

此外，推销人员要注意讲信用，准时赴约，合理利用拜访时间，提高推销拜访的效率。

五、推销程序

单从时间顺序上来说，推销过程可分为如下几个阶段：推销对象的选择→顾客调查→约见→接近→面谈→顾客异议处理→成交。

推销是一个合乎逻辑的过程，要想提高推销效率，就必须掌握推销规律，否则再高明的推销术也难以发挥作用。作为一个推销人员，无论推销过程多么艰难、多么随机和难以掌握，都应在明确推销规律并熟练掌握推销基本技巧的条件下随机应变，否则难以进行成功的推销。在实际应用过程中，要具体问题具体分析。

第二节　准顾客的寻找与鉴定

成功的推销总是从寻找顾客开始的，寻找准顾客是完成推销活动的基础和前提。寻找准顾客就是找到那些真正最需要、最有可能购买你产品的人，这会对推销工作起到事半功倍的作用。那么，在茫茫人海中，如何能够准确地找到这些人呢？本节将较为系统地阐述有关基本原理和方法，以及如何进行顾客资格审查，帮助大家提高推销成功的概率。

一、推销的准顾客

推销中那些潜在的或可能购买推销人员所推销产品的人群称为准顾客，是指既可受益于某种推销品，同时又有能力购买这种推销品的个人或团体。

1. 寻找准顾客要完成的事项

(1) 必须根据自己所推销的产品特征，提出一些可能成为准顾客的基本条件，这个条件基本框定了推销产品的顾客群体范围、类型和推销重点区域。

(2) 根据准顾客的基本条件，通过寻找各种可能的线索和渠道，运用适当的方法，寻找出符合基本条件的准顾客。

2. 准顾客的分类

按照不同的标准，准顾客可以有不同的分类，现按照是否购买过产品，将准顾客分为以下几种。

(1) 有待开发的顾客：指以往没有购买过本企业产品，但符合准顾客条件的人。如果推销得当，这类准顾客可以被成功说服，由潜在顾客转变为现实顾客，甚至成为忠诚顾客。

(2) 流失顾客：以往是顾客而今不是者。即指在本企业产品的曾经购买者中，因为产品质量、企业形象、服务、自身购买力等原因，不再购买本企业产品的人。对于这类准顾客，应该及时与他们联系，主动承担责任，虚心听取顾客意见，找到顾客流失的原因，积极解决，尽量使其重新成为现实顾客。

(3) 现有顾客：指本企业产品的近期购买者，对本企业及其业务员和产品有一定了解的人。对于这类准顾客，应该加强与他们的关系，了解他们的看法，提高他们的满意度和忠诚度，使他们以后有需求时再次选择本企业的产品，并将他们的好感传递给其他人，帮助企业扩大顾客群。

二、寻找准顾客的思路和方法

(一)寻找准顾客的一般思路

企业需要不断地向前发展，推销员也要不断地提高业绩，这些仅仅依靠保持现有的顾客群是无法做到的。而且，由于种种不可抗拒的原因，如搬迁、转行等，老顾客必定会有一部分流失，所以，推销员和企业都必须不断积极地寻找准顾客，开发新顾客。

很多推销员都知道寻找准顾客的重要性，但是放眼望去，店内人来人往，街上人山人海，这么多人当中，哪些才是我们要找的准顾客呢？而且，关于寻找准顾客的方法花样百出，哪些又真正适合自己呢？为了解除这些困惑，也为了以后的推销工作顺利有效地开展下去，有必要首先理清一下寻找准顾客的思路，按照思路来开展具体的工作。

寻找准顾客的一般思路是：首先，从本企业内部有关准顾客的档案资料入手，如查找企业过去的销售资料和顾客名单、请教老推销员等，这些内部资料相对容易获取，可靠性高，而且效果往往更好；其次，从企业现有顾客身上寻找，通过已有的顾客来挖掘潜在顾客，请他们向你提供亲朋好友、相关群体的信息，或者把你介绍给他的朋友；最后，推销员还要扩大搜寻范围，通过走访、市场调查的手段开发潜在顾客。

(二)寻找准顾客的方法

产品市场竞争越来越激烈，市场环境变化越来越快，产品消费者行为及其偏好的改变也是日新月异，如果产品推销员不进行新客户的开发，产品推销员会失去 30%～40%左右的客户。产品推销员只有狠抓两手，即一手抓老客户的维护，一手抓新客户的开发，才能创造基业长青的销售业绩。

产品销售中寻找潜在客户的方法如下。

1. 从认识的人中发掘

你的日常活动不会在隔绝的状态下展开，这说明你已经认识了一大批人，这批人有可能成为你的潜在顾客。

不可否认，即便是一个社交活动很少的人，他也有一群朋友、同学和老师，还有他的家人和亲戚，这些都是你的资源。一个带一圈，这是产品推销人员结交人的最快速的办法。你的某一个朋友不需要你的产品，但是朋友的朋友你能肯定不需要吗？去认识他们，你会结识很多的人。告诉你身边的人你是做什么工作的，你的目标是什么，获得他们的理解，你会很快找到你的潜在顾客，因为你身边的人都会帮你，愿意帮你。

如果你确信你所销售的产品是他们需要的，为什么你不去和他们联系呢？他们是你周围最熟悉的人，与他们交流可以在非工作时间进行。向朋友或亲戚销售，多半不会异议和失败，而异议和失败正是新手的恐惧。他们喜欢你，相信你，希望你成功，他们总是很愿意帮你。尝试向他们推荐你确信的优越产品，他们将积极地回应，并成为你最好的顾客。

与他们联系，告诉他们你已经开始了一项新职业或开创了新企业，希望他们与你共享你的喜悦。除非你 6 个月的每一天都这么做，否则他们会为你高兴，并希望知道更详细的信息。你将利用他们检验你自己的讲解与示范技巧。

如果你的亲戚朋友不会成为你的顾客，也要与他们联系。寻找潜在顾客的第一条规律是不要假设某人不能帮助你建立商业关系。他们自己也许不是潜在顾客，但是他们认识的人也许会成为你的顾客。不要害怕要求别人推荐。取得他们的同意，与他们分享你的新产品、新服务以及新构思时的关键语句是："因为我欣赏你的判断力，我希望听听你的观点。"这句话一定会使对方觉得自己重要，并愿意帮助你。

与最亲密的朋友联系之后，再转向熟人。如果方法正确，多数人将不仅给你意见，提出恰当的问题，还有可能帮你谈到一个大顾客。

2. 借助专业人士的帮助

刚刚迈入一个新的行业，很多事情你根本无法下手，你需要能够给予你经验的人，从他们那儿获得建议，对你的价值非常大。你不妨称他为导师吧，导师就是这样一种人，他比你有经验，对你所做的感兴趣，并愿意指导你的行动。导师愿意帮助面临困难的人，帮助别人从自己的经验中获得知识。导师可以从行业协会、权威人士、有影响力的人或者本地一些以营销见长的企业中去寻找。

多数企业将新手与富有经验的老手组成一组，共同工作，让老手培训新手一段时期。通过这种制度，企业的老手的知识和经验获得承认，同时有助于培训新手。

3. 企业提供的名单

许多企业向产品推销人员提供现有顾客名单，你还需要从中找到自己的潜在顾客。

检查一下过去顾客的名单，你不但能获得将来的生意，而且还将获得他们推荐的生意。

4. 展开商业联系

商业联系比社会联系更容易。借助于私人交往，你将更快地进行商业联系。

不但考虑在生意中认识的人，还要考虑政府职能管理部门、协会、商业团体、俱乐部等行业组织，这些组织带给你的是其背后庞大的潜在顾客群体。

5. 结识像你一样的产品推销人员

你接触过很多人，当然包括像你一样的推销人员。其他企业派出来的训练有素的推销人员，一般都很熟悉顾客的特性。只要他们不是你的竞争对手，他们一般都会和你结交，即便是竞争对手，你们也可以成为朋友。和他们搞好关系，你会收获很多经验，在对方拜访顾客的时候他还会记着你，你有适合他们的顾客你也一定会记着他，额外的业绩不说，你有了一个非常得力的商业伙伴。

6. 从现在使用的顾客中寻找潜在顾客

在旧产品快要淘汰时，在恰当的时间接触顾客的推销人员将获胜。及早规划，你将取得丰硕成果。记住，尽早介入。

7. 阅读报纸

寻找潜在顾客最有效的工具可能是每天投到你那里的报纸。阅读的时候同时勾画出发现的所有机会。除非你做国际贸易，否则你应该看本地新闻版、商业版和声明版，看这些描写普通人的生活的部分。

学会阅读报纸只需练习几天时间，一旦你开始了，你将惊讶地看到许多有价值的信息。应注意随手勾画并作记录。

拿来今天的报纸，阅读每条头版新闻，勾下对你有一定商业价值的叙述。就如一名优秀的推销人员努力与有关的人联系，为自己留一份相应的复印件，接着寄出简要的短函"我在新闻中看到你，我在本地做生意，希望与你见面。我认为你可能需要有一份新闻的复印件与朋友和家人共享"，并附上名片。

人们喜欢自己出现在新闻中，而且喜欢把文章的复印件邮给不在本地的亲戚朋友。通过提供这项小小的服务，你能够得到许多大生意。

8. 了解产品服务及技术人员

企业里的其他人在听到有价值的信息时会想到你。比如财务部的某人知道银行可能买产品的消息，这是销售中有价值的信息。你可以安排访问。

形成定期检查企业服务和维修记录的习惯。询问顾客服务部门你的顾客打过几次咨询电话。如果多次，你需要回访他们。也许他们处于增长阶段，你可以帮助他们赢得新的服务。

努力提供超过普通推销人员提供的服务，这将有助于你建立长期的关系、建立信誉以及获得推荐业务。

9. 直接拜访

直接拜访能迅速地掌握顾客的状况，效率极高，同时也能磨炼推销人员的销售技巧及培养选择潜在顾客的能力。

10. 连锁介绍法

乔·吉拉德是世界上汽车销售最多的一位超级汽车推销员，他平均每天要销售三辆汽车。

他是怎么做到的呢？连锁介绍法是他使用的一个方法，只要任何人介绍顾客向他买车，成交后，他会付给每个介绍人 25 美元，25 美元在当时虽不是一笔庞大的金额，但也足够吸引一些人，举手之劳即能赚到 25 美元。

哪些人能当介绍人呢？当然每一个人都能当介绍人，可是有些人因其职位的关系更容易介绍大量的顾客。乔·吉拉德指出，银行的贷款员、汽车厂的修理人员、处理汽车赔损的保险公司职员几乎天天都能接触到有意购买新车的顾客。

每一个人都能使用连锁介绍法，但你要怎么进行才能做得成功呢？

乔·吉拉德说："首先，我一定要严格规定自己'一定要守信'、'一定要迅速付钱'。例如当买车的客人忘了提到介绍人时，只要有人提及：'我介绍约翰向你买了部新车，怎么还没收到介绍费呢？'我一定告诉他：'很抱歉，约翰没有告诉我，我立刻把钱送给你，你还有我的名片吗？麻烦你记得介绍顾客时，把你的名字写在我的名片上，这样我可立刻把钱寄给你。'有些介绍人并无意赚取 25 美元，坚决不收下这笔钱，因为他们认为收了钱心里会觉得不舒服，此时我会送他们一份礼物或在好的饭店安排一餐免费的大餐。"

接收前任销售人员的顾客资料，你可从前任的销售人员手中接收有用的顾客资料，详细地掌握住各项资料的细节。

11. 销售信函

如一位汽车销售员列出将近 300 位销售信函寄送的潜在顾客，这些潜在顾客对产品车辆都有相当的认识，虽然基于各种原因他们目前还没有购买，但他相信他们一两年内都有可能实际地购车。他不可能每个月都亲自去追踪这近 300 位潜在顾客，因此他每个月针对这 300 位潜在顾客都寄出一封别出心裁的卡片，卡片上不提及购车的事情，只祝贺每月的代表节庆，例如一月元旦、二月春节愉快……每个月的卡片颜色都不一样，潜在顾客接到第四五封卡片时必然会对他的热诚感到感激，就算是自己不立刻购车，当朋友间有人提到购车时他都会主动地介绍这位汽车销售员。

12. 电话、短信、网络

电话、短信、网络最能突破时间与空间的限制，是最经济、有效地接触顾客的工具，你若能规定自己找出时间每天至少打 5 个电话给新顾客，一年下来能增加 1500 个与潜在顾客接触的机会。

13. 商业科技活动展示法

商业科技活动展示会是获取潜在顾客的重要途径之一，展会前你需要安排专门的人收集顾客的资料，以及现场解答顾客的问题。

即使你的公司没有组织展示会，但你的顾客群体组织的展示会同样重要，当然你要有办法拿到他们的资料。

新世纪高职高专课程与实训系列教材

14. 扩大你的人际关系

产品推销员必须具备的几个重要因素包括产品知识、销售技巧、意愿、耐力、销售顾客基数等，其中销售顾客基数就是所谓的人际关系。企业的经营也可以说是人际的经营，人际关系是企业的另一项重要的产业。推销人员的人际关系越广，则其接触潜在顾客的机会就越多。如何扩大你的人际关系呢？你可计划这样着手：准备一张有吸引力的卡片，让你接触的人知道你是谁，你能提供什么样的服务。在参加社团活动、公益活动、同学会等时候使用卡片，让你接触到的人记得你。

15. 结识你周围的陌生人

建议采用"五步原则"。

在电梯里，在公共交通工具上，在餐厅里，你有没有尝试着和你身边的人交谈过？如果你尝试过，你会发现和走近你身边的人进行交谈是一件非常有趣的事情。如何结识你周围的陌生人，这是专业推销人员必须训练的技巧。

如何有意识地去处理与别人的偶遇呢？首先，我们承认并不是每次机会都会带来销售业绩，即使如此，我们有什么理由不去尝试？

当你碰到一个人，如果他走进了你的五步范围，你应该友好而热情地自我介绍，并询问他的工作，以及为什么在这个地方出现。善意的对话会使对方积极回应。当他问及你的工作时，你的任务是将名片递给他。几乎没有人会异议你的热情和名片，接下来你会发现对方开始问你的工作和你的车辆等一系列问题了，你需要的不正是对方的这些问题吗？你微笑着告诉对方："我猜想，可能某一天有为你或者是你的朋友服务的机会，为此事先致谢。"你要准确地将这些话语和当时的气氛配合起来。"我猜想"听起来一切都是自发的、自然而然的；"事先致谢"说明你为人礼貌；"有可能"显示一种谦逊的态度；"某一天"使得你的产品或服务不至于被搪塞到遥远的将来；"为你服务"把潜在的顾客置于重要的位置，他们觉得自己对你很重要，很可能采取行动帮助你。

下面出现的三种情况对产品推销员都有利：他们同意打电话与你进一步讨论；同意让你打电话给他们，进一步讨论；他们不感兴趣，但将帮助你向感兴趣的人推荐。

这样可以让你认识一个你几乎没有可能认识的人，得到一名潜在的顾客并被推荐给别的潜在顾客。

16. 更广阔的范围

如果你销售的产品针对企业，就应该从当地的黄页电话簿开始。那些把自己的名字列入电话簿中的企业，说明他们比较严肃地对待生意。如果你的产品或服务能够带给他们更多的生意或者让他们更有效地工作，你应该和他们取得联系。如果你希望扩大潜在顾客的范围，就应该查找至少含有 800 个具有姓名、地址的目录。

如果你熟悉计算机，你可能在互联网上找到潜在的顾客。互联网上很多的分类项目可以让你在很短的时间找到有可能成为你的顾客的群体。互联网的发展将给我们带来许多新的经营思路和未来发展的方向。

以上这些是推销员在实际推销中经常使用的寻找准顾客的方法，每种方法都有一定的优点和缺点，在具体的推销活动中，推销员往往根据产品、市场、顾客、竞争的实际情

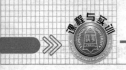
况，综合各种方法的优点，同时采用多种方法来寻找准顾客。现实中，每位优秀的推销员在寻找准顾客的过程中都有自己独到的方法和经验，需要从实际中深刻体会和研究。

三、顾客资格的鉴定

推销员确定的准顾客最终并不一定就会真正购买推销品，潜在顾客并不全部是推销有效顾客。有效顾客应具有的特点是有购买需求、购买力和购买决策权，可以用公式简单表示为：

$$有效顾客 = 购买需求 + 购买力 + 购买决策权$$

只有完全具备这三项必要条件的潜在顾客才能称其为有效顾客，这些才是推销的重点顾客。成功推销的基本准则是向可能购买产品的顾客推销。因此，在寻找到潜在顾客之后、正式推销之前，推销员有必要对潜在顾客进行资格审核鉴定。即采用一定的标准，进行一系列的顾客分析，把那些不符合条件的顾客剔除，筛选出重点顾客，然后把主要精力集中在重点顾客身上，进行有针对性的推销，这样才能有效地提高推销的效率。

顾客资格鉴定主要包括顾客购买需求鉴定、购买力鉴定和购买决策权鉴定。

1. 顾客购买需求鉴定

顾客购买需求鉴定是指推销人员通过对相关资料的分析，判断并确定将来的推销对象是否对产品具有真正的需求以及需求量大小的活动过程。鉴定内容包括是否需要、何时需要和需要多少三个方面。

(1) 是否真的需要。了解顾客的真正需求是推销员鉴定顾客购买需求时应掌握的第一准则。推销是满足顾客需求的过程，需求是可以创造的，推销的实质就是探求和创造需求。推销给顾客一些无用的东西会导致推销人员违背道德规范和基本原则，损害推销人员的人格和信誉。

(2) 了解顾客购买时间。顾客的需求随时在发生变化，过去有需求的现在不一定有，而过去没有需求的现在也许就有了，推销就应该选择在顾客需求的最佳时机进行才更有效。

(3) 确定顾客需求量。顾客的需求量大小决定了推销的经济效益和推销员应该投入资源的多少，因此，在推销之前，推销员应该明确顾客需求量，制订有针对性的推销计划，既有效地完成推销任务，又最大限度地降低推销成本。

相关案例

据说，十几年前，三个公司的推销员甲、乙和丙来到南太平洋的一个岛上推销皮鞋。甲看到该岛居民都习惯打赤脚，就断定在这里推销皮鞋是不可能的，于是便给公司拍了如下电报："该岛无人穿鞋，没有市场，我决定明天就回来。"而乙过了几天，面对岛上的情况，向他的上司拍了一封热情洋溢的电报："这里的情况太棒了，没有人穿鞋，是一个很大的潜在市场，而且还没有被人发现。请急速发货过来。"过了一个多星期，丙才给公司拍电报："当地人都不穿鞋是因为他们患有一种特殊的脚疾，我现已联系医生帮他们治疗好了，经过宣传介绍和试穿活动，他们对穿鞋非常感兴趣。我按照当地人的脚型特点列了一份货品清单。请及时发货。"事后，甲所在公司很快倒闭，乙所在公司勉强维持，而丙所在公司则如日中天。

2. 顾客购买力鉴定

顾客购买力鉴定是指推销员通过分析有关资料，确定潜在顾客是否具备购买推销品的经济能力，进而确定其是否为有效顾客的一种活动过程。实际推销活动中，许多顾客由于受到购买能力的限制，而无法及时、全部实现自身需求。如果推销员事先不对顾客购买力进行深入细致、全面的调查分析，必然出现推销品无法销售，或者售出后货款无法追回的不良局面。为了成功完成推销，维护企业和推销员的合法经济利益，推销员必须进行充分的顾客购买力鉴定。

考察顾客支付能力主要包括收入、支出情况和诚信度。

(1) 收入情况，这里所说的收入是指实际收入。一般来说，收入水平决定了消费水平。无论对于消费者个人还是组织购买者，收入的高低都在很大程度上决定和限制了其购买能力。推销员应该充分考虑顾客的收入情况以及推销品的价位，两者之间不应该差距太大，否则推销会有很大的难度。

(2) 支出情况。除了收入，推销员还应该考察顾客在其他方面的支出情况，一方面了解顾客的购买特征和习惯，另一方面分析顾客是否还有购买推销品的能力。例如，一个正在申请房贷的顾客很可能暂时就没有能力购买高级轿车。

(3) 诚信度。顾客的信用水平影响着推销还款风险。特别是当前我国信用制度和环境不是很完善，一些个人和组织信用程度较差。推销员应该高度重视调查和了解顾客的信用情况，避免给个人和企业带来不必要的损失。

另外，顾客的购买力是在不断变化的，推销员不仅要了解顾客的现实购买力，还应该分析判断顾客的潜在购买力，及时了解有关顾客的最新信息，不要遗漏了优质顾客。

相关案例

2004 年，国内家电巨头长虹公司亏损 37 亿元，其中在美国亏损高达近 40 亿元。多年以来，长虹在美国的销售一直由家电连锁企业阿佩克斯独家经销。阿佩克斯是由华人龙季粉兄弟创办，每年的销量很大，也提高了长虹在美国的市场占有率。但是阿佩克斯从不及时返还货款。直到 2004 年阿佩克斯董事长龙季粉兄弟涉嫌商业诈骗被依法逮捕，阿佩克斯拖欠长虹近 40 亿元，长虹损失惨重。其实，在与长虹合作之前，阿佩克斯和国内多家家电企业联系过，希望能够合作，但是这些企业通过调查阿佩克斯在美国的信用记录，发现阿佩克斯在美国形象并不好，涉嫌多起商业诈骗正在被调查。为了避免风险，这些厂家要求阿佩克斯现款现货，而阿佩克斯做不到，合作告吹，阿佩克斯最终找到了长虹。

3. 顾客购买决策权鉴定

顾客是否购买推销品，除了取决于其购买需求和购买力之外，还取决于顾客是否有权决定是否购买，只有拥有购买决策权的潜在顾客才能做出成交决定。顾客购买决策权鉴定就是评价推销对象的购买决策情况，找出有权做出最终购买决定的那些人，旨在缩小潜在顾客的范围，确定明确的推销对象，进一步提高推销效率。

对于个人或者家庭购买者来说，最终购买决策权一般掌握在一家之长手中，同时，每一个家庭成员对购买决定施加或大或小的影响。当然，对于不同的推销品，具体的决策人

可能会有不同。如汽车、烟酒等商品可能由丈夫决定，而服饰、洗衣机、餐具等商品往往由妻子决定。推销员在向家庭购买者推销时，应根据该家庭的实际情况，并结合推销品的特征，确定购买决策人，进行重点推销。

对于组织购买者来说，情况要更加复杂，由于性质和组织结构不同，几乎每个组织的采购流程和制度都不相同。一般来说，组织购买决策者的购买权限是按不同层次和级别来划分的，购买决策者只能在其购买权限内购买产品。越权购买的，必须向上级报请审批。重大采购项目甚至需要组织高层集体会议讨论决定。推销员向组织购买者推销时，就必须了解该组织的内部结构、采购流程、有关规章制度和人事关系等。

第三节 销售约见与接近

从选择、确定准顾客到与顾客正式洽谈之间，是推销员接近顾客的阶段。在正式洽谈之前，与顾客的约见、接近，对于推销活动的顺利开展以至最终成交意义重大。推销员应该高度重视，周密计划，争取成功实现顾客接近，为今后推销成功打下坚实的基础。

一、约见准顾客

在确定准顾客之后，推销员就要准备接近准顾客，进行推销访问了。可是，由于种种原因，推销员很难正式与准顾客见面，推销活动很难顺利开展。如果贸然前去拜访准顾客，往往会不受欢迎，浪费时间，也会让准顾客感到突然，造成一定的心理压力。所以，为了有效地接近准顾客，推销员应该事先做好约见这个环节。约见顾客是指推销员事先征得顾客同意接见的行为过程。一般来说，推销员会先与顾客约好时间，然后再约好如何见面，才能与顾客顺利地洽谈有关推销事宜。

(一)约见准顾客的好处

(1) 约见有助于推销人员成功地接近顾客。如果推销员主动上门，准顾客会有戒心，要是相互之间事先有约定，成功的机会就会大很多。

(2) 约见有助于推销人员顺利地开展推销面谈。事先约见，可赢得顾客的信任和支持，让准顾客充分了解推销内容，有利于今后的推销工作。

(3) 约见有助于推销人员客观地进行推销预测。通过约见准顾客，推销员可以更加准确、直观地了解准顾客的特点及他对推销的看法，合理预测推销活动可能发生的各种情况。

(4) 约见有助于推销人员合理地利用时间，提高推销效率。由于提前预约，推销员一般能在约定的时间、地点与准顾客正式见面，避免了推销员瞎打误撞。

(二)约见的内容

推销员约见顾客的内容主要取决于推销工作的实际需要，推销员应根据具体情况，灵活确定约见的内容。一般来说，约见的主要内容包括确定约见对象(Who)、目的(Why)、时间(When)和地点(Where)，简称为"4W"。

1. 确定约见对象

这里的约见对象指的是对购买具有决策权或对购买活动具有重大影响的人。推销员需要弄清楚约见的对象究竟是谁，认准具有购买决策权的人进行拜访，避免在无关紧要的对象身上浪费精力。

确定约见对象时应注意以下几方面的问题。

(1) 设法直接约见决策人及其他对购买决策具有重大影响的人。

(2) 尊重接待人员。虽然诸如门卫、接待秘书、助理等人不具备决策权，但有时候他们的破坏性是巨大的，没有他们的配合，推销员要亲自见到准顾客很难。他们接近决策层，也可能在侧面对准顾客购买决策产生影响。取得他们的好感、信任，可以为以后的顾客接近、推销洽谈打好基础。

(3) 做好必要的准备工作。为了取得约见对象的信任，推销员事先应该做好充分准备，带上介绍信、名片、身份证等能够证明自己身份的证件。

2. 确定约见目的

一些常见的约见目的有如下几种。

1) 推销产品

推销产品是最常见、最基本的约见目的。在这种情况下，为使约见成功，可以清楚说明所推销产品的用途、性能和特点等，着重强调推销品能够给顾客带来的切实利益，以引起顾客的兴趣和好感。若顾客的确需要推销的产品，自然会欢迎推销员的来访，并给予合作。若顾客确实不需要，推销人员也最好不要强求。

2) 市场调查

通过对顾客及其所在地市场情况的调查，推销人员不仅可以收集和掌握真实、可靠的市场信息，为进一步推销做准备，从而有利于推销工作的深入开展，还可为企业的经营决策提供信息上的支持。同时，以此为事由的约见，由于不需要顾客实际的购买行动，还往往易让对方接受，容易赢得顾客的信任、合作与支持；另外，通过调查研究性的访问，还可以了解到其他潜在顾客的需求信息，扩大调查和推销的对象。

3) 提供服务

服务作为非价格竞争的主要方式是成功推销的保障。可以说，提供服务与推销产品同等重要。事实上，推销本身就是一种服务。以提供服务作为约见顾客的理由往往是比较受欢迎的。

4) 签订合同

推销人员与顾客经过多次推销洽谈，已达成购买意向，就需要商讨一些具体细节，签订合同。以此为目的的约见，一定不要显得过于急切，要尊重顾客的时间。因为签订合同不仅意味着一次交易的结束，而且意味着下一次交易的良好开端，必须予以高度重视。

5) 收取货款

收取货款是推销人员的职责之一，也是推销过程中的重要环节。没有收回货款的推销是不完整的推销，无法收回货款的推销是失败的推销。

6) 走访顾客

走访顾客这种方式既可以引起顾客的好感，增进与顾客的感情，又可以使推销员赢得

主动。还可以收集到真实的信息、合理化的建议，甚至忠告等。

另外，在实际推销活动中，推销员还可以借慕名求教、礼仪拜访、代转口信等事由来约见顾客，以积累人际关系，起到"投石问路"的目的。这样的约见事由更加亲切，富有人情味，更容易让顾客接受。总之，推销的事由千变万化，推销员应该随机应变，根据实际情况选择合适的约见理由。

3. 确定约见时间

约见顾客的主要目的和内容之一就是与其约定一个明确的面谈时间，开展推销洽谈。时间安排是否适宜，会影响到约见顾客的效果和效率，甚至关系到推销结果。在推销工作中，有经验的推销员都会准确把握推销的最佳时机，合理安排约见顾客的时间。优秀的推销员在确定约见时间时，会根据推销的目的，充分考虑约见对象的特点和习惯，本着尊重对方、节约双方时间的原则，与顾客商定约见时间。

在确定约见时间时，应该注意以下事项。

(1) 根据顾客的特点选择最佳的约见时间，尤其要考虑到顾客的工作及休息时间和活动规律。

(2) 根据约见目的确定最佳的约见时间。约见时间的选择是为实现推销目的服务的，这是确定约见时间的最基本原则之一。实现不同目的的时机是不同的，推销员一般应选择在实现推销目的的最佳时间约见顾客。

(3) 根据访问的地点和路线选择最佳约见时间。确定约见时间时要充分考虑出发地点、约见地点、时间、路线、天气以及交通工具等各种因素的影响。

相关资料

下面几种情况可能是推销人员拜访约见顾客的最佳时间。

(1) 顾客刚开张营业，正需要产品或服务的时候。

(2) 对方遇到喜事吉庆的时候，如晋升提拔、获得某种奖励等。

(3) 顾客刚领工资，或增加工资级别，心情愉快的时候。

(4) 节假日之际，或者碰上对方厂庆纪念、大楼奠基、工程竣工之际。

(5) 顾客遇到暂时困难，急需帮助的时候。

(6) 顾客对原先的产品有意见，对你的竞争对手最不满意的时候。

(7) 下雨、下雪的时候。

在通常情况下，人们不愿在暴风雨、严寒、酷暑、大雪冰封的时候前往拜访，但许多经验表明，这些场合正是推销人员上门访问的好时机。因为在这样的环境下前往推销访问，往往会感动顾客。

(资料来源：顾海琼. 现代推销技术[M]. 杭州：浙江大学出版社，2004.)

4. 确定约见地点

约见地点不同，面谈的气氛会有所不同，推销效果也会有很大差异。一般来说，选择和确定约见地点，应该充分考虑约见对象、约见目的、约见时间、约见方式等各种因素，坚持方便顾客、有利于约见和推销的原则，这样才能为洽谈提供便利。约见地点的选择方式一般有如下几种。

（1）以顾客工作单位为约见地点。这是一种最为常见的地点选择方式，它适合于多人参加的约见，尤其是用于生产资料的推销洽谈。在顾客工作单位推销可以使顾客在心理上处于优势地位，容易形成良好的洽谈氛围，但是推销员处于被动地位，容易被周围环境所左右。

（2）以推销员工作单位为约见地点。此种选择方式可以增进顾客对公司的了解，从而增强对推销员及推销品的信任。但是推销环境对于顾客来说比较陌生，容易产生戒备心理。在卖方市场的情况下，特别是对较短缺或具有垄断性质的产品，这种选择方式比较适合。

（3）以顾客居住地为约见地点。一般来说，推销对象是个人或家庭，推销品为生活消费用品时，约见地点最好选在顾客的居住地。这样可以拉近双方距离，排除外界干扰，还可以方便顾客。但是，顾客往往不太喜欢不速之客，推销员最好事先征得顾客的同意再去拜访。

（4）以各种社交场合和公共场所为约见地点。在实际推销工作中，很多交易是在社交场合和公共场所完成的，如酒吧、餐厅、酒店、座谈会、公园、广场等。在这些场所约见，推销员和顾客可以消除拘束，培养私人友好关系，比较轻松、愉快地交谈，便于推销成功。

(三)约见的方法

1. 当面约见

当面约见是指推销人员与顾客当面约定见面的有关事宜。这是一种较为简单的约见方式。当面约见的机会比较难得，往往是推销人员在某些公共场所与顾客不期而遇，借机与他面约。推销人员应该时时留心，了解和熟悉重要顾客，创造与他们见面的机会，进而寻机约定正式面谈。推销人员可以利用在某些公共场合如展销会、订货会、社交场所、推销途中与顾客的不期而遇等借机与顾客约见，也可以到顾客的单位、家中去面见顾客。若因顾客忙于事务或一时不能决定，需和有关人士商量之后再作商谈时，推销人员可顺势约定时间再谈。

当面约见的优点主要有以下几个方面。

（1）立即得到顾客的反应。

（2）可信可靠。

（3）防止走漏风声。

当面约见存在的不足主要有以下几个方面。

（1）受地点限制。当面约见常常受地理因素所限，不能对所有的顾客当面约见，尤其是远距离的顾客。

（2）效率较低。每次面约都要花费较多时间和精力，顾客数量较多时，不宜采用。

（3）时机不容易把握。推销员遇到顾客往往是很随机的，不受推销员的控制。

2. 信函约见

信函约见是指通过约见信函的寄出与反馈达到预期约定顾客的目的。随着现代邮政事业的发展，信函往来非常便捷。常见的约见顾客的信函方式主要有个人信件、单位公函、

会议通知、请帖、便条等。

信函约见的优点主要有以下两个方面。

(1) 节约时间和精力。

(2) 到达率高。信函可以免受当面约见顾客时的层层人为阻碍，畅通无阻地进入顾客的工作地点或居住地。

信函约见的不足主要有以下两个方面。

(1) 等待时间较长。从推销人员向顾客邮寄信函，到顾客收到并反馈决定给推销人员，乃至双方确定约见事宜，中间花费的时间太长，不适于快速约见。

(2) 反馈率低。许多顾客对推销约见信函不感兴趣，甚至不去拆阅，这样，推销人员花费较多的时间和精力撰写的约见信函就毫无意义。

相关资料

推销人员运用信函约见时，应该讲究信函内容和信函形式的技巧。

1. 书写信函的技巧

书写信函要以顾客受益为导向，文字表述要简易明畅，重点突出，层次分明，文句生动，表达恳切，以理取信顾客，以情感化顾客，以趣打动顾客，从而引起顾客对约见信函的注意和兴趣，并给予合作，从而达到约见顾客的目的。

2. 诱导阅信技巧

在现代社会里，顾客会经常收到种种各样的商业信函，对于这种司空见惯的信件，一些顾客丝毫不感兴趣，不拆阅。这样内容再生动的约见信函也达不到预期的目的。对此，推销人员可以在信函的形式上诱导顾客拆阅。

(1) 在可能的情况下，应选择和设计一个最佳的顾客收信日期，如节日、生日、发工资日等。切记最好不要让顾客同时收到账单(如水、电费、通信费等)和你的约见信件。

(2) 不要使用公司统一的印刷信封，推销人员应使用普通信封，使顾客无法凭此信封判断它的类型，从而诱导顾客拆阅信件。在条件允许的情况下，推销人员可以自己设计一些富有特色的约见信封，以引起顾客的注意和兴趣。

(3) 在信封上，不要盖"邮资已付"的标志，就按一般信件贴邮票，必要时还可考虑使用挂号信，这样更能吸引顾客拆阅信件。

(资料来源：吴金法. 现代推销理论与实务[M]. 大连：东北财经大学出版社，2002.)

3. 电话、短信、网络约见

电话、短信、网络是当今社会常用的通信工具，电话、短信、网络约见也是进入 21 世纪后推销活动中常见的方法。在运用电话、短信、网络约见时，推销人员应讲究约见的技巧，关键是让对方认为确实有必要会见你。由于推销员与顾客之间缺乏互相了解，约见容易引起顾客的怀疑。打电话时，推销员应事先设计好开场白，做到通话时间精短，语调平稳，口齿清晰，尤其是关于约见时间和地点等关键信息一定要明白无误。当顾客借故推脱时，推销员切忌急躁、语气逼人，更需要心态平和。

电话、短信、网络约见的优点主要有以下两个方面。

(1) 效率较高。

(2) 迅速、方便。

电话、短信、网络约见的不足主要有以下两个方面。

(1) 结果带有很大的不确定性。推销员与顾客没有见面，难以取得顾客的信任，容易被对方拒绝。

(2) 表达不清，易出现问题。由于信号不好、记忆性差、推销员表达不清等主客观原因，容易导致推销员与顾客之间的误会，使约见不成功。

4. 委托约见

委托约见是指推销人员委托第三者约见。受托人与推销对象之间有一定密切的社会关系，如师生、同事、亲朋好友、邻居等，以便取得推销对象的信任与合作。委托约见成功与否的关键是选准受托人，受托人必须与推销对象关系密切或者具有一定的权威性，能够影响推销对象的决定。

委托约见的优点主要有以下两个方面。

(1) 成功率较高。委托约见可以借助第三者与推销对象的特殊关系，克服客户对陌生推销人员的戒备心理，便于排除推销人员障碍。

(2) 获得推销对象的真实信息，有利于进一步开展推销工作。

委托约见的不足主要有以下两个方面。

(1) 受范围限制。任何一个推销员的社交圈都是有限的，所能找到的受托人也是有限的，这就限制了委托约见的适用范围。

(2) 推销员地位比较被动。委托约见的成败取决于受托人与推销对象的关系以及他们的配合程度，推销员只能被动接受。

5. 广告约见

广告约见是指推销人员利用各种广告媒体，如文摘、电视、报纸、邮寄、路牌等将约见的内容广而告之，以达到约见顾客的目的。在约见对象不太具体、明确或者约见顾客太多的情况下，采用这一方式广泛约见顾客比较有效。另外，也可在约见对象十分明确的情况下，进行集体约见。

其优点是覆盖面广，不足是没有信息反馈。

以上是推销人员约见顾客常用的五种方式，每种约见方式都有优势和自身的局限，推销人员应该根据顾客的特点和实际需要选择合适的约见方式，以便顺利与顾客见面、洽谈。

二、产品销售流程

让我们先来看一个例子。

这是美国中部一个普通城市里一个普通地区的一家比较知名的车行。这个车行展厅内有 6 辆各种类型的越野车。这天下午，阳光明媚，微风吹拂，让展厅看起来格外明亮，店中的 7 个销售人员都各自在忙着自己的事情。

这是一个普通的工作日，一对夫妻带着两个孩子走进了车行。凭着做了 10 年产品销售的直觉，乔治认为这对夫妻是真实的买家。

乔治热情地上前打招呼——产品销售的第一个步骤，并用目光与包括两个孩子在内的所有的人交流，目光交流的同时，他作了自我介绍，并与夫妻分别握手。之后，他看来是不经意地抱怨天空逐渐积累起来的云层，以及周末可能来的雨雪天气，似乎是自言自语地说，也许周末的郊游计划要泡汤了。这显然是很自然地转向了他需要引导到的话题，他诚恳地问："两位需要什么帮助？"这展示了乔治消除陌生感，拉近与陌生人之间距离的能力。

这对夫妇说他们现在开的是福特金牛，考虑再买一辆新车，他们对越野车非常感兴趣。乔治开始了产品销售流程中的第二步骤——收集顾客需求的信息。他开始耐心、友好地询问：什么时候要用车？谁开这辆新车？主要用它来解决什么困难？在彼此沟通之后，乔治开始了产品销售的第三个步骤——满足顾客需求，从而确保顾客将来再回到自己车行的可能性得到提高。他们开始解释说，周末要去外省看望一个亲戚，他们非常希望能有一个宽敞的四轮驱动的产品，可以安全以及更稳妥地到达目的地。

在交谈中，乔治发现了这对夫妻的业余爱好，他们喜欢钓鱼。这样的信息对于推销人员来说是非常重要的。这种顾客信息为推销人员留下了绝佳的下一次致电的由头。销售不是一个容易学习和掌握的流程性的工作，它不像体育运动，体育运动是只要按照事先规定的动作执行，执行到位就可以取得比一般人好的成绩，而在销售工作中既有流程性质的内容，也有非常灵活地依靠某种非规则性质的内容。比如，掌握及了解顾客业余爱好的能力，就是被大多数推销人员所忽视的，甚至根本就不会去考虑。在优秀的推销人员中，他们一直认为自然界中变色龙的技能对销售过程最为有用。顾客由此感知到的将是一种来自推销人员的绝对真诚、个性化的投入和关切，在这种感知下，顾客会非常放心地与推销人员交往。由此，在上述的案例中，乔治展现出自己也对钓鱼感兴趣，至少可以获得一个与顾客有共同兴趣的话题，从而建立起与顾客在汽车采购以外的话题。

乔治非常认真地倾听来自顾客的所有信息，以确认自己能够完全理解顾客对越野车的准确需求，之后他慎重而缓慢地说，车行现在的确有几款车可以推荐给他们，因为这几款车比较符合他们的期望。这仍是产品销售流程中的第三步——产品展示。他随口问顾客计划月付多少车款，此时顾客表达出先别急着讨论付款方式，他们先要知道所推荐的都是些什么车，到底有哪些地方可以满足他们的需要，之后再谈论价格的问题。

乔治首先推荐了"探险者"，并尝试着谈论配置选取的不同作用。他邀请了两个孩子到车的座位上去感觉一下，因为两个孩子好像没有什么事情干，开始调皮，这样一来，父母对乔治的安排表示赞赏。

这对夫妻看来对汽车非常内行。对于乔治推荐的许多新的技术、新的操控，他们都非常熟悉。由此可见，这对夫妻在来之前一定收集了各种汽车方面的资讯。目前，这种顾客在来采购之前尽量多地收集信息的现象是越来越普遍了。40%的产品消费者在采购产品之前都通过互联网搜索了足够的有关信息来了解产品。这些顾客多数都是高收入、高学历，而且多数倾向购买较高档次的汽车(如越野车)，从而也将为车行带来更高的利润。其实，顾客对产品越是了解，对产品的推销人员就越有帮助，但是，现在有许多推销人员都认为这样的顾客不好对付，太内行了，也就没有任何销售利润了。乔治却认为，越是了解汽车的顾客，越是没有那些一窍不通的顾客所持的小心、谨慎、怀疑的态度。

这对夫妻看来对"探险者"非常感兴趣，但是，乔治也展示了"远征者"，一个较大型的越野车，因为后者的利润会多一些。这对夫妻看了一眼展厅内标有价格的招牌，叹了口气说超过他们的预算了。这时，乔治开了一个玩笑："这样吧，我先把这个车留下来，等你们预算够了的时候再来。"顾客哈哈大笑。

乔治此刻建议这对夫妇到他的办公室来详细谈谈。这也就是产品销售流程中的第四个步骤——协商。协商通常都是价格协商。在通往办公室的路上，他顺手从促销广告上摘了两个气球下来，给看起来无所事事的两个孩子玩，为自己能够与顾客专心协商创造了更好的条件。

车行推销人员的办公桌一般都是两个倒班的推销人员共同使用的，但是，尽管如此，乔治还是在桌上放了自己以及家人的相片，这其实是另外一个与顾客有可能谈到的共同话题。他首先写下夫妻俩的名字、联系方式，通常采购汽车的潜在顾客都不会是第一次来就决定购买，留下联系方式，以便将来有机会在顾客到其他的车行都调查过以后再联系顾客，这时成功性会高许多。他再一次尝试着先问了顾客的预算是多少，但顾客真的非常老练，反问道："你的报价是多少？"乔治断定他们一定已经通过多种渠道了解了该车的价格情况，因此，乔治给了一个比市场上通常的报价要低一点的价格，但是，顾客似乎更加精明，面对他们的开价，乔治实际只能挣到 65 美元，因为这个价格仅比车行的进价高1%。乔治表示出无法接受，于是，乔治说，如果按照他们的开价，恐怕一些配置就没有了。于是，乔治又给了一个比进价高 6%的报价。经过再次协商，乔治最终达成了比进价高 4%的价格。对于乔治来说，这个价格利润很薄，不过还算可以了，毕竟，顾客第一次来就能够到达这个步骤已经不错了，而这个价格则意味着车行可以挣到 1000 美元，乔治的提成是 250 美元。

乔治非常有效率地做好了相关的文件，因为需要经理签字，只好让顾客稍等片刻。乔治带回经理签了字的合同，但在这时，顾客却说他们还需要再考虑一下。此时，乔治完全可以使用另外一个销售中的技巧，那就是压力签约，他可以运用压力迫使顾客现在就签约，但是他没有这样做，他宁愿让他们自由地离开。这其实也是这个车行的自我约束规则，这个规则表示，如果期望顾客再回来，那么不应使用压力，应该让顾客在放松的气氛下自由地选择(受过较高的教育的顾客绝对不喜欢压力销售的方式)。乔治非常自信顾客肯定会回来，他给了他们名片，欢迎他们随时与他联系。

两天以后，顾客终于打来电话，表示他们去看了其他的车行，但是不喜欢它们，准备向乔治购买他们喜欢的车，虽然价格还是高了一点，但是可以接受。他们询问了何时可以提车。令人高兴的是，车行里有现车，所以乔治邀请他们下午来。

下午顾客来了，接受了乔治推荐的延长保修期的建议，并且安排了下一次维护的时间。乔治向他们介绍了售后服务的专门人员及售后服务的安排——产品销售流程的最后一个步骤。由专门的维护人员确定了 90 天后回来更换发动机滤清器。这个介绍实际上是要确定该顾客买车以后的维护、保养都会回到车行，而不是去路边廉价的小维修店。

(资料来源：孙路弘. 汽车销售的第一本书[M]. 北京：中国人民大学出版社，2008.)

这是一个真实的例子，也是非常典型的，有代表性的。通过这个例子可以看到，一个产品推销人员不仅需要有一个流程性的销售技能表现，还需要许多个人素质方面的技能，如在细节方面的沟通技能、拉近距离的方法、发现顾客个人兴趣方面的能力，以及协商能

力。尽管产品销售流程会给产品推销人员一个明确的步骤可以遵守，但是，具体的软性的销售素质还需要靠灵活、机智、聪颖的个人基本能力。虽然很多的销售基本能力不容易得到量化，但是，根据对产品推销人员的长期研究，可总结出七种必须的销售基本能力，这七种基本能力分别是：行业知识、顾客利益、顾问形象、行业权威、赞扬顾客、顾客关系、压力推销。

除了要提高自身的以上技能之外，推销人员还要了解竞争对手。推销人员对于竞争对手的动作、他们的优势以及劣势都应该了解。产品推销人员的竞争对手其实就是其他卖场的推销人员。所以，了解竞争对手，就是了解其他卖场优秀的产品推销人员，了解他们在做什么、他们如何向顾客介绍产品、他们如何挖掘顾客的内在需求等。

熟练掌握销售流程以及相关的销售技能：流程的东西容易掌握，优秀的产品推销人员之优秀是由两个方面组成的，第一部分是流程型的，有规律的，可以通过练习提升的具体的步骤，如同计算机一样，有了一个描述清晰的程序，就可以反复执行而不会出现意外，所以，熟练掌握流程是一个重要的组成部分；第二部分就是灵活的技能性的内容，如获得信任的技巧、建立顾问形象的技巧等。

(一)产品销售流程

从上面的例子可以总结出产品的销售流程如下。

(1) 接近顾客。

(2) 收集顾客产品需求信息。

(3) 满足顾客需求(产品介绍)。

(4) 购买洽谈。

(5) 售后服务。

(二)产品推销人员上岗的条件

产品推销人员开始在展厅销售产品之前，必须要了解市场，必须知道哪里可能有潜在顾客。

(1) 顾客一般是做什么工作的？

(2) 顾客大多有什么爱好？

(3) 顾客经常出入什么地方？

(4) 顾客的性格大部分是什么样的？

(5) 顾客有什么消费倾向？

(6) 顾客一般的沟通方式是怎样的？

了解这些内容是产品推销人员上岗销售产品的前提条件，只有具备了这些知识，才能更好地接近顾客。

三、产品销售接待

只要通过简短的交谈，有心理学背景的推销人员就能基本上了解顾客的大致行为倾向，从而有针对性地采用推销技巧。目前中国的普遍情况是潜在顾客走进卖场后，不是没有人接待，就是接待的人过多，销售水准还不够专业，缺乏足够的专业性。

当一个顾客走进卖场的时候，绝大多数的顾客首先希望自己(注意，是自己，不需要推销员干预)可以先看一下展厅内的产品。基本看完后，有了明确的问题时，他会表现出若干的动作，我们称之为信号。这个信号就代表推销员应该出击的发令枪。关键的信号如眼神，当顾客的目光聚焦的不是产品的时候，他们是在寻找可以提供帮助的推销员，这是需要推销员出动的信号。

这方面的行为信号提示销售人员，在顾客刚走进卖场的前三分钟还不是接近他们的时候，你可以打招呼、问候，并留下一些时间让他们自己先随便看看，或者留一个口信："您先看着，有问题我随时过来。"

四、产品推销人员与顾客的初次接触

当产品推销人员要接近潜在顾客的时候，首先应该说什么呢？

成熟的推销人员非常清楚，这是顾客从陌生开始沟通的时候，一般不应先说与产品有关的事情。前面的乔治先生接待顾客的过程是一个很好的案例。下面以汽车推销为例进行讲解。

1. 产品推销人员与顾客最开始的对话内容

产品推销人员可以谈天气，可以谈你的卖场是否好找，可以和顾客谈刚结束的车展，还可以谈任何让顾客感觉舒服的，不那么直接的，不是以成交为导向的任何话题。例如，可以是与顾客一起来的孩子，如"长得真漂亮，多大了，上几年级了"；也可以是最近的热点事件，或者顾客的穿戴，如"您的这件衣服很好看，在什么地方买的"，等等。

所有这些话题的目的都是为了初步降低顾客的戒备，逐渐拉近双方的距离，逐渐向产品话题转换。

这期间也是递交名片的好时候，还是推销人员记住与顾客同来的所有人名字的好时候。

2. 产品推销人员对进店顾客的判断

根据对我国多家不同的卖场的调查，发现进店顾客有以下三类。

(1) 顾客是随便路过进来看看的。这样的顾客大约占 60%左右，这类顾客的普遍特点是：言谈与行动不同；没有明确的目标；直接问价。

他们表现出来的言谈和行动不太一样，问的问题有时非常不专业；这个类型的顾客没有明确的喜恶，他们的表现就是看到什么就喜欢什么，他们对产品还远远没有建立评判标准；还有一个常见的表现就是他们在还没有了解产品具体型号的不同的时候，就急迫地询问价格。现在这种类型的顾客特别多，这是中国的现实情况。

(2) 暂时不买，以后有可能买的顾客。这类顾客占 10%～20%，这些顾客的普遍特点是：没有经济实力；已经购买其他产品；其他原因。

属于这种类型的顾客有以下三种可能。

第一种是暂时没有足够的经济实力购买，但是，并不意味着他们会在很长的一段时间内没有经济实力，他们预计在一定的时间内会有足够的支付能力来采购产品，因此现在是来看的时候。对待这种类型的顾客，关键点是掌控一定的时间，由于他们来看产品的真实

目的并不是在较短的时间内就采购，因此要控制自己的有效销售时间。一般对待这种类型的顾客，要求推销员在十分钟内解决问题，但是，要注意任何走进卖场的顾客，推销人员都必须记住对方，或者争取联系方法等。基本做法是，首先加快提供给对方相关的产品说明书，其次留下对方的姓名和联系方法，这时基本上就可以结束了，但还需注意，作为推销人员，如果你看重的是长期的业绩，那么任何交谈十分钟以上的顾客都应该做记录，以备拓展未来的社会关系，这是一个工作的积累。

第二种可能是他们已经购买了其他的产品，来卖场是来做比较的，他们希望通过对现在的行情的了解来判断自己过去的采购决策是否正确。对待这种类型顾客的主要策略是，强调足够的售后服务，不管他是否已经购买，还是在未来较短的时间内会有购买的可能，努力介绍售后服务会帮助推销人员建立顾客关系。顾客决定在哪个卖场购买的一个因素就是卖场的售后服务能力。因此，有意识地强化售后服务是为未来做铺垫。即使对于已经采购了产品的顾客，也是值得推销人员介绍售后服务的，因为他周围的人都很容易受到他的影响。一个要买产品的人，会先去咨询他周围已经购买的人，更会重视那些刚购买的朋友，他会听取他们的意见，所以这类人对周围的人很重要，这是一个交际圈，围绕着这个圈的那些人都是有能力的，所以要注意这一点。

推销人员也可以向他介绍本卖场的做法，如为顾客指定专门的售后服务工程师，专门负责产品发生的故障，以后如果出现了问题，在技术上都由他来负责。这时你会给他留下一个你是重视顾客的长远利益的印象。

第三种可能比较复杂，各种原因都有，比如替其他的人来看产品等。

(3) 购买可能性最大的潜在顾客。这类顾客大约占到 10%～20%，产品推销员要给足他们自己看车的时间。在这个时候，推销员需要努力观察顾客，看顾客对什么样的产品有兴趣，来的几个人之间是什么关系，观察他们的衣着、谈吐等，然后在心中为这个潜在顾客画一个像(推销人员一般坚持观察上几十个人，观察能力就会有显著的提高)。许多推销人员为什么做同样的工作做了很久就是没有明显的提高，原因就是因为他们没有踏踏实实地做这件事。所以推销员要给顾客足够的时间，应面带微笑，与顾客打一个招呼，然后停止手中工作，保持对顾客的观察。

若推销员观察到顾客对某一个型号的产品特别感兴趣，就可以准备接近他，与他接近。开始时不要说"今儿带钱了吗？""今儿买哪款？"等直奔主题的话，那样会导致顾客的反感。推销人员需要先与顾客寒暄，要靠公共话题来打破陌生感，消除对方的防范意识，要善于运用公共话题。

3. 产品推销人员与顾客接近的公共话题

产品推销人员与顾客接近的公共话题有：体育、新闻、健康等信息；中国产品工业的发展；天气话题；"我们店好找吗"；"昨天你看球了吗，某某球踢得不错"；等等。这些话很自然，都属于公共话题。公共话题出现在报纸、电视以及许多媒体上。此时还要注意的是，顾客随时有离开的可能，应争取获得顾客的联系方式。

五、推销员把自己推销给顾客的要求

推销员把自己推销给顾客的总体要求是：成为顾客喜欢的人。

推销员与顾客交往的最初的几分钟对于销售成功有着重要的影响。被载入吉尼斯纪录的汽车销售高手乔·吉拉德的成功不仅是连续 12 年都是全美汽车销售的第一，而且，他的销售建议以及销售技巧也被各种传授销售技巧类型的图书广为传播。他多次在不同场合谈到他是如何取得成功的时候都提到，他的方法其实很简单，那就是给人们提供两样东西：公平的价格和他们喜欢的售车人。他说，对于消费者来说，找到一个他们喜欢的卖车人，再加上一个合理的产品价格，两者加在一起，就是一个成功的销售。

获得一个陌生人的喜欢不是一件容易的事情。首先，难在一个人决定自己是否喜欢另外一个人的标准因人而异。其次，影响最终是否喜欢某个人的时间非常短暂，而且一旦印象形成后，就很难改变了。

做一个让顾客喜欢的推销员，可以从以下方面下工夫。

(1) 让顾客发现自己与其有类似的人生背景。

(2) 让自己的行为举止、观点看法、价值观与顾客类似。

(3) 让自己的衣着与顾客品位协调。

(4) 真正关心顾客的应得利益。

(5) 在顾客面前低调做人、做事。

(6) 给顾客传递好消息。

(7) 学会赞扬顾客的优点，但不要拍马屁。

(8) 首先要真心喜欢顾客，顾客才会喜欢你。

(9) 提高你交际圈中人的档次。

以上这几点是基于人们内心追求的相似性、关联性以及自我类同性的心理。因此，充分透彻地了解这个基本规律以后，推销人员首先应该在接触潜在顾客的最初的阶段展示出来自己让顾客喜欢的特点。

乔·吉拉德经常会问顾客："您是儿童医院的医生吧？"当对方说不是的时候，他就说："可您真像，上周有一个儿童医院的医生说，他介绍的一个医生要来我这里买车。对了，您是做什么的呢？"对方说是附近的家禽养殖场的，乔立刻就说："听说，你们那里提供的鸡蛋可以供应整个得克萨斯州。"注意，这个对话中运用了巧妙的赞扬，不仅运用了有效的令人喜欢的技巧，同时还问出了对方的职业。刚入行的销售肯定无法立刻修炼成这个水平，所以就会单纯地问顾客："您是做什么的？"这个问题如果没有足够的猜测的铺垫，往往让顾客非常戒备，但是，一旦你有一个较高的猜测让对方开心，对方在回答你的问题的时候也就根本没有任何戒心了。以下用语可以借鉴："您是作家吧？您的想象力真的非常丰富"；"听您的口音不像是本地人，好像是首都的吧？我在首都上过学"，如果对方真的是从首都来的，至少有一点就被应用了，那就是人们通常喜欢别人与自己有类似的生活背景。

获得陌生人喜欢的难点就是印象一旦形成，就很难得到改变，如果真的有可能改变也是必须经过较长的一个相处过程的。但是推销人员与顾客基本上没有共同的较长时间相处的可能，而印象的好坏又是在短暂的相识最初阶段就形成了，短到可能只有几分钟的时间，所以，能够在短时间内得到顾客的好感对于推销人员才是真本事。

也正是因为这些因素，推销人员要非常注重自悟。如果你认为自己的悟性不够好，那么必须记住一点，那就是不要在最初的阶段推销你的产品，而应该是让顾客有两个感知：

一个是他有受欢迎的感知。另一个是他对你所代表的企业、对你的专业性以及你对服务品质不断追求卓越的感知。而悟性好的推销人员可能不需要记住这两个感知，只简单地牢记一个目的就可以了，那就是让顾客喜欢你。

接近顾客是推销员为进行推销洽谈与顾客进行的初步接触。约见顾客之后，推销员便可以按照约定的时间、地点和方式会见顾客，推销活动正式进入接近顾客的阶段。接近顾客的目的是引起顾客的注意，激起顾客的信任和好感。接近顾客是推销过程的一个重要环节，直接关系到整个推销工作的成败，许多推销成败往往决定在最初的几秒钟，所以推销员要重视推销接近过程。

思 考 题

1. 怎样理解准顾客的含义？准顾客具体可以分为哪几种？
2. 产品推销员如何把自己推销给顾客？
3. 约见顾客的内容主要是什么？约见顾客时应该注意哪些方面？
4. 产品推销员为什么要判断顾客的类型？
5. 产品推销员做好产品销售工作必须回答哪些问题？
6. 产品销售流程有哪几个方面？

练 习 题

1. 产品推销员自我测试。

请通过回答表 6-1 中的 12 个问题来测试你的本能的销售风格。对于每一种情境，请选择一个字母作为你的回答。

表6-1　测试销售风格的 12 个问题

1. 情境 你的潜在顾客不了解你的产品，但是强烈要求给予更低的价格，你满足对方的要求后，这个顾客仍然没有购买	针对这个情境，您的举措 A. 提出最优惠价格期限，并警告可能缺货 B. 介绍成功顾客的例子，渲染产品带来的巨大影响 C. 强调产品的品牌，反复强化产品给顾客的价值 D. 保持长久的联系，有相关信息再通报
2. 情境 你面对的这个潜在顾客除了不断要求降价外，还反复核实你代表的公司的实力以及名声	针对这个情境，您的举措 A. 陈述公司的品牌意义，展示产品给顾客带来的可以看见的利益 B. 介绍顾客参加大型同类产品的展会 C. 渲染你的公司在行业中取得的成功，不谈价格 D. 提出新的价格优惠
3. 情境 你的潜在的顾客过去购买了许多同类产品，在准备购买你的产品的时候犹豫不决，总是询问送货时间、产品保修等问题	针对这个情境，您的举措 A. 陪同顾客参观公司，并辅导顾客使用产品 B. 推荐其他可以获得产品信息的资源给顾客 C. 给出一口价并限定时间 D. 提供样品，以及产品获得的权威鉴定

4. 情境	针对这个情境，您的举措
你面对的是一个有经验的潜在顾客，他理解产品价值，也知道你的产品的品牌，没有提出价格问题，但是在预计的时间内还没有购买	A. 提供大量的有关产品的利益报道，提供足够的宣传资料
	B. 立刻提供产品试用
	C. 介绍顾客的同行成功的经验
	D. 强调产品创新的特征，强调公司先进的技术研发力量
5. 情境	针对这个情境，您的举措
你的潜在顾客在电话中告诉你，他准备购买你的产品，但是，他要求你亲自送货，并免费辅导他产品的使用方法，他暗示你未来还要采购许多你的产品	A. 完全答应顾客的要求，不多收费
	B. 答应辅导，但不答应送货，同时提出送货的额外支出问题
	C. 答应亲自送货，提出给予优惠从而免除辅导
	D. 在顾客同意支付额外费用的情况下，都答应
6. 情境	针对这个情境，您的举措
你发现向你咨询产品使用方法的这个顾客在以往使用同类产品时由于误操作毁坏了产品，因此总是怀疑产品的设计有问题	A. 指出同类产品中只有你代表的公司产品质量最好，所以没有误操作的问题
	B. 同意产品有一定的打折，促使顾客下决心购买
	C. 保持顾客联系，随时提供产品发展信息
	D. 向顾客提供产品正确使用的详细说明，并邀请顾客参加免费的产品使用培训班
7. 情境	针对这个情境，您的举措
你发现面对的顾客还经常向他的朋友推荐你的产品，但是他介绍过来的顾客根本没有理解你的产品可能给他们提供的价值	A. 免费赠送该顾客一些产品
	B. 收集所有的产品资料提供给该顾客，并邀请他参观你代表的公司
	C. 提供顾客参加免费辅导班的机会，让他了解产品的品牌和公司的实力
	D. 给顾客介绍其他的顾客以及公司产品介绍说明
8. 情境	针对这个情境，您的举措
该顾客与你有非常融洽的关系，但是最近开始投诉你代表的公司的售后服务有问题	A. 通告顾客你代表的公司有了新的顾客售后服务流程
	B. 访问顾客，寻找顾客出现的实际问题
	C. 答应顾客退货，并免费调换产品
	D. 给顾客邮寄新的产品说明，以及新闻媒体对公司的报道等
9. 情境	针对这个情境，您的举措
顾客与你沟通了很长时间，但是一直没有签约，他总是让你推荐成功的案例或者顾客给他，他希望能够访问使用你的产品非常成功的例子，他也在探听其他用户的购买价格	A. 等待这个顾客自己提出来购买产品时的要求
	B. 邀请顾客访问公司，进一步介绍公司
	C. 给顾客限制期限中的最优惠价格
	D. 带领顾客访问其他的成功的顾客，了解其他顾客使用产品得到的利益

续表

10. 情境	针对这个情境，您的举措
顾客对你反复重申的产品带给他的价值没有反应，甚至不在乎品牌以及你代表的公司的实力，但是却反复向你咨询产品的推广程度	A. 带领顾客参观成功的顾客，加深其对公司产品的深刻印象 B. 提供尽可能的优惠价格争取顾客的购买 C. 了解顾客现在的需求程度是多少 D. 提供本公司的宣传资料以及媒体报道的资料
11. 情境	针对这个情境，您的举措
顾客是他所在领域的行家，对你的产品发展也非常有见地，但是，新产品推出的时候，你发现他还是在购买过时的产品	A. 给顾客降价，使新产品的价格比过时产品的低 B. 加深顾客对创新的认识，邀请顾客参加新产品发布会 C. 给顾客邮件足够的产品资料，以及行业发展资料 D. 有新的进展时再通知顾客
12. 情境	针对这个情境，您的举措
顾客需要更多的时间来考虑你的产品，而且参与讨论的人都是顾客公司高层人士。你希望在讨论会上展示产品的要求被礼貌地拒绝了	A. 争取联系该公司的每一个参与决策的人员，演示产品 B. 提供产品的最新信息，以及成功顾客信息 C. 尽量给顾客最优惠的价格促成购买 D. 强调公司的品牌、行业内的名声

首先，根据你对前面 12 个情境所做出的答案来完成表 6-2：将你就每一个情境所做出的选择项的字母圈出来，然后计算每一列中有多少个圈，将这个数字填写到最后一行。

表 6-2　销售风格倾向测试结果表

1	A	C	B	D
2	D	A	C	B
3	C	A	D	B
4	B	D	A	C
5	C	B	D	A
6	B	D	A	C
7	A	C	B	D
8	C	B	D	A
9	C	B	D	A
10	B	D	A	C
11	A	C	B	D
12	C	A	D	B
总分				
	S1	S2	S3	S4

这样就计算出了你的销售风格倾向。这个倾向也用字母来表示，即 S1～S4。

每一个推销人员的销售倾向是不同的。有的人偏向销售主导，即偏向努力地说服顾客，偏向能说会道，潜在顾客根本就没有机会表达他们的问题，这是传统的销售培训中非常重视的技能。另外一个销售倾向就是以顾客为主导，以顾客的需求为核心，努力挖掘顾客的问题，观察这样的推销人员，你会发现他们说的不多，他们总是在耐心地听潜在顾客在说，从中寻找顾客的问题，从而锁定应将销售产品的什么内容来有针对地回答顾客的疑问。这样的销售称为顾问式销售。所有推销人员的销售风格和倾向在传统销售以及顾问式销售的指标上展开。请看图 6-1，将上面的计算结果得到的 S1 的数字填写到 S1 的象限中的空格子里，S2 的数字填写到 S2 的象限中的空格子里，S3 的数字填写到 S3 的象限中的空格子里，S4 的数字填写到 S4 的象限中的空格子里。

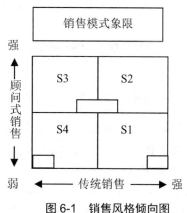

图 6-1　销售风格倾向图

传统销售：以利用人性的弱点为机会目标的销售一般称为传统销售，注重高说服、低顾问的销售方式(就是许多销售培训称呼的 PSS)。

顾问式销售：站在买方的立场上，从说服转变为理解，从以产品为中心转变为以买方为中心。顾问式销售的本质是理解顾客，这是 IBM 率先于 1976 年开始采用的销售方法，即低说服、高顾问的销售方式。

通过把两种典型不同风格强弱进行对照分析，可以得出如下四种不同类型推销员的特点。

(1) 高传统、低顾问，统称为 S1，为煽动、鼓动式的压力推销。

(2) 高传统、高顾问，统称为 S2，为说服、劝说、诱惑式的销售。

(3) 低传统、高顾问，统称为 S3，为参与、理解、支持、解答型的销售。

(4) 低传统、低顾问，统称为 S4，为维护、沟通、联系、顾客关系型的销售。

2. 请根据你的理解，判断如下的推销人员表现出来的销售风格。

A. 提出最优惠价格期限，并警告可能缺货

B. 介绍成功顾客的例子，渲染产品带来的巨大影响

C. 强调产品的品牌，反复强化产品给顾客的价值

D. 保持长久的联系，有相关信息再通报

E. 陈述公司的品牌意义，展示产品给顾客带来的可以看得见的利益

F. 介绍顾客参加大型同类产品的展会

G. 渲染你的公司在行业中取得的成功，不谈价格

H. 提出新的价格优惠

3. 请根据你的理解，判断如下的推销人员表现出来的销售风格。

A. 陪同顾客参观公司，并辅导顾客使用产品

B. 推荐其他可以获得产品信息的资源给顾客

C. 给出一口价并限定时间

D. 提供样品以及产品获得的权威鉴定

E. 提供大量的有关产品的利益报道，提供足够的宣传资料

F. 立刻提供产品试用

G. 介绍顾客的同行成功的经验

H. 强调产品创新的特征，强调公司先进的技术研发力量

案 例 分 析

一个销售人员的渠道开拓经历

近十年来，国内的家电市场竞争非常激烈，尤其是在白色家电领域，除了国内几大品牌之间的斗争，一些跨国大品牌如伊莱克斯、西门子、LG 等也纷纷加入竞争行列。我们来看看 M 冰箱是如何占领浙江省 H 县市场的。

跨国大品牌除了在一级城市市场紧追不放外，对二三级市场也采取了行动。尤其是跟 M 冰箱同一层次也是最直接的竞争对手 X 冰箱，早已先于 M 冰箱进入了浙江省 H 县市场，占据了先入为主的优势。

小何就是在这个时候被区域营销经理派到浙江省 H 县市场的。小何的任务，是要在这块 M 冰箱的空白地区，快速建立起自己的销售网点，以完善整个渠道网络。当时，摆在小何面前的困难有三个：一是人生地不熟；二是自己的品牌在这个地区几乎没有任何知名度；三是这个有着 40 多万人口的郊县市场，其实由三家实力强大的经销商把持着，乡镇一级的零售商普遍不具有批发渠道。而且，竞争对手 X 冰箱几乎是已经霸占了大半个 H 县的销售网络。

M 冰箱没有更大的经济实力和时间去培养新的经销商，所以要想在短时间内建立起新的经销渠道几乎是不可能的。营销唯一的办法只有从对手手中抢夺。

为此，小何专门对这三家经销商做了详细的调查分析，结果如下。

A 经销商主要经营当地品牌扬子冰箱，信誉好，形象也好，但销售网络并不完善。

B 经销商专门经营伊莱克斯、西门子冰箱，服务好，但仅有县城一家商店。

C 经销商除了专做 X 冰箱外，还做彩电和洗衣机，资格较老，但思维陈旧，批发网络能覆盖全县。

通过对每个经销商的调查分析，小何还发现，C 经销商虽然只做一家冰箱，但对目前与 X 冰箱的合作不是很满意，而且，他的客户忠诚度比较高，只是经营思想陈旧，发展步伐比其他同行要慢得多。但是，由他自己经营的电器商店规模是全县第一的，除了批发网络外，直营店的销售也很可观。

　　但由于 C 经销商依然是传统的坐商，一些乡镇零售商都是自己开车来他这里批发提货的，尽管有很多是老客户，但由于另两家竞争对手的服务要比他好，所以实际上 C 经销商也在开始流失一些客户。

　　但无论如何，C 经销商实际的销售能力依然是全县最强的，对从来没进入过这个地区的 M 冰箱来说，C 经销商和他的批发网络无疑是最佳的选择！

　　小何决定把目标瞄准 C 经销商。

　　C 经销商袁老板 40 岁上下，早年卖过白酒，也贩过烟，后来才转到经营家电上，其经营家电的历史有 12 年之久，在县城的家电行业内有很高的知名度，从开始主要做电风扇和电视机，到今天成为 X 冰箱的独家经销商和几家一二线彩电、空调的分销商，袁老板也算是走过一段财富的发展之路，在这个小县城的商业领域也算得上是有头有脸的人物。

　　一经选定目标，小何就开始实行他的计划。

　　一天，小何来到袁老板的店里，像是一个随意路过的人，偶尔进入店堂闲逛，他东看看西瞧瞧，脸上始终带着微笑，营业员向他介绍产品，他也只是嗯嗯地点头，还不时自言自语地说："不错，不错。"这时，又有一个顾客进入店堂，营业员见小何不像是买商品的人，就转而接待新来的顾客了。

　　小何观察了一会，发现这个营业小姐对产品不太熟悉，介绍产品时不能切中要害，一看就是没有经过专门培训的，所以当又一个顾客进来时，小何就主动上前，向顾客推介各类产品，从产品的内部结构、性能特点到外观质量以及使用中应注意的问题，无论彩电还是冰箱，小何都如数家珍地说得细致，使得两个顾客当场就选择了小何介绍的电器商品。

　　小何隔一天就来袁老板的店里，连续来了几次，每次来，他都能帮助店里销售很多彩电、冰箱。袁老板也从营业员口里知道他是个电器专业行家，所以也很欢迎他来，有时两个人也聊聊家电市场行情。袁老板还发现，小何自己不抽烟，但每次来总是会向他发香烟，几次下来，两人成为好朋友，袁老板向他说客户越来越少，还告诉他，今天县城又新开了一家电器商店。聊着聊着，袁老板就聊到 X 冰箱了，说 X 冰箱的质量一直不稳定，已经有好几次退货，售后服务也无法到位，使他进退两难。小何便向他提出很多关于如何完善经营渠道网络的建议，一方面也自告奋勇地愿意抽空来店里帮助销售产品，袁老板对小何真是感激不尽！

　　一个周日的早上，小何又来到袁老板的电器店，袁老板正好在店门口摆放广告牌，两人就像老朋友一样打了招呼，然后东南西北地聊了起来。

　　过不多久，陆续有一些顾客进来看看，这时一个新进来的女性顾客引起了小何的注意。这是一位 20 多岁的女性，她一会儿看看彩电，一会儿看看洗衣机，对营业员小姐的介绍却无动于衷，营业员小姐干脆就不跟随着她了。当姑娘走到冰箱陈列时，一直站在一旁观察的小何主动地迎了上去。

　　小何：小姐你好，请问你是想买一台冰箱吗？

　　姑娘：是啊！

　　小何：小姐一定是为了结婚而准备嫁妆的吧？

　　姑娘：啊，你怎么知道？

　　小何：呵呵，我看见小姐先是看了 9 分钟的彩电，又看了 7 分钟洗衣机，现在又来看冰箱，说明小姐此次想一起购买所有的家用电器，除了结婚备嫁妆，一般人是不会一下子

买几大件电器的，只是……

姑娘：只是什么？

小何：只是你不知道买什么牌子的好。

姑娘：嗯，是的。

小何：而且，除此之外，你还担心产品的质量，同时，你想得到一个很优惠的价格，对么？

姑娘：对啊！对啊！

小何：呵呵，我告诉你如果你确实是结婚办嫁妆的，我觉得彩电呢要买×××牌子的，因为现在它的价格比较便宜，质量也很过硬，而且更主要的，它的平面直角款式，代表了将来的流行时尚，我相信你买回去，你的小姐妹们一定会羡慕你的选择的。

姑娘：呵呵，谢谢，那冰箱买什么牌子好呢？

小何：冰箱的牌子相对彩电要多，但这里现在只有 X 冰箱，从质量上看，应该没什么问题，价格也要比×××的便宜得多，只是它的压缩机运转声音比较响，时间长了可能会令你受不了。

姑娘：那我怎么办呢？

小何：呵呵，没关系，下午就会有一种最新的冰箱进来。同样规格，它的价格却要便宜 200 元，同时它最大的优点就是费电量相当小，一个月才 8.9 元钱的电费，相信小姐一定会喜欢的。

姑娘：真的么？是什么牌子啊，能不能告诉我？

小何：是 M 牌的，不过，目前这里除了这家店下午会有，其他地方是买不到的。

姑娘：那我下午来吧！我本来也是想先来看看的。

小何：好啊，下午来，我们会专门派车帮你送到家里去，帮助你全部调试好。

姑娘：谢谢，你们这里的服务真好啊！

小何：谢谢姑娘的夸奖，假如这几大件产品全部在这里买的话，我保证会给你一个全县最优惠的价格。

姑娘：那谢谢了，我当然想一次买全算了。

小何：好了，我先帮你去挑洗衣机去。

这令人惊叹的精彩一幕，全部被一旁的袁老板看了进去，这个做了 10 多年生意的老江湖，简直被眼前这个小伙子的精彩推荐给惊呆了。以至于当小何送走客人来到他面前，告诉他下午会来个大客户时，他都不知道说什么好，但他还是想起了什么。

袁老板：下午我哪有什么新款冰箱卖给她啊？

小何：呵呵，不用急，我帮你准备了。

于是，小何向袁老板说出了真相，并提出了让袁老板做全县独家总经销的想法，同时很快帮袁老板设计了一个方案：如果跟 M 冰箱合作，小何将全力帮助袁老板开拓全县的网络，同时帮助袁老板拖垮竞争对手。最后，小何还帮袁老板算了一笔账，合作得好的话，一年光经营 M 冰箱一项，就可以净赚 60 多万元。

袁老板一听喜出望外，并为小何的聪明才智深深折服。只是埋怨小何为什么不早说，小何狡黠地笑了笑，现在说了也不迟啊！

三天以后，袁老板以 X 冰箱质量和售后服务不好以及缺乏销售支持为由，果断与 X

新世纪高职高专课程与实训系列教材

冰箱做了了结，并与 X 冰箱区域经理结算了存货和货款，结束了长达三年之久的合作，重新整理了店内的商品陈列秩序，开辟出商店的三分之一面积，全部陈列满了 M 冰箱的样机。还在商店的门楣，做了一个很大的 M 冰箱广告。

由于得到了小何的大力支持，袁老板很快将全县各乡镇的批发商、零售商团结在一起，形成了一个非常完善的销售网络，同时小何也在区域经理的支持下，在全县主要的围墙、乡镇村落刷上了广告，挂起了横幅，宣传攻势猛烈有序。在短短的一个月内，M 冰箱就把新产品铺满了全县的每个角落。就这样，小何仅仅用了 10 天的时间，就把这个县城的家电渠道从 X 冰箱的手中强行抢夺了下来。

(资料来源：沈坤. 一个销售人员的渠道开拓经历[M]. 市场营销案例，2004(12).)

问题：

1. 小何为什么不一开始就直接去联系那些经销商，他是怎样选定袁老板作为自己的经销商的？

2. 小何在和袁老板接触之前做了哪些事情，为什么要这样做？

3. 小何是怎样说服袁老板的，其中运用了哪些技巧？

4. 通过本案例，你得到哪些启发？

相关案例一

曾经有一个美国出版商出版了一本新书，但是销量始终很低。为了提高销量，他想了很多办法，但效果还是不理想。有一天，他利用拜访总统的机会，向总统赠送了一本书。过了几天，他就向总统请教对书的看法。出于礼貌，总统自然要恭维一番。出版商很快就此打出广告：这是一本总统赞不绝口的书。很快，很多人开始关注这本书，纷纷购买。有了这次经验之后，当出版第二本书时，出版商再次拜访总统向他赠书。因为上次很多人买书之后，发现书写得并不怎么样，而总统居然"赞不绝口"，都说总统也太没水准了，因此总统很生气，于是这次就评价说"这是一本糟糕透顶的书"。出版商并没有生气，直接打出广告：这是一本总统非常讨厌的书。这引起了公众的好奇，销量比第一本更好。等他第三次向总统赠书时，总统连书都不接，一句话也没说转身就走。出版商不慌不忙地打出第三个广告：这是一本总统无法判断的书。广大读者更加好奇了：这到底是一本什么样的书啊，总统怎么"无法判断"呢？结果，第三本书的销量比前两本还要好。总统在很多人心目中具有相当高的地位，出版商非常巧妙地将总统与他的三本书联系起来，起到了意想不到的效果。

相关案例二

2003 年，上海健特公司的脑白金广告被评为当年十大最差广告之首，与此同时，脑白金却连续 5 年蝉联中国保健品销量冠军。虽然很多人都不喜欢脑白金的广告，但不断重复的广告使"收礼只收脑白金"深入人心，甚至成为一些人的口头禅。健特公司的广告策略始终坚持"以最小的成本，办最大的事情，发挥最大的效果"的宗旨。脑白金在全国各地报纸上的价格最高的也不超过正常报价的 45%，电视专题片的价格更是不到 10%，电视广告的价格一般在 40%以内。例如，上海东方电视台是国内仅次于央视的第二大电视台，"脑白金"在与东方电视台合作之前事先了解到，东方电视台的广告收费一般是报价的

80%，最低为 68%。经过一个半月的拉锯式艰苦谈判，脑白金支付电视台的广告费最终以电视台报价的 33%成交。虽然广告费用不到一般公司的一半，但是这并不影响"脑白金"对广告效果的要求，健特公司在各地聘请很多兼职广告督察员，了解当地电视台对"脑白金"广告的播出情况。比如，健特公司与电视台约定每天播放 10 次"脑白金"的广告，每次播放 10 秒钟。如果某地广告督察员报告当天电视台只播放了 9 次"脑白金"广告，最后一次只播出 9 秒钟，健特公司马上就会与当地电视台联系，要求电视台给予补偿，以保证"脑白金"的广告播出率，尽量让更多的人见到广告，记住广告，形成深刻的印象。

第七章 推销面谈与成交

本章学习要点

● 面谈的原则
● 顾客异议产生的原因
● 正确认识顾客异议
● 处理顾客异议的方法和技巧
● 成交的基本策略与各种成交的方法

第一节 推 销 面 谈

推销面谈是指推销人员当面运用各种方式、方法和手段，透过沟通使顾客购买推销品的过程，也是推销人员与顾客之间相互沟通、交流信息的过程。面谈的关键在于激发顾客购买动机和欲望，促使顾客采取购买行动。

一、推销面谈是说服沟通的过程

推销面谈是推销人员向顾客传递推销信息的过程。它是整个推销过程的关键环节。这是一个复杂的、具有丰富内容的活动过程。推销人员能否成功地与顾客沟通，达成最后的交易，往往取决于推销人员在面谈中的表现。

推销人员在推销面谈中要注意推销技巧，完成下列任务。

(1) 解答顾客的疑问，取得信任。优秀的推销员在推销产品之前会先推销自己。顾客对推销员会有天然的抗拒心理，如果不信任推销员，顾客是不会购买推销品的。

(2) 根据顾客的欲望和需求介绍产品，让顾客认识产品的针对特性和利益。推销员向顾客介绍推销信息是推销员应尽的责任和义务，同时推销信息也是赢得顾客信任、吸引顾客购买的基本因素。

(3) 加强顾客的欲望。对推销品的注意和兴趣是顾客购买的基础。推销员在推销面谈时应该注意保持和加强顾客的拥有欲望，并努力将其转化为购买动机，直至实现购买行为。

(4) 不断刺激顾客需求，诱发顾客的购买动机。推销员在推销面谈中应该积极促使顾客认识到推销品对自己的价值，形成并保持强烈的购买动机，说服顾客购买推销品。

二、推销面谈的原则

成功的推销面谈是双方协作与竞争的共同结果。买卖双方都是赢家，都会从中获得一定的利益。因此，要想正确地规范推销面谈的思维方法，有效指导推销面谈行为，取得

"双赢"的推销面谈结果，推销人员在面谈活动中要遵循一定的原则。

1. 针对性

针对性原则是指推销面谈必须具有明确的指向性特征，这就要求推销人员要针对推销品的特点、顾客的特点以及推销环境的特点，进行推销面谈目标、方案、策略的设计与实施，开展目标明确、针对性强的推销活动。

为了实现推销的针对性，推销人员要做到以下几点。

(1) 针对顾客要求，推销产品的使用价值。

(2) 针对顾客的个性心理，推销产品给顾客带来的利益。

(3) 针对产品的特点，推销产品的差异优势。

2. 诚实性

诚实性是指推销员在推销面谈中要讲实话，别说假话，如实向顾客传递真实的推销信息，帮助顾客做出正确的决策，这是对推销员的起码要求。俗话说"诚招天下客"，推销人员在推销面谈过程中要对顾客坦诚相见，诚实守信，实事求是地介绍推销品，介绍自己，赢得顾客的真正信任。

3. 鼓动性

推销既是说服的艺术，也是鼓动的艺术。推销面谈的成功与否，与推销员能否有效地说服和鼓动顾客密切相关。在推销面谈中，推销员应该积极主动，形成有效地推销、成交氛围，促使顾客购买，实现推销目标。

(1) 以自己的诚心和热情去鼓舞和感染顾客。

(2) 以鼓动性语言打动顾客。

(3) 以丰富的知识去说服顾客。

4. 参与性

推销面谈的过程不应是推销人员的"一言堂"，而应是面谈双方共同的参与，是双向的信息沟通过程。推销人员应设法去引导顾客参与推销面谈，积极鼓励顾客亲自操作、试用、品尝推销品，调动顾客的积极性。

(1) 鼓励顾客参与。据研究，顾客在推销活动中参与度越高，推销成交的几率就越高。推销员在推销过程中，应该鼓励和吸引顾客积极参与推销活动。

(2) 认真听取顾客的意见。推销员在推销活动中，不仅应该向顾客介绍有关的推销信息，而且也需要努力倾听，了解顾客的需要和想法。

(3) 掌握面谈的主动性。推销员应该掌握推销过程的主动权，积极调动顾客的情绪，引导顾客做出有利于成交的决定。

三、对产品介绍的要求

对推销员产品介绍的总体要求是：亲近易懂，少说产品方面的专业名词。

很多技术复杂的产品，即使是专业的教授也无法清晰地将一个产品流畅地描述出来，在有关产品的材料知识、技术知识、工艺知识等方面就更加无法了解清楚了。因此，推销员要多多学习产品知识，更多地了解、掌握产品的相关知识、名词、术语等。虽然掌握相关的产品知识会对推销员的业绩起促进作用，但是应该有个限度，而不是无限地追求技术。无限地追求技术，产品就卖不出去了。这也是学产品技术专业的人员的销售业绩普遍不如学营销专业的人员的原因。

如果推销员的销售倾向是向顾客倾倒专业名词，而其实他本人对这些专业名词也并没有很透彻的了解，那么一旦顾客提出了新的名词，自己不懂，或者根本就没有听说过的时候，就容易非常慌乱，而担心失去顾客的信任。其实，推销员在顾客心目中建立的信任不完全是靠本身对专业术语的掌握，也不仅在于个人对产品知识的透彻解释，而在于强调顾客得到的利益，这才是顾客最关心的。

说专业名词不代表你的专业性，陈述你对一个问题的系统看法才表明你的专业性。

产品推销员应该遵守一个原则：顾客不说专业名词，推销员就不说专业名词；顾客说专业名词时，产品推销员一定要把顾客说的这条专业名词用陈述利益的方法来讲给他。

比如当顾客问及汽车的 ABS 时，推销员就应该这样说："你的开车经验一定很丰富吧？你学车的时候，教车师傅教你在你遇到紧急情况，遇到意外情况时应该做什么事情？"很多消费者会说，当然是应当踩刹车。推销假人员随即可以说："对了，我们说应该教你两条，那就是一停二躲，即停住或者躲开。有的时候，刹车距离不够，必须要控制车的方向以便可以躲开障碍物。当轮胎被刹车系统停止时，轮胎与地面就产生了滑动摩擦，因此车的运动方向就不受司机控制，所以科学家专门想出一个办法，把刹车有频率性地松开一小会儿，这样就给了你时间，通过控制方向盘来瞬间地控制汽车。"这样的陈述方式就是利益的陈述方式，它的表达集中在顾客理解的利益基础上。

切忌大量地使用非常艰深难懂的专业术语，记住，有意识地控制自己的语言，使用亲近易懂的语言比使用专业术语要好得多。

四、产品展示的要点

产品展示是销售任何产品都必须经过的步骤。但是，产品与产品是不同的。比如，手机销售人员与潜在顾客可以面对面地共同观看销售人员讲解并示范手机的各种奇妙的功能，但是某些大型机械产品却不可以，因为展示这样的产品需要足够的场地和空间。

有些产品技术复杂，为了引起顾客的注意和兴趣，通过靓丽的外形，耀眼的反光，别致、精细、考究的各种设计来显示产品贴近人性的一面。但是，不能忽略的是，产品是用来使用的，过于突出其颜色的多样性、豪华的外表等并不能促使购买者做购买决策，尤其是是否在你这里购买还没有确定。

在展厅展示产品的要点包括以下几方面。

1. 传递有关产品的信息——中国产品消费者注重非正式信息的传递

中国人注重关系，所以对接收到的非正式信息比较愿意接受，这与在西方销售产品的

情况不同。在美国，消费者追求的是销售人员提供的全面的、所有的信息，而且，卖场提供的信息必须是在宣传手册上，或者产品制造商提供的文字书面说明书上有的。

所以，我国的推销员应该学会如何获得或者有意识地创造尽量多的非正式信息，并传递给潜在顾客，这对销售业绩的增长有促进作用。这一点是由中国文化的特点决定的，因为中国人非常注重人际关系，所以推销员的言行要符合中国人的文化标准。

2. 使用标准化的产品销售展示流程

推销实际上是推销员在与另外的卖场的推销员进行"标准化的产品销售展示流程"的竞争，因此，如何在潜在顾客的头脑中率先确定你的专业形象将是非常重要的。如果推销员在顾客头脑中的印象是可以全面、有系统、有逻辑地介绍产品的专业推销员，你的机会就来了。展示产品需要有专业的、系统的、逻辑的展示次序。

3. 充分利用各种道具

推销员在展示产品时，要采取可以利用的各种工具让顾客可见、可听、可感知。

4. 强调顾客获得的利益

在产品展示的过程中，推销员的介绍应该侧重于顾客所能得到的利益。

请看如下可能发生的产品推销员与顾客之间的对话。

> 推销员：当您考虑购车的时候，你最看重的是什么？(一般性提问)
>
> 顾客：我们全家经常在周末的时候出去，所以可能需要空间大一点的车子。(通过提问确定顾客的需求)
>
> 推销员：您说得真对，全家出去，车子的空间大小确实非常重要。(迎合需求)
>
> 推销员：(展示利益)这款全新的××越野车有很大的车内空间，事实上至少可以坐 7 个人，即使您的孩子也能感觉到安全和舒适，因为安全带可以根据乘客的高低来调整。您出行就是带很多行李也没问题，后面的行李箱大小可以调整，就是把您同事的行李带上都没问题。

这段对话的核心是：总结顾客获得的利益有家庭休闲出行、孩子的安全、帮助周围的人；总结产品性能有车内空间大、驾驶舒适、安全。

从这段对话我们可以得到这样的启示，推销人员与顾客之间是一种你来我往的交流和沟通，不断地给顾客以肯定，不断向顾客传递产品的价值。其实，这是销售任何产品的核心，销售高手销售的是顾客获得的利益，产品的性能是销售不出去的，也不是顾客购买的理由，将产品的性能转化为顾客的利益才是推销员应做的。

再看下面可能发生的产品推销员与顾客之间的对话。

> 推销员：现在堵车经常发生，遇到堵车的时候，你一般在做什么？(一般性提问)
>
> 顾客：现在堵车越来越严重，连周末都堵车，没办法，听音乐呗。(通过提问确定顾客的需求)
>
> 推销员：堵车真的烦人，尤其是又看不见前方，只能看着前车。(迎合需求)

推销员：(展示利益)当你坐在这款××越野车上，可能不会有受阻的感觉，因为您的视野非常远，座位高能让您看见前方很远的地方，能了解前方的情况，不仅看得远，而且视野也宽阔，比其他的车多了一份自由空间，而且车内腿部的空间宽大，堵车也不会有疲乏的感觉，对驾驶者来说是一种享受。

这段对话的核心是：总结顾客获得的利益有看得远、视野宽阔、驾驶舒适；总结产品性能有驾驶座位高、车内空间大、腿部空间大。

从这段对话我们可以得到这样的启示，推销高手总是寻找顾客所关心的产品性能，而且能及时准确地将产品性能的优点通过利益的方法说出来，并使用生动的语言强化顾客所得的利益，为顾客的最后决策提供了依据，用顾客的利益强化产品的价值。

5. 产品的独有特点对于顾客的特定含义

推销员在展示产品的任何特征和优点之前一定要记住，无论你销售的是世界顶尖的豪华产品，还是一个中低档的产品，每一款产品都有其他产品无法比拟的独特的地方。作为推销员不仅要了解这些独特之处是什么，更要清楚地知道，这个独特性对于你面对的这个具体的顾客的含义是什么？推销员要把这个思想深深地扎根在脑子里，要经常站在顾客的角度考虑问题，必须经常不断地替顾客发问："你介绍的这个特征和优点跟我有什么关系？对我有什么好处？"这样你的产品展示就到位了。

五、让顾客对产品有良好的体验感觉

产品展示是销售产品的关键环节。顾客在展示过程中做出购买决策的占最终购买的70%左右，而且，没有采购的消费者做出不采购决定的主要时间也是在产品展示的过程中。

在产品展示过程中，消费者通常会收集信息，以便做出决策，这些信息包括如下三个方面。

(1) 推销人员的专业水平。

(2) 推销人员的可信任度。

(3) 产品符合顾客内心真实需求的匹配程度。

注意，其中有两个方面是与推销人员有关的，因此说，推销员的个人问题是顾客购买的关键。

为了促使顾客购买，推销员在产品展示过程中应注意以下几方面。

(1) 显示自身真诚的服务意识和态度。

(2) 显示寻找顾客需求并提供满足需求的热情和积极。

(3) 显示丰富、专业的产品知识以及业务知识。

(4) 显示产品的利益和价值，尤其是那些从产品外观不容易看到的价值点。

推销人员在销售过程中的产品展示基本手法包括以下几种。

(1) 性能销售展示。这种方法的特点是结构紧凑，流程清晰。这种方法基于潜在顾客

的需求直接来源于产品本身，尤其是产品的外表，通过产品外表就可以直接刺激购买动机。这些潜在顾客一般都在进卖场前充分了解了产品，他们的到访本身就是被产品独特的各种功能直接刺激的。在这种产品展示中，重要的是按照流程，结构化地强调产品的主要独到之处。推销员要信心十足，给顾客一定的时间压力会对促成销售有利。对于技术含量不高的产品，尤其适合这样的销售展示。在这种情况下，不太需要顾客意见和参与，不需要对技术有过多的阐述，是高度传统式压力销售。

(2) 公式化展示。这种方法的特点是半结构化，需要推销人员有强烈的销售动机。这种方法常见于大规模产品促销。其主要依据是，潜在顾客认为产品没有什么差别，只要提供标准的、统一的流程，就可以顺利完成销售。由于太多的固定的销售展示，不需要什么特殊的创新，因此销售工作比较枯燥和单调，需要推销人员有足够强的销售动机，尤其是经过大量的销售培训之后，往往可以立刻取得销售业绩的提高。

(3) 针对需求满足的展示。这种方法的特点是没有具体的流程可以遵从，也没有什么具体的结构可以按部就班，属于灵活、具有高度创新要求的销售展示形式。通常由向潜在顾客提问开始，并在满足顾客需求时结束。这种产品销售展示需要推销人员与顾客有一个建立需求的过程，尤其是让顾客自我意识到对产品的需求，以及这些需求得到满足的方法和过程。

(4) 解决问题式展示。这种方法的特点是完全顾客化的展示，推销人员要有高超的展示能力。这种展示包括两个步骤，第一个步骤就是彻底了解顾客的所有困难和问题，并提供有效的、有针对性的、顾客可直接得到的个性化的解决方案。第二步就是针对顾客的问题进行展示。对采用这种展示方法的推销人员来说，最重要的就是建立初期的信任关系，通过理性的分析来推进产品销售的过程，让顾客意识到推销员才是他的困难的解决人，也是最了解他的人。这种展示方法需要推销人员针对具体顾客准备独特的产品说明，所有产品的展示不是统一标准，而是个性化的，完全根据顾客独特要求制作销售说明。

六、面谈中的顾客需求分析

推销人员在推销一款产品的时候，首先需要的就是了解顾客的需求，核心是发现顾客的真正购买动机。

任何消费者在采购任何产品的时候都会出现这样的情况，那就是有一部分是他们清楚的原因，也有一部分是他们没有意识到，即使意识到了也不愿意承认的原因。前者我们称为显性动机，而后者则称为隐性动机。

顾客来购买产品时，除了他们告诉推销人员的理由以外，还有很多说不出来的理由。推销人员要通过了解人们采购产品的本质原因来更加有效地赢得顾客的订单。

通过图 7-1，我们可以看出显性动机和隐性动机是如何影响一个产品消费者采购奥迪汽车的。

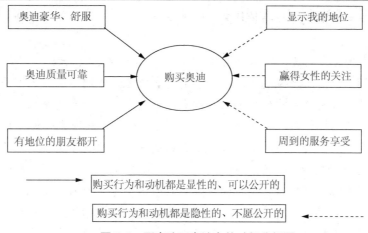

图 7-1 顾客购买奥迪车的动机分析图

推销员要了解潜在顾客的显性以及隐性的各种动机。从推销员的角度来看，分析潜在顾客的动机应该有三个重要的方面。

1. 发现顾客真正的购买目的

推销员要发现顾客真正购买的目的，其实就是每一个顾客所不同的那些隐性动机。如果顾客真正的购买目的只是价格，那么产品的其他性能对他来说都没有什么作用；如果顾客真正的购买目的是显示地位，那么你谈任何优惠的价格等因素对他也不构成诱惑。所以，了解顾客真正的购买目的是在与其初步建立了信任，通过了第一个阶段的沟通之后的首要目标。

真实的购买目的是从哪里发掘出来的呢，从孙路弘先生的亲身经历来分析一下。

孙路弘先生在澳洲卖车的时候，一个顾客说要买福特车，福特车全都是自动挡的，这个顾客来买车时却点名要手排挡的。孙路弘先生当时询问是不是因为手排挡的车价格比自动挡的车便宜，顾客却说钱不是问题，只要把手排挡的车找来，他按自动挡的价格付款。孙路弘先生当时很奇怪，这是为什么呀？如果不能搞明白他为什么必须要手排挡的车，孙先生注定会丢掉这个顾客。是什么原因促使他一定要追求手排挡的车呢？真实的购买重点是需要问出来的，顾客有的时候是不会主动说的。孙路弘先生说："您是专业司机？所以你要手排挡要加速感觉？要动力性？"顾客开始回答问题时就把真正的目的说出来了。注意，为什么顾客会说出真正的目的，因为孙路弘先生提到"您是专业司机"，这一句话很重要，这一句话是给别人向你打开心胸关键的一句话。如果只说顾客注重动力性，不足以让他打开自己的内心；只有说他很专业，是一个专业司机时，顾客会感到很受用。这是在给他尊重，而且表明一个态度我想向你学东西，你是专业司机。顾客对孙路弘先生说："我不要这个加速性，那都是年轻小伙子追求的，最近一段时间我工作变了，要用车跑很多路，而且都是盘山公路。"孙路弘先生就问："盘山公路用手动车怎么会帮你，是不是上坡有用呀？""上坡是一个方面，但是我更看中的是下坡的时候，万一这个刹车系统失灵了，我可以用手排挡把速度降下来。"他强调说，"对，强制往下降速，就是用手排挡降速，刹车失灵时手排挡可以帮你降速。"孙路弘先生当时不知道，一般人也不会想到，一个人要买手排挡的车就冲这个买，而他确实就为这个原因买。孙先生当时有两个解

决方案,一个是不给他找一个手排挡的,放弃这个顾客;另一个是不给他找手排挡,也得把这个顾客拿下来。

孙路弘先生当时卖的是福特飞鹰 4.0、4.1 的轿车,要是给他调手排挡车,不知什么时候才能从美国调来,所以只有想办法把现有的车卖给他。但问题关键已经出来了,购买重点也已经出来了,就是他注重的安全性,即刹车系统失灵以后的安全性。恰恰是在一开始孙先生忽略了介绍福特车的自检功能,福特车的自检功能不仅检查气囊,检查 ABS,还检查一般刹车油的渗漏情况,当时他不知道要介绍这一点,谁也不会在前期介绍这么细。但一旦发现顾客有这种需要的时候,推销员就要详细介绍这款车刹车的自检系统是多么完善。好到什么程度呢,好到只要刹车油在较短时间内下降一毫米,系统就会警告你,就会告诉你刹车油的油压变化。孙路弘先生立刻给他讲这项功能的目的是什么,当然是希望他会买车,因为这款车的现有安全性能已经足够好了。只是多数人在讲完这点后就完了,其实这实际上还不足以满足顾客需求,大家不要忘了,虽然目前的方法足够好了,但只是从正面这一个方向进行表述的。举个例子吧,医生给你看病,给你开了药,说药到病除,病人会考虑,也可能他的药会药到病除吧,老道的医生还会加上一句话,说明如果不用我的药会怎样。要一正说,一个反说,都在说一件事,一个说我现在安全性能已经很好了,它已经比你过去那种好多了;另外要告诉他用手排挡降速是非常危险的,用手排挡把速度降下来,有可能在强行降挡的时候,齿轮将凸轮逆裂,直接将发动机打裂,这样就有了爆炸的可能,实际上反而更加不安全。所以说,抓住购买重点以后,用两个方面来向顾客解释,一个方面是正向的,解释现有的新的科技的方法好;第二个方面是反向的,就是详细叙述过去的方法存在更大的安全隐患。

后来在维修工程师的协助下,顾客亲自体验了启动时的自检功能所包括的所有项目,而且,实际试验了刹车系统漏油时的警告。最后这个顾客在孙先生那里买了车。而且,在以后的三年里,这个顾客分别介绍了五个顾客来孙先生那里买车,他介绍来的顾客告诉孙先生说,他们的朋友说孙先生非常专业。其实,对于专业产品技术来说,孙先生并不精通,他不过就是紧紧抓住了顾客的购买重点,然后从他可以体会到的利益出发来详细地解释,并实际试验,从而打消了顾客所有的关于自动挡车的疑虑,当然顾客也非常满意了。

这个实例告诉我们,推销人员在与顾客商谈的过程中一定要发现真正的购买动机,这样才能满足顾客的购买欲望。

2. 判断顾客的采购决策类型

推销员要知道顾客基本属于哪个采购决策类型,才能很好地与顾客交流。所以推销员需要判断顾客的大致类型。

按照顾客表达意愿的程度(表达度)和情感度两个坐标方向,大致可以把顾客分为分析型顾客、支配型顾客、和蔼型顾客、表达型顾客四类。

每一类顾客的特征,以及他们的需求倾向、担忧的事情和针对他们的销售策略都应该不同。

图 7-2 表明了四类顾客的具体特点、需求、恐惧和推销员应该采取的策略。

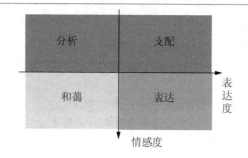

支配型		
特征：	需求：	恐惧：
➤ 发表讲话、发号施令	➤ 直接回答	➤ 犯错误
➤ 不能容忍错误	➤ 大量的新想法	➤ 没有结果
➤ 不在乎别人的情绪、别人的建议	➤ 事实	
➤ 是决策者、冒险家，是个有目的的听众		
➤ 喜欢控制局面，一切为了赢		
➤ 冷静独立、自我为中心		
策略：		
➤ 充分准备，实话实说		
➤ 准备一张概要，并辅以背景资料		
➤ 要强有力，但不要挑战他的权威地位		
➤ 喜欢有锋芒的人，但同时也讨厌别人告诉他该怎么做		
➤ 从结果的角度谈，给他提供两到三个方案供其选择		
➤ 指出你的建议是如何帮助他达成目标的		

表达型		
特征：	需求：	恐惧：
➤ 充满激情，有创造力，理想化，重感情，乐观	➤ 公众的认可	失去大家的赞同
➤ 凡事喜欢参与，不喜欢孤独	➤ 民主的关系	
➤ 追求乐趣，乐于让别人开心	➤ 表达自己的自由	
➤ 通常没有条理，一会儿东一会儿西	➤ 有人帮助实现创意	
策略：		
➤ 表现出充满活力，精力充沛		
➤ 提出新的、独特的观点		
➤ 给出例子和佐证		
➤ 给他们时间说话		
➤ 注意自己要明确目的，讲话直率		
➤ 以书面形式与其确认		
➤ 要准备他们不一定能说到做到		

图 7-2 四类顾客分析图

和蔼型

特征:	需求:	恐惧:
➤ 善于保持人际关系 ➤ 忠诚,关心别人,喜欢与人打交道,待人热心 ➤ 耐心,能够帮激动的人冷静下来 ➤ 不喜欢采取主动,愿意停留在一个地方 ➤ 非常出色的听众,迟缓的决策人 ➤ 不喜欢人际间矛盾	➤ 安全感 ➤ 真诚的赞赏 ➤ 传统的方式、程序	失去安全感

策略:
➤ 放慢语速,以友好但非正式的方式
➤ 提供个人帮助,建立信任关系
➤ 从对方角度理解
➤ 讨论问题时要涉及人的因素

分析型

特征:	需求:	恐惧:
➤ 天生喜欢分析 ➤ 会问许多具体细节方面的问题 ➤ 敏感,喜欢较大的个人空间 ➤ 事事喜欢准确完善 ➤ 喜欢条理 ➤ 对于决策非常谨慎,过分地依赖材料、数据,工作起来很慢	➤ 安全感 ➤ 不希望有突然的改变 ➤ 希望被别人重视	➤ 批评 ➤ 混乱局面 ➤ 没有清楚的条理 ➤ 新的措施方法

策略:
➤ 尊重他们对个人空间的需求
➤ 不要过于随便,公事公办,着装正统
➤ 摆事实,并确保其正确性,对方希望信息多多益善
➤ 做好准备,语速放慢
➤ 不要过于友好
➤ 集中精力在事实上

图 7-2 四类顾客分析图(续)

以上内容需要产品推销员仔细研究与体会,在实际销售过程中才能得心应手。

3. 推销员要判断自己的类型

推销员想要根据顾客的类型采取针对性的策略,首先要知道自己属于哪个类型,所以,先从推销员自己开始试验、理解这个分类。推销员先回答下面四个问题。

(1) 判断自己大致属于哪个类型。

(2) 回顾自己采购最贵重的物品时是如何决策的。

(3) 回顾自己为什么会拒绝一些推销人员的推荐。

(4) 思考如果现在让自己决定,自己还会买同样品牌的物品吗?

推销员最好将自己对这四个问题的回答笔录下来，然后交给同事，让他根据自己写的内容，找出应该如何向自己推荐产品。同事之间互相交叉做，判断每个人的类型，就会发现对不同的人应该采取不同的策略。最后，根据理解的四类顾客对自己的同事进行分类，并尝试找到向他们每个人介绍产品和推荐产品的主要策略和方法。

推销人员要知道，有很多顾客并不是单一类型的，他们有混合的趋势。但是，所有混合的趋势实际上都是后天形成的。这些后天形成的东西对他们的采购决策影响是有限的，只有天生的类型倾向才会最终决定他们的采购决策。

七、推销员做好产品销售工作必须回答的问题

销售人员在首次与顾客沟通后，必须可以回答如下问题。

(1) 客户现在是否在使用其他品牌的产品？

(2) 客户是如何了解到我们的产品的？

(3) 客户对本公司的产品了解多少？了解什么？是通过什么渠道了解的？

(4) 客户对其他公司和品牌的产品了解多少？

(5) 客户周围的朋友是否有使用本公司产品的？

(6) 客户是否知道本公司产品的长久价值？

(7) 客户是否清楚产品质量问题可能导致的严重后果？

(8) 客户是否知道售后服务对产品的意义是什么？

(9) 客户中谁在采购决策中具有影响力，其影响力是多少？

(10) 客户中具有采购决策权的人数是多少？

(11) 客户的学历状况如何？

(12) 客户平常阅读的报纸、杂志、图书的情况如何？

(13) 客户的个人成就如何？

(14) 客户对自己企业或者个人的评价如何？感觉如何？

(15) 客户从事商业活动的时间有多长？

(16) 客户过去的经历中哪些是他们最得意和自豪的？

(17) 客户如何评价这种产品？客户认为这个行业发展趋势如何？

(18) 客户周围的人对他的评价和认知如何？

(19) 客户是否有稳定的价值观、商业观？

(20) 客户平时是否经常会做重要的决定？

……

绝大多数的推销人员甚至在从事销售的第一年后仍然无法做到仅通过第一次沟通就能够回答以上这些问题。这说明，成为一个出色的、优秀的推销员绝对不是一朝一夕就可以做到的。学医的人做医生容易，但成为能治好病的医生则需要多年的积累。成为一个优秀的产品推销人员至少需要三年的时间。通过看推销人员是否可以在一次沟通后就回答出以上问题，是可以检验产品推销人员的销售水平。

通过对这些问题的了解，推销员一定可以完整地掌握潜在顾客的购买倾向、购买重点，以及真实的、一般不会说出来的问题所在。销售产品没有什么特别的诀窍，只有不断地通过实践去练习了解人的技能，练习可以透视别人思想的技能，练习让陌生人尽快喜欢你的技能，练习尽快获得陌生人的信任的技能。

八、推销面谈的几个关键点

在推销面谈过程中，最重要也是最困难的往往是如何说服顾客接受你的建议。一般来说，推销员为了成功说服顾客，应该注意以下几点。

1. 赢得顾客的信任

顾客往往是首先对推销员形成一定评价之后，再来评价产品，顾客很难相信一个自己不信任的人所推荐的产品。所以，如何赢得顾客对自己的信任，是推销员在推销面谈中首先应该做的工作。如日本保险推销大王原一平，每次上门推销，当离顾客家二三百米时，他就开始以百米冲刺的速度向前跑。等到顾客开门时，就见到他一副气喘吁吁的样子。这样，他就很容易地减轻了顾客的戒备心理，得到顾客的同情心，从而赢得进门开始推销的机会。

2. 说明产品给顾客带来的利益和价值

当得到顾客的信任之后，推销员就应该尽量将顾客的注意力转移到推荐的产品上。推销员应该运用各种方式向顾客阐明并让其相信推荐的产品对顾客的好处。如获得 2001 年"金靴子奖"的推销员成功地向美国前总统小布什推销了一把斧子，就是向总统写了一封信，说明这把斧子可以帮助总统更好地清除其农场中的枯树。

3. 提供生动、有力的证据

推销员的自话自说往往很难让顾客真正相信，为了说服顾客，推销员需要向顾客提供相应的证据来证明自己的观点，赢得顾客的彻底信赖，如可以告诉顾客和他各方面相似的以往顾客的经历等。

4. 与顾客保持、加强长期关系

推销结束后，无论成交与否，推销员都应该与顾客建立一种长期的关系，这可以为下一次洽谈打下良好的基础，同时顾客也可以帮助你寻找、联系更多的顾客，提高你的销售业绩。

推销面谈是一项技巧性很强的工作，推销人员不仅应该掌握一些必要的理论知识，更多地需要在实践中大胆创新，积极思考，根据自己的经验，总结一些实用可行的方法和技巧。

推销活动同时也是一项高度复杂、充满挑战的工作，每次都要接触不同的顾客，每天都要处理不同的事情，每一个环节都需要不同的技巧，这些都需要产品推销员不断总结，学习掌握不同的方法和技巧，灵活应对不同的情况。

所以在产品推销面谈时，在了解顾客的情况后采取有针对性的策略，才是明智的，这样的洽谈才能使产品销售进入成交阶段。

第二节　顾客异议的处理

我们把顾客提出的不同意见或反对意见称为异议，顾客异议是推销过程中的一种必然现象，推销往往是从被拒绝开始的。有异议说明顾客有兴趣，推销人员应该欢迎和鼓励顾客提出真实的异议，并认真分析顾客异议的根源所在，从而采取适当的方法和策略来妥善处理顾客异议，以提高顾客的满意度和忠诚度，树立企业和个人的良好形象。

一、顾客异议产生的原因

在整个推销过程的每个阶段，顾客会提出各种各样的不同意见或者抱怨，可以说顾客异议贯穿于推销活动的始终。顾客异议既是推销活动的障碍，也可能是成交的契机，如果妥善处理，赢得顾客信任，可以转化和增强顾客的购买动机。顾客异议产生的原因很多，有顾客的、产品的、推销人员的，也可能是推销环境方面的等。

(一)顾客方面的原因

顾客方面的原因主要有顾客的需求、支付能力、权力和消极心理等。

1. 顾客的需求

顾客需求异议是指顾客主观上认为自己不需要推销品的一种异议。这是一种较为常见的顾客异议。顾客经常对推销员说："不好意思，我们实在不需要你的产品。"其中有的是真不需要，有的是没有意识到产品的功能，有的则是由于某种成见，推销人员应发现顾客产生异议的原因并解决。

相关实例

> 某推销员向一对青年夫妇推销一套《儿童百科知识大全》的书籍，可是青年夫妇认为他们没有必要购买此书，于是，推销员说："你们很有必要购买此书。据我所知你们有一个8岁的儿子，非常可爱，你们做父母的难道不希望他将来成才吗？"
>
> "当然希望。不过他现在还小，再说他在学校有老师教育，足够了。"
>
> "你说得不错，但是家庭教育也是十分重要的，大量事实证明，从小培养孩子对科学知识的兴趣，是使孩子成才的极好方法。"
>
> 接着，推销员列举了一些科学家成才的事例作为例子，并结合该书的内容对青年夫妇进行"需求"教育，终于使他们转变了观念，认识到自身确实需要这套书籍，并对该书产生了深厚的兴趣，于是欣然购买。
>
> (资料来源：陈明. 最佳实用推销策略与技巧[M]. 北京：龙门书局，1996.)

2. 顾客支付能力

顾客的支付能力是指在一定的时期内，顾客具有支付商品的货币支付能力。它是顾客满足需求、实现购买的物质基础。如果顾客缺乏购买力，就会拒绝购买，或者希望得到一定的优惠。有时顾客会以此作为借口来拒绝推销人员，有时也会利用其他异议来掩饰缺乏购买力的真正原因。因此，推销人员要认真分析顾客缺乏购买力的原因，以便做出合适的处理。有无支付能力是衡量一个准顾客的非常重要的标准，有的是真的资金困难，有的是假的，推销人员应该仔细分析，加以区别对待。

3. 顾客的权力

在实际的推销面谈过程中，推销人员会遇到顾客说 "对不起，这个我说了不算"、"等我家里人回来了再说"等托词，这可能说明顾客确实决策权力不够，或顾客有权但不想承担责任，或者是找借口。推销人员应了解顾客的职权范围、决策程序、自主能力，做出正确判断，这样才能减少推销的失误。

4. 顾客的消极心理

如果顾客对推销或推销人员一开始就带着消极、对抗的情绪，就很难形成融洽的推销氛围，从而会极大地影响推销效果。顾客的消极心理有很多原因，推销人员首先应该找到其真正原因，对症下药。

(1) 顾客的认知水平较低，对推销品缺乏必要的了解。这是一种戒备心理，是由于顾客无知，没有购买经验、购买习惯等原因而产生的错误认识。

(2) 顾客的情绪不佳。每个人都有情绪低落的时候，当顾客遇到某些事情而情绪悲观、失望时，往往会对推销人员和推销品产生抵触情绪。

(3) 顾客的某些不当行为。出于自尊等因素，顾客与推销人员之间出现抬扛、争执，目的是为了提高自己，证明自己的才能。推销人员首先应该尊重顾客，不要当众驳斥顾客，伤害顾客的自尊心。

(4) 顾客受到相关群体的影响。很多顾客都有一定的从众心理，当推销品与大众习惯、社会风气或顾客的影响者不相一致时，顾客往往会提出异议。

(二)推销品方面的原因

推销品方面的原因是指由于产品的效用、功能、质量、利益、服务、价格等因素不能令顾客满意或接受而导致的顾客异议。

1. 推销品的质量

推销品的质量包括推销品的性能(适用性、有效性、可靠性、方便性等)、规格、颜色、外观包装等，如果顾客对推销品的上述某方面存在疑虑、不满或偏见，便会产生异议。当然，有些异议确实是推销品本身有质量问题，有的却是顾客对推销品的质量存在认识上的误区或成见，有的是顾客想获得价格或其他方面优惠的借口。所以，推销人员要耐心听取顾客的异议，去伪存真，发掘真实的原因，对症下药，设法消除异议。

对产品质量产生异议的原因主要有以下几方面。

(1) 产品质量的缺陷。

(2) 缺乏经验，拒绝购买。

(3) 顾客所了解的关于质量的有关信息与标准已经陈旧过时。

(4) 担忧购买不当，以质量为借口。

(5) 压价的借口。

(6) 推销人员操作不当引起的质量误会。

2. 推销品的价格

价格异议是指顾客认为推销品的价格与自己估计的价格不一致而提出的异议，具体表现为认为价格过高或者过低。

(1) 认为价格高的原因主要有：顾客经济状况不好，支付能力较低；产品比同类产品的价格要高；顾客对新产品的价值不了解等。当顾客认为推销品价格过高时，推销人员可以强调产品的相对价格，或者运用时间分解法等方法来说明推销品的价格其实很实惠的。如一位家电产品推销员向顾客推销空调，当顾客向他抱怨价格太贵时，他就说："是啊，这款空调比另一品牌空调要贵 200 元左右，但是另一品牌空调的使用寿命是 3 年，而我们的产品寿命是 5 年，平均每天 2 角钱都不到，比其他产品实惠多了。而且，我们是政府部门认证的绿色环保产品，平均每天比一般产品省电 0.1 度。其实，认真算起来，我们这款产品为您省钱不少呢！"

(2) 认为价格低的原因主要是：顾客觉得有失身份；产品质量不好等。当顾客因为价格低而产生怀疑时，推销人员应该强调并让顾客相信产品价值并不低，质量绝对没有问题，低定价只是因为企业追求长期发展，让利给广大顾客。

相关知识

有人曾对世界各地参加推销研究班的推销人员进行了调查，调查结果揭示了顾客提出价格异议的动机主要有以下几个方面：顾客只想买到便宜产品；顾客想利用这种策略达到其他目的；顾客想比其他顾客以更低的价格购买推销品；顾客想在讨价还价中击败推销人员，以此显示他的谈判能力；顾客想向众人露一手，证明他有才能；顾客不了解商品的价值；顾客想了解商品的真正价格；顾客想从另一个供应商那里买到更便宜的产品；顾客还有更重要的异议，这些异议与价格没有什么联系，他只是把价格作为一种掩饰。

(资料来源：钟立群. 现代推销技术[M]. 北京：电子工业出版社，2005.)

在解决价格异议时，推销人员必须加强业务学习，掌握丰富的商品知识、市场知识和一定的推销技巧，提高自身的业务素质。在推销面谈时，以充分的理由改变消费者对价格的看法，从而接受推销品。

相关实例

一位面容稍显憔悴的女青年在化妆品柜前踌躇良久，她很想买一瓶叫做玛奇奥的新牌子的美容霜，然而面对 48 元的高价她又有点舍不得，于是她提出价格异议。售货员听罢说道："小姐，您不知道，这种玛奇奥美容霜含有从灵芝、银耳中提取的活性生物素，具有调节和改善皮肤组织代谢作用的特殊功效。因此，它可消除皱纹，使粗糙的皮肤变得细腻，并能保持皮肤洁白，富有弹性与光泽，从而达到美容的目的。小姐，相对于它的价值和特殊功效而言，48 元的价格一点也不贵。"

听了这一番细致的解释，女青年心头的价格疑云顿时消散。

(资料来源：吴金法. 现代推销理论与实务[M]. 大连：东北财经大学出版社，2002.)

3. 推销品的服务

商品的销售服务包括商品的售前、售中和售后服务。在日益激烈的市场竞争中，顾客对销售服务的要求越来越高。销售服务的好坏直接影响到顾客的购买行为。在实际推销过程中，顾客对推销品的服务异议主要有：推销人员不能向顾客提供足够的产品信息和企业

信息；没能提供顾客满意的服务；对产品的售后服务不能提供一个明确的信息或不能得到顾客的认同等。

对企业来讲，商品的销售服务是现在乃至将来市场竞争中的最有力的手段。推销人员为减少顾客的异议应尽其所能，为顾客提供一流、全方位的服务，以赢得顾客，扩大销售。

(三)其他方面的原因

1. 推销人员的工作不到位

推销人员的工作不到位主要是指推销人员不注意推销礼仪，不讲推销艺术，方式不当。

2. 推销人员的工作态度与作风

推销人员工作态度与作用方面的问题包括不负责任，不严格执行承诺，欺骗、坑害顾客，损害推销信誉。

3. 没有针对性地传递顾客需要的信息

由于推销人员和顾客发送和接收信息的能力不同，推销员应做好顾客的参谋，解决问题，提供更多顾客需要的信息。

4. 推销环境不良

由于自然环境和社会环境不同，因此推销活动要符合推销环境的要求，推销人员应注意现场的推销环境等多方面的因素。

总之，在推销过程中，顾客异议产生的原因很多，情况很复杂，推销人员在面对顾客异议时，应该认真分析，找出真正有效的原因，以提问的方式发现顾客异议的根源并进行有针对性地解决，才能提高推销成功的概率。

二、顾客表示异议的时间

推销活动是一个完整的过程，在其中的每一个阶段都可能出现顾客异议。由于每个环节和阶段的特殊性，顾客异议产生的原因和表现不尽相同，推销员需要根据实际情况灵活对待、处理。

1. 首次会面

当顾客与推销人员初次见面时，由于彼此不了解，缺乏信任，这时候顾客异议往往更多地集中在对推销人员的怀疑上，所以，在此阶段，推销人员应该态度坦诚，热情周到，充分赢得顾客的信任。注意与顾客建立友好关系，让顾客喜欢你，形成良好的推销环境，为下面的推销活动顺利开展打好基础。

2. 产品介绍阶段

在产品介绍阶段，顾客异议主要是关于推销品的。推销人员应该充分展示推销品符合顾客特别的利益，能够更好地满足顾客需要，是顾客的理智选择。

3. 推销结束阶段

临近推销成交的时候往往是顾客心情最紧张的时刻，买与不买就在一念之间，推销人员应该理直气壮继续强调推销品符合顾客需求的特点，增强顾客的信心，并给予顾客一定的承诺和保障，强化顾客的购买动机和决心，进而采取购买行为。

三、处理顾客异议的基本思路

顾客异议是千差万别、千变万化的，推销人员应该沉着冷静，具体问题具体分析，并运用一定的策略和技巧加以解决。

1. 对异议树立正确的态度

(1) 顾客提出异议是好事。
(2) 认真地听取，表现出兴趣和关心。
(3) 处理异议必须实事求是，并讲究艺术，这是成功的开始。

2. 避免与顾客争吵或语言上不要冒犯顾客

这是对待顾客异议的最基本原则。沃尔玛就告诫员工"永远不与顾客争辩"。推销不是为了争吵的胜利和辩论的输赢，推销人员绝不能产生战而胜之的想法，应该始终保持良好的气质，以微笑面对顾客。

3. 对可能提出的异议认真分析，事先准备

凡事预则立，不预则废。顾客异议很多时候是有规律可循的。推销人员应该事先调查，对于一些常见的顾客异议提前准备好方案，真正面对顾客异议时就可以顺利应对了。

4. 主动提出问题

这是一种提前关门的方法，先提出一个对顾客无关紧要的问题，赢得顾客信任，然后用优点来掩饰产品的微小不足，从而消除顾客异议。如一家钟表店打出广告："本店所有钟表一律每天慢 10 秒钟。"每天慢 10 秒钟对普通顾客来说并不是什么大问题，但由商家自己提出来，顾客会觉得其诚实可信。

5. 选择处理顾客异议的最佳时机

顾客提出异议的目的和意义不尽相同，有些异议并不是顾客的真实想法，他们对推销人员是否回答并不在意。所以，对于顾客异议，推销人员不一定需要立即答复，而应该选择适当时机。一般情况下，答复顾客异议的时机大概有三种情况。

(1) 提前处理。推销人员在觉察到顾客即将提出某方面的异议时，果断地在顾客前面提出问题并加以解决，争取主动。这样处理的优点主要有：赢得顾客信任；有利于化解异议；主动提出并回答，便于控制面谈的气氛，节约时间，提高效率。但是，这一方法如果处理不当，由于推销人员过于主动可能会加大顾客心理压力。有些推销人员经验不足，判断失误，提出来的问题是顾客并没有注意到的，反而使顾客产生戒备心理，失去购买信心。

(2) 即时处理。对于顾客非常关注并影响其购买决策的异议，推销人员要及时回答，

不能推迟或不回答，以免使顾客产生想法。这样不回避问题体现了对顾客的尊重，帮助顾客解答了问题，容易增加顾客的信任。但是，在整个推销活动当中，顾客可能提出很多异议，如果每个问题都及时回答，推销人员就会很被动，进而影响推销效率。

(3) 推迟处理。对于顾客的某些异议，如果推销人员不适合立即答复，可以用延迟回答的方法来处理。一般来说，在下列情况下可以考虑采用推迟处理。

① 没有满意的回答就装傻。

② 立即答复会影响顾客的购买欲望。

③ 随着业务的洽谈而转化、减少、消失的异议。

④ 没有必要回答的异议。

⑤ 推迟回答可降低顾客内心的反对，或顾客会替推销人员回答，此时可以不马上答复，有很多时候在后面的介绍中会得到解决。

⑥ 顾客异议离题太远。

推迟处理有利于推销人员周密思考，集中精力解决最主要的问题，提高推销效率。如果推迟时间太长，令顾客不满意，也可能贻误推销时机。

四、销售过程顾客经常提出的反对意见和处理方法

当推销人员正向顾客详细地介绍产品的时候，顾客仍有顾虑并表示拒绝，这时推销人员应该怎么排除顾客的反对意见呢？以下是销售过程中经常出现的问题和回答技巧。

1. 顾客说：要考虑一下

可以这样回答：

某某先生，我刚才到底是哪里没有解释清楚，所以您说您要考虑一下呢？

某某先生，讲真的，会不会是钱的问题呢？

2. 顾客说：太贵了

可以这样回答：

到底是贵多少呢？这款产品你可以用多少年呢？按××年计算，每年实际您只花×× 钱，很合算吧？

3. 顾客说：不，我不要……

可以这样回答：

某某先生，有很多销售人员，他们拥有许多理由让您接受他们的产品，当然您可以对他说不。在我的行业，我的经验告诉我，无法抗拒的事实是：没有人可以对我说不。当他对我说不，他实际上只是对自己的快乐生活说不。

4. 顾客说：等一下(拖延)

可以这样回答：

您越晚决定，您使用的时间就越晚，您今天决定，明天就可以办完所有的手续，然后您就可以用上了，您说呢？

5. 顾客说：能不能便宜一些

可以这样回答：

某某先生，我已经把价格给您做到最低了，您不会为了这点差距而耽误您用吧？

6. 顾客说：别的地方更便宜

可以这样回答：

某某先生，那可能是真的，谁都希望以最低的价格购买。大部分的人在做购买决定的时候，通常会考虑三件事情：第一个是产品的品质，第二个是产品的价格，第三个是产品的售后服务。但我从未发现哪家公司可以以最低的价格提供最好的售后服务。为了您使用方便，您愿意牺牲我们公司良好的售后服务吗？

7. 顾客说：超过预算了(没有钱)

可以这样回答：

这款可能超过了您的预算，但也没超过多少，某某先生，超过您的预算这么一点，但您的档次高了很多，您觉得不合适吗？

第三节　成交的方法与策略

所谓成交是指顾客接受推销人员的推销建议购买推销品的过程。推销的目的就是成交，其他阶段都是为了实现这一目的的手段，都是为了这一阶段做准备的。当顾客异议顺利解决后，推销人员基本上就完成了成交的准备工作，应该抓住机会，积极促使顾客实施购买行为。

销售成交最为关键，就像足球比赛的临门一脚决定着成败，因此，提高成交水平对于推销人员非常关键。本节介绍销售成交的一些方法和技巧。

一、如何提高销售成交率

成交是销售的目标。在具体的销售执行过程中，往往会遇到这样的问题，使看似成功的销售最后功亏一篑。为了提高销售成交率，推销人员应考虑以下问题。

(1) 客户来这里的目的是什么？

(2) 满足客户需求的条件是什么？

(3) 如果今天来这里的是一位准客户，那么将来有什么办法让他再回到你的展厅？

(4) 客户的联系方式是什么？

(5) 应该如何向客户进行产品展示说明？

(6) 应该展示产品的哪些卓越的性能与表现去影响客户的购买行为？

(7) 如何把自己对所销售产品的理解有效地传达给客户？

二、成交的基本策略

成交的基本策略是：捕捉购买信号，及时促成交易。

在实际推销工作中，顾客为了保证自己所提出的交易条件，取得心理上的优势，一般不会首先提出成交，更不愿主动、明确地提出成交条件。但是顾客的购买意向总会通过各种方式有意无意地表现出来，对于推销人员而言，必须善于观察顾客的言行，捕捉种种购买信号，及时促成交易。

1. 常见的购买信号

(1) 语言信号。语言信号是指顾客通过询问使用方法、价格、保养方法、使用注意事项、售后服务、交货期、交货手续、支付方式、新旧产品比较、竞争对手的产品及交货条件、市场评估等表露出来的购买信号。以下几种情况都属于购买的语言信号。

① 顾客对商品给予一定的肯定或称赞。

② 询问交易方式、交货时间和付款条件。

③ 详细了解商品的具体情况，包括商品的特点、使用方法、价格等。

④ 对产品质量及加工过程提出质疑。

⑤ 了解售后服务事项，如安装、维修、退换等。

(2) 行为信号。行为信号是指顾客细看说明书，要求推销人员展示样品，并亲手触摸、试用产品等所表露出来的购买信号。

(3) 表情信号。表情信号是指从顾客面部和体态中所表现出来的一种购买信号，如微笑，下意识地点头表示同意你的意见，神色活跃，对推销的商品表示关注等。如一位保险推销员在给顾客讲述一个充满感情的、很有说服力的第三者的故事时，竟让对方忍不住双目含泪。

(4) 事态信号。事态信号是指顾客对与成交相关内容的关注度增强而表现出来的一种信号，如要求看合同，接受重复约见，主动提出会面时间，主动向你介绍企业负责人、决策人等。

2. 克服成交心理障碍，保持积极的成交态度

成交是推销过程的关键环节，决定了推销活动的成败，而且顾客可能也是矛盾和敏感的，这时候气氛往往很紧张，容易导致推销人员产生一些成交心理障碍。推销人员不利于成交的心理状态主要有如下几种。

(1) 害怕失败。有些推销人员因为自身经验不足，缺乏必要的心理准备，在成交阶段容易产生对失败的恐惧感。推销人员在推销之前就应该清楚地认识到，并不是每次推销面谈都会成功的，真正实现成交的只是少数，即使是世界上最伟大的推销员也是从被顾客拒绝开始的。推销人员应该学会自我减压，以轻松的心态面对顾客，面对成交。

(2) 急于成交。不少推销人员成交心情急切，还未与顾客深谈就赶快促使顾客做出购买决定，"过犹不及"，反而使顾客产生不必要的怀疑，而且让顾客感到不被尊重，从而拒绝购买。

(3) 自卑感。一些推销人员由于受到某些社会成见的影响，对自身的职业缺乏信心，产生了强烈的自卑心理，在推销过程中也显得畏首畏尾，使顾客反感。推销人员在平时的生活、工作中，应该树立自信心，正确认识自己的职业。推销与其他职业没有高低贵贱之分，都是满足他人需要，为他人服务的。推销人员应该以积极乐观的情绪感染顾客，使顾客愉快地选择推销品。

(4) 认为顾客会主动提出成交的要求。事实证明，绝大多数顾客为了保持主动权，往往都不愿意主动提出成交，这就要求推销人员适时主动提出成交请求，并向顾客施加适当的压力，积极促成成交。

3. 留有一定成交余地

在推销活动中，推销人员要保留一定的成交余地，这样做有以下两方面的含义。

(1) 推销面谈中，推销人员应及时向顾客提示推销重点，并开展重点推销，以吸引与说服顾客，但推销人员不要从一开始就将交易条件和盘托出。因为顾客从对推销活动产生注意、产生兴趣到下定决心购买推销品需要经过一定的过程，如果推销人员在推销介绍时就口若悬河，这样既不利于顾客逐步接受推销信息，又不利于最后的成交，而会使推销人员自己处于被动地位。因此，为了与顾客达成最后的交易，推销人员应在推销介绍时讲究方法与策略，把握好推销提示的时机与效果，保留一定的成交余地。

(2) 即使某次的推销活动双方不能达成交易，推销人员也要为顾客留有一定购买余地，以希望日后还有成交的机会。顾客的需求总是在不断变化的，今天不接受推销，并不意味着永远不接受。在一次不成功的推销之后，如果推销人员能给顾客留下一张名片或产品目录，并真诚地对顾客说"如果哪一天需要的话，请随时和我联系，我很乐意为你服务，并且可以在一些交易条件上给予适当的优惠"，就会经常发现这些顾客回心转意。而且，即使顾客确实不需要，但如果顾客与推销人员之间建立了牢固的良好关系，顾客也会帮推销人员联系其他需要产品的顾客。

4. 把握成交时机，随时促成交易

在实际推销活动中，每一个阶段都可能会有成交的机会，如果推销人员能够及时抓住，促使顾客购买，成交的几率和效率无疑会大大提高。下列三种情况可以视为实现成交的好时机。

(1) 重大异议处理完。这时候气氛比较融洽，推销人员提出成交请求比较容易为顾客所接受。

(2) 重要利益被接受后。这时候顾客比较满意，趁热打铁，成功的机会往往比较高。

(3) 顾客发出购买信号。

5. 谨慎对待顾客的否定回答

大量的推销实践和研究成果证明，一次性成交的概率是非常低的，而推销人员被拒绝的可能性往往高达 90%左右。推销人员应该保持乐观的态度：前九次失败了，毕竟还有10%的成功率，下一次就会成功了。成交的次数与推销的次数是成正比的，推销人员应该把一次拒绝作为下一个推销活动的开始，坚持不懈，最终一定会成功的。同时，对于每次顾客的拒绝，推销人员应该认真思考，分析原因，总结经验教训，努力提高推销技巧。

相关资料

成交环节中最易犯的十种错误。

(1) 因过程太长而不能实现成交。你的顾客是各种各样的，许多顾客并不都需要一个

完整的推销展示过程，所以当顾客已经表示"买"时，你仍然按部就班地进行"推销"展示就是多余了。

（2）有不正确的认识倾向。如果你对自己或所推销的产品心存疑惑，你的顾客也会感觉到，因而有可能拒绝从你这里购买。

（3）每次拜访没有提出成交请求。成功的推销人员认为，应当使每次拜访都表现出为实现成交而做。

（4）方法失效。推销人员应有意识地促使自己学习和使用一些新颖的成交意向表达方式。应当知道，如何提出成交请求是一种技术，它可以不断改进和提高。

（5）推销展示做得不充分。要想实现成交，应确保顾客明白你的产品或服务的优点是什么。

（6）没能不懈努力。如果在听到第一次"不"之后就泄气，你也将成功的可能性束缚起来了。

（7）确定成交的时间过长。所有有经验的推销人员都听说过有关在成交之后又停止的事，所以一旦成交，应在感谢顾客之后立即离开。

（8）缺乏演练。与同事进行演练，是提高成交技巧的一个好办法，也可以在与小业务往来客户交往中锻炼，这样可有效地控制推销损失和获得有价值的销售经验。

（9）没有选择方法。应该在心中留有一个或更多的选择方案，针对不同的顾客用不同的方法。

（10）未见兔子先撒鹰。不应该指望每次推销展示都能进入到提请成交的层次。记住：除非获得订单，否则你什么也没做成。

（资料来源：李海琼. 现代推销技术[M]. 杭州：浙江大学出版社，2004.）

三、掌握成交阶段的主控权

在明确了客户的购买类型后，主要是与客户一起来讨论有关价格及特殊要求方面的问题。如果销售进行到这一阶段，恭喜你，你的销售工作已经完成了 70%，离销售成功已经不远了，但就是剩下部分的工作却让无数英雄竞折腰，让许多即将成交的生意功亏一篑。

在此阶段，主要是要掌握成交的主动性，要注意以下几个问题。

（1）因为客户还没有签字，还没有缴款，客户随时都会改变主意，所以要使顾客立即结算以控制主动权。

（2）不能因为客户已经表示出成交的信号而激动不已，不能自主自己的行为。特别对于刚刚入行的推销人员来说，在此阶段由于面部表情和肢体语言所透露出的、也许自己没有意识到的举动，会让客户产生"这里面有诈"的疑义而反悔。

（3）注意客户新提出的问题。不论客户此时再提出什么样的问题，客户此时只是想通过提出一些问题来证明他的投资是有效的，对于能够回答的问题应该耐心地回答。

（4）有效处理价格方面的异议。此时，要注意客户提出的是真实的异议还是虚假的异议。对于真实的异议要认真对待，对于虚假的异议，可作为客户对销售人员的考验。

新世纪高职高专课程与实训系列教材

四、推销成交方法

所谓成交方法是指推销人员用来促成顾客做出购买决定，最终购买推销品的推销技术和技巧。常见的成交方法有以下几种。

1. 选择成交法

选择成交法是提供给客户几个可选择的成交方案，任其自选一种。这种办法是用来帮助那些没有决定力的客户进行交易。这种方法是将选择权交给客户，没有强加于人的感觉，利于成交。如一个早餐点销售鸡蛋，一种办法是你要不要蛋，另一种是你要一个还是两个蛋，结果销售鸡蛋的业绩可想而知。

2. 请求成交法

请求成交法是推销员用简单明确的语言直接要求客户购买。成交时机成熟时，推销员要及时采取此办法。此方法有利于排除客户不愿主动成交的心理障碍，加速客户决策。但此方法将给客户造成心理压力，引起反感。该方法适合客户有意愿，但不好意思提出或犹豫时。

3. 肯定成交法

肯定成交法是推销员用赞美来坚定客户的购买决心，从而促进成交的方法。客户都愿意听好话，如你称赞他有眼光，当然有利于成交。此法必须是在客户对产品有较大的兴趣时进行，而且赞美必须是发自内心的，语言要实在，态度要诚恳。

4. 从众成交法

从众成交法是利用顾客消费过程中的从众心理的一种成交方法。消费者购买容易受社会环境的影响，如现在流行什么产品，某某名人或熟人购买了什么，常常将影响到客户的购买决策。但此法不适合自我意识强的客户。

5. 优惠成交法

推销员提供优惠条件来促进成交即为优惠成交法。此方法利用客户喜欢占小便宜的沾光心理，促成成交。但此法将增加成本，可以作为一种利用客户进行推广并让客户从心理上得到满足的方法，比如利用公司某个阶段的产品销售优惠政策。

6. 假定成交法

假定成交法是假定客户已经做出了购买决策，推销员只要对某一些具体问题、要求做出答复就对顾客产生作用，从而促使成交的方法。如对意向客户说："这车非常适合您的需要，您看我是不是给您搞搞装饰。"此法适合用于老客户、熟悉的客户及个性随和、依赖性强的客户，不适合自我意识强的客户，此外还要看好时机。

7. 利益汇总成交法

利益汇总成交法是推销员将所销的产品将带给客户的主要利益汇总，提供给客户，有利于激发客户的购买欲望，促成交易。但此方法必须准确把握客户的内在需求。

8. 保证成交法

保证成交法即为向客户提供售后服务的保证来促成交易。采取此方法要求推销员必须言必信，行必果。

9. 小点成交法

小点成交法是指推销员通过解决次要的问题，从而促成整体交易的方法。牺牲局部，争取全局，如先解决客户的维修问题、消费贷款等问题。

10. 最后机会法

最后机会法是推销人员给客户提供最后的成交机会，促使购买的一种办法。如："这是促销的最后机会。机不可失，时不再来。"变客户的犹豫为快速决策。

实际工作中还有欲擒故纵法、激将法、配角赞同法、客户现身说法法、退让法等成交方法，需要推销人员不断总结。

五、推销员留住客户争取成交的十八法

只有使顾客满意，才能留住顾客。

一般而言，顾客满意是顾客对企业和员工提供的产品和服务的直接性综合评价，是顾客对企业、产品、服务和员工的认可。顾客根据他们的价值观来判断评价产品和服务，因此，菲利普·科特勒认为：满意是一种人的感觉状态的水平，它来源于对一件产品所设想的绩效或产出与人们的期望所进行的比较。

从企业的角度来说，为顾客服务的目标并不仅仅止于使顾客满意，使顾客感到满意只是营销管理的第一步。在企业与顾客建立长期的伙伴关系的过程中，企业应向顾客提供超过其期望的"顾客价值"，使顾客在每一次的购买过程和购后体验中都能获得满意。每一次的满意都会增强顾客对企业的信任，从而使企业能够获得长期的盈利与发展。

推销员留住顾客争取成交可采取以下方法。

1. 推销员就是公司

推销员代表的是公司，因此不能把问题推给另一部门；若顾客真的需要同公司的其他人谈，那也不要把他推给一个你没有事先通知过的同事，而且你要亲自把你的同事介绍给顾客。

2. 永远把自己放在顾客的位置上

推销人员应该换位思考，如果自己是顾客，希望如何被对待？上次自己遇到的问题是如何得到满意解决的？把自己摆在顾客的位置上，就会找到解决以上投诉问题的最佳方法。

3. 经常使用可以用于任何情况下的词语

不要说"我做不到"，而要使用一些肯定的话，如"我将尽力"、"这不是一个简单的问题" 或"我要问一下我的上司"；永远不要说"这是个问题"， 而说"肯定会有办法的"；跟你的顾客说"这是解决问题的办法"，而不要说"要解决问题你必须这样

做"；如客户向你要求一些根本不可能做到的事情，你要从顾客的角度出发，并试着这样说："这不符合我们公司的常规，但让我们尽力去找其他的解决办法。"

4. 多说"我们"少说"我"

推销员在说"我们"时会给对方一种心理暗示：推销员和客户是在一起的，是站在客户的角度想问题。虽然它只比"我"多了一个字，但却多了几分亲近。北方的汽车销售顾问在南方工作就有些优势，北方人喜欢说"咱们"，南方人习惯说"我"。

5. 保持相同的谈话方式

这一点一些年轻的推销员可能不太注意，他们思路敏捷、口若悬河，说话更是不分对象，像开机关枪般的节奏，碰到客户是上了年纪、思路跟不上的，根本不知道你在说什么，容易引起客户反感。

6. 表现出自己有足够的时间为顾客服务

虽然你已超负荷，老板又在监督你，但千万不要在顾客面前表现出你没有时间与他交流。用一种轻松的语调和耐心的态度对待他，这是让顾客感到满意的最佳方法。若顾客感到推销员会努力帮他，即使要等很久才能满足他的要求，甚至到最后真的帮不到他，他也会很高兴的。

7. 永远比客户晚放下电话

推销员工作压力大，时间也很宝贵，尤其在与较熟客户电话交谈时，很容易犯以下的毛病：与客户没说几句，没等对方挂电话，啪的就先挂上了，这时客户心里肯定不愉快。永远比客户晚放下电话这也体现对客户的尊重。也有些推销员有好的习惯，会说："张总，没什么事我先挂了。"

8. 与客户交谈中不接电话

推销员什么都不多就是电话多，与客户交谈中没有电话好像不可能。不过大部分推销人员都很懂礼貌，在接电话前会形式上请对方允许，一般来说对方也会大度地说没问题。但此时对方会在心底里想："好像电话里的人比我更重要，为什么他会讲那么久。"所以推销人员在初次拜访或重要的拜访时不应该接电话。如实在打电话的是重要人物，也要接了后迅速挂断，等会谈结束后再打过去。

9. 不要放弃任何一个不满意的顾客

一个优秀的推销员非常明白：顾客的主意总是变来变去的，问他的喜好，把所有的产品介绍给他都是白费，刚刚和他取得一致意见，他马上就变了主意，要买另一种产品。向客户提供服务也是一样的，有时五分钟的谈话就足以使一个牢骚满腹并威胁要到你的竞争对手那里去的客户平静下来，并同你签订一份新合同。

10. 要在那些不满的客户身上花更大力气

"谢谢您通知我"，面对一个抱怨的客人应这样回答。实际上，一些研究结果显示，在对你的公司不满的客户当中，只有 10% 的人什么也不说，但将来仍然回来同你做生意！

相反，90%的客户则投诉他们不满意，并最终得到了补偿和满意的服务，他们将仍是你的客户。顾客提出他们的要求的时候，也是处理公司和顾客关系的重要时刻。若处理得好，则更容易让顾客信任公司，所以，一定要让顾客在出现问题时能够很容易地联系到你，他们找你的次数越多，你就有更多的机会留住他们，让他们成为你的老客户。

11. 随身携带记事本

在拜访中用记事本随手记下时间地点和客户姓名头衔、客户需求、答应客户要办的事情、下次拜访的时间，以及自己的工作总结和体会，对推销员来说绝对是一个好的工作习惯。还有一个好处就是当你虔诚地一边做笔记，一边听客户说话时，除了能鼓励客户更多说出他的需求外，一种受到尊重的感觉也在客户心中油然而生，你接下来的销售工作就不可能不顺利。

12. 不要怕说对不起

当顾客讲述他们的问题时，他们等待的是富有人情味的明确反应，表明你理解他们。若你直接面对顾客的投诉，最好首先表示你的歉意，若要以个人的名义道歉的话，就要表现得更加真诚。

13. 不要缩小顾客的问题

面对问题，千万不要说"我根本没听过"、"这是第一次出现此类问题"，这种处理方式只会对你的顾客产生极差的效果，因为他根本就不想知道这种情况以前是否发生过。每位顾客都希望得到你的重视和注意，他们认为你所受的培训及所获得的经验只有一个目的，即留意他并帮他解决问题，那么何不做给他看。

14. 重视顾客的满意程度

纽约前市长科赫(Ed Koch)在巡视期间经常询问他所碰到的选民："你们对我有何看法？"而且他非常重视他们的回答，以便更好地管理这个城市。就如这位市长和他的选民一样，推销员也应该努力了解顾客下意识的反应，如"我所讲的对你是否有益？""这个满足您的要求吗？"

15. 跟进问题直至解决

若你不得不把顾客打发到另一部门，一定要打电话给负责此事的同事，同时打给顾客以确认问题是否得到解决，询问顾客他是否得到了满意答复，并问他还需要什么帮助，如真的还需要，那就尽量做到他满意为止。

16. 不要自高自大

中国人的文化是低调做人。谦虚会让你周围的人喜欢你，尤其是顾客会更喜欢你。

17. 给予，给予，再给予

推销员在与客户交流中，经常有的顾客会问送什么，怎么送。顾客的问题反映了客户自身的需要和偏好。可见，一个好的开端是以为顾客提供给予开始的。给予顾客什么呢？给予一种服务，一种说明，给予顾客他所关心的事物的说明。所以，作为一个成功的推销员，请牢记永远不要向顾客索取什么，哪怕是一种回答。

永远不要先问顾客：你需要什么？

永远记住：给予，给予，再给予！而不是索取！

18. 感谢，感谢，再感谢

要知道，对顾客说再多的感谢也不过分。但遗憾的是，"谢谢"、"荣幸之至"或"请"这类的字眼在贸易中已越来越少用了。请尽可能经常地使用这些词，并把"谢谢"作为你与顾客交往中最常用的词，真诚地说出它。

六、促进成交应注意的问题

(1) 注意营造和谐的成交环境。一般来说，推销人员应该选定安静不受干扰的环境，便于顾客集中注意力，不被外界因素打扰。推销人员在与顾客交谈时应保持较近距离，有利于双方相互交流，形成较为融洽的个人关系，以营造一个良好的成交氛围。

(2) 抓住最佳推销时机，采用有效的成交技巧。推销人员应该始终保持积极乐观的态度，认真倾听顾客的谈话，用心关注顾客表情，捕捉任何有利于成交的机会，根据实际情况，灵活选择适当的成交方法。

(3) 注意签好书面协议。推销人员每次拜访顾客之前就应该准备好协议文本及相关工具，一旦推销成交，立即签署协议。在签署协议之前，应该明确向顾客告知和解释清楚协议的内容，以免今后产生不必要的误会。签署协议时，应该保证协议的完整性和法律的有效性。

(4) 签约后及时告辞。签约完毕，推销人员向顾客表示必要的感谢并预祝合作顺利之后，应该及时向顾客告辞。例如，"非常感谢您的支持，希望我们今后合作愉快。今天打扰您很久了，三天之后，我再来帮您检查一下设备使用情况。您有什么问题请随时和我们联系。今天就不影响您休息了，再见！"这样可以节省推销时间，积极准备向下一个顾客推销，而且以免言多必失，导致不必要的麻烦。但是，推销人员应该注意控制自己的情绪和表情，不要表现出非常想离开的样子，让顾客产生上当受骗的感觉。

(5) 安排好对顾客的再访。成交之后，推销人员应该保持与顾客之间的联系，定期不定期地回访顾客，帮助顾客解决问题，赢得他们的信赖，积极发现新的推销机会。

在实践中推销过程不是一帆风顺的，其中会有很多挫折和困难，其中最大的障碍就是顾客异议。顾客异议存在于推销活动的整个过程，如果处理不当随时可能导致推销失败。面对顾客异议，推销人员应该认真分析其原因，根据实际情况，灵活采取不同方法来消除顾客异议，为最终成交打好基础。

成交是推销活动的目标，是整个推销过程最关键的阶段。在成交阶段，推销人员应该克服自身的心理障碍，以积极乐观的情绪感染顾客。根据顾客的特点和实际推销情况选择有效的成交方法，实现成交。在成交前后，推销人员应该注意处理好一系列问题，以顺利完成交易，建立和维持与顾客之间的良好关系，树立自身和企业的良好形象。

思 考 题

1. 什么是顾客异议?产生顾客异议的原因有哪些?
2. 处理顾客异议的方法有哪几种?各有什么优缺点?
3. 推销人员在面对成交时,往往会有哪些心理障碍?如何解决?
4. 常见的成交方法有哪些?它们的优缺点是什么?
5. 成交过程中推销人员应该注意哪些问题?

练 习 题

将学生分成若干组,分别到汽车 4S 店、服装卖场、化妆品柜台、房屋销售处、家电卖场进行观察学习,然后回来分组模拟,找出不同产品销售的要点,发现自身的不足,尤其在产品介绍和要求成交方面。

案 例 分 析

案例一

完美的斧子

从前,有一个年轻人去山上向一个老人学习打斧头。学了一年后,年轻人自认为已经学到了师父的所有本领,就向师父请求出师。师父没说什么,只是要求他打四把斧头。没几个星期,他就打造出四把锋利的斧头,交给师父。师父就叫他拿到集市上去卖。这时候,来了一个屠夫,他轻轻拿起斧头,直摇头说:"这把斧头太轻了!"徒弟以为自己的斧头这么好,大家一定都会喜欢,想不到居然有顾客挑剔,一时不知如何回答。一旁的师父见状,马上回答:"是啊,这把斧头比较轻,用一把轻斧头工作不正显示您臂力过人吗?而且,用这把轻斧头砍猪骨头不会剁碎,能够保持骨头的完整,这样您的顾客看起来不是更舒服吗?"屠夫一听,觉得有些道理,就买了斧头走了。接着,来了一个瘦弱的樵夫,他使劲地拎起一把斧头,直说:"这斧头太重了。"徒弟又不知道如何回答了,只好由师父来解释:"这把斧头确实比较重,您刚开始使用肯定不习惯,但是如果能够长期坚持使用,可以增强您的体质,身体好了,您不是可以砍更多柴,养家糊口吗?"樵夫一想确实如此,就买了一把斧头。徒弟一看,原来卖斧头这么简单,回答一下"轻"或者"重"的原因就可以了,就满怀信心地等下面的顾客。这时候来了一个年轻人,他拿起一把斧头,问:"你打一把斧头要花多长时间?"徒弟如实回答:"一个星期。""一个星期?这么长时间才能打造好一把斧头,说明你的手艺一定不行,这斧头肯定不好。"这是一个从来没听过的问题,徒弟又为难了。师父解释说:"一个星期打造一把斧头,时间确实比较长,但慢工出细活,为了确保斧头的质量,我们精益求精,宁可牺牲一些效率,也要让顾客使用得满意。"年轻人满意地买下斧头走了。只剩下最后一把斧头了,来了一个老人，他指着斧头问："你打一把斧头要花多长时间？"徒弟还是如实回答："一个星期。""才一个星期？这么短时间，做工肯定不细致，斧头肯定不好。"徒弟只好再次无奈地望着师父。师父始终面带微笑："一个星期就打造一把斧头，时间确实比较短。您知道，最近是斧头的旺季，很多家庭都需要斧头，我们为了满足顾客的需要，延长工作时间，加班加点，而且改进了生产设备，工作效率有了很大提高，所以，时间比以前缩短了很多，但是质量绝对没有问题。"老人点点头，买下了最后一把斧头。

问题：

你从中得到什么启示？

案例二

演说的魅力

布鲁斯是一家广告公司的老总。有一天，他得到一个内幕消息：他的一位大客户正计划削减广告预算。布鲁斯着急了，他立即安排了一次紧急的客户会议。

他像一个传道者一样，看着众人摇了摇头，伤心地说："先生们，你们可以取消你们在全国范围内的广告。但是，今天，无论你们还是其他任何大公司，都无法真正停止它的广告。这是一个不可改变的事实。"众人默默地听着，布鲁斯继续往下说。

"你们只能暂停你们可以控制的那一小部分。但是，那些有个人打算的政客们、那些靠新闻生活的记者们、那些企图把你们当做大企业坏典型的煽动家、那些希望通过歪曲事实来扩大发行量的报纸……会不断地给你们制造假广告、假新闻。所以，无论你们是否想要，你们都会有全国性的广告！"

"现在，你们只需要花一点钱，你们只需要拿出年营业额的 1%，就可以为你们公司做事实确凿、可以为你们创造利润的广告。"

布鲁斯的话让全场震撼了，那家大公司恢复了广告预算，其他客户也成了更忠实的拥护者。

(资料来源：孟昭春. 成交高于一切[M]. 北京：机械工业出版社，2007.)

问题：

1. 为什么那个大客户改变了想法？
2. 布鲁斯的演说为什么会成功？
3. 布鲁斯为什么不用一对一的方式去和客户沟通？
4. 布鲁斯的理直气壮给你哪些感悟？

第八章　大客户开发实战技巧

本章学习要点

- 大客户销售模型
- 顾客的买点和卖点
- 销售冰山理论
- 投标技巧

在销售业绩的取得过程中，大客户创造的业绩占绝大部分，大概占 80%左右。因此任何推销人员要想提升自己的业绩，必须重视大客户的开发，掌握大客户开发的技巧和规律。

与普通的小客户销售相比，大客户销售存在着金额大、周期长、决策者众多这三个方面的特点。这就决定了大客户销售具有独特的销售规律和销售技巧。如果可以利用这些销售规律来指导我们的大客户开发，那么我们的销售工作效率会大大的提高，业绩也会大大的提高。但很多人使用摸着石头过河的套路，存在很多盲区，往往失败于一些不应该发生的细节。

大客户开发要求推销人员必须将销售工作做到实处，按照有效的销售流程和方法去开展，对每个环节都要策划，这样才能保证大客户不会流失。所以，在大客户销售中最重要的环节一是找对人，二是说对话。

第一节　大客户开发规律

在销售过程中，不仅客户在认识购买上存在盲点，推销人员也存在盲点，如顾客的防范心理和推销人员的恐惧心理。所以销售就是明确目标，找出推销盲点的过程。

一、以淡定的心态面对销售中的人性规律

销售是和人打交道，是做人际关系的生意。实际上，只要熟知人性规律，我们就会明白：客户的拒绝实际上只是一种正常的反应，并不是真的拒绝。只要保持内心平和与淡定，学会换位思考，坚持下去，就可以成交，甚至可以把小单做大，把死单做活。

1. 大客户销售流程

对大客户的推销，多数是针对法人和决策者的推销，其采购特点是金额大、持续周期长、决策者比较多，因此要按照大客户的销售规律来进行，要建立大客户的销售模型。也就是说，必须建立一个完整的销售流程，这样才能事半功倍。

大客户的销售流程应该包括以下环节。

(1) 电话邀约。

(2) 客户拜访。

(3) 提交初步方案。

(4) 技术沟通。

(5) 需求确认与方案确认。

(6) 项目评估。

(7) 协商谈判。

(8) 签约成交。

一个完整的大客户销售需要企业多个部门共同参与完成，所以需要团队的配合，包括客户服务部门、人力资源部门、促销部门、生产研发部门、教育培训部门等。

团队参与使销售从原来的单人销售变成由系统共同完成，也就是由点对面的推销转变为面对面的组织销售，这样的销售效率才高。

这样的组织销售有以下几点好处。

(1) 使销售团队建立以客户为中心的职业化销售模式。

(2) 提高推销人员工作的主动性。

(3) 解决销售是靠某个人的个人关系的问题。

(4) 使销售变得简单、分段，可以重复。

2. 找出双方心中盲点，以客户喜欢的方式沟通

(1) 推销人员的盲点是产品的不足，顾客的盲点是产品的优点。

任何一个事物都有好坏两面，做销售也是这样。推销人员对自己的产品有着本能的职业偏向，总是看到自己产品的优点，但是客户却恰恰相反。

实质上，这只是因为顾客先看到了坏的一面。客户在掏钱时，无论是小额的还是大额的，都会习惯性地有种恐惧心理，担心产品不合用，担心自己买贵了，担心白花钱等。

人们在认知事物时会有一定的失盲现象，事物的有些地方会看不见，看不见的地方就是盲点。在销售时，我们如果没有掌握这种规律，就很难掌握顾客的心理。相反，如果我们知道自己也有盲点，我们就能理解客户，对客户的盲点就能客观地对待。这样当客户拒绝的时候，我们就会把精力放在解决顾客的盲点上，销售也就变得容易多了。

(2) 大客户开发要打持久战。

当人们认定自己的观点、信念时，就会对其他的信息排斥。比如说，因为我们喜欢自己的孩子，所以看自己的孩子哪都不错，也就很难发现自己孩子的缺点。

我们在做销售时必须考虑客户的这种心理规律。客户在采购时，在看你的商品时，第一反应就是和其他供应商对比。同时，由于他与其他供应商之间已经有了合作，他不想打破，所以这个时候你想把商品卖给他们，就要准备好打持久战。

(3) 帮助客户明确其目标。

什么是人的目标呢——追求快乐和摆脱痛苦。人性中都有这样一个特点，喜欢追求快乐而逃避痛苦。销售是做人的生意，所以我们要了解人们追求快乐而逃避痛苦这样一个规律。因此对于大多数搞销售的人来说，也有两个目标：一是把产品给顾客带来的好处说够；二是把不买产品给顾客带来的痛苦说透。

销售是与人打交道，是一个交流的过程，所以要学会换位思考。不能盲目乐观，以为给客户讲明白了，但其实很多时候他们还不明白。事先要思考"我们为顾客解决了什么问题，他们才能欢迎我们呢？"因为我们所有的销售都是建立在为顾客服务的基础上，如果你只想卖东西，你就不受顾客的欢迎，你就会被拒绝。如果我们能够随时想到客户，站在客户的立场上去想，我们就能做好销售。所以销售过程中的两个关键内容就是策划和沟通。

人怕见面，树怕扒皮，所以电话接触谈得不透的，就跟他见面；如果见面跟他谈不太好，就跟他身边的那些人约见，这当中都有可能把商机转回来。

所以，做销售一定要心态淡定与平和，站在客户的角度去思考，这样往往可以把一些死单做活，把一些小单做大。人情练达才能与顾客更好地沟通。

3. 明确自己销售的目标

(1) 人只注意对他有好处或者有威胁的事情，所以人为了保护自己，他注意什么，就对什么东西敏感。同样，我们发现，一个人在追寻目标时，只要有目标，就会有方法，在目标的作用下，人的潜能会发挥更积极的作用。推销人员明确自己的目标，就有层层突破困难的方法，销售就成功了。

(2) 突破大客户销售的盲点。大客户的开发，只要推销人员克服双方的盲点，明确目标，就能获得订单。

二、明确客户的买点和卖点

1. 客户的买点和卖点

买点就是"本人非常在意和希望获得的任何东西"，是从私的角度，包括个人的认同、东西的价值等。

卖点就是大家认可的观点或东西。

一个人的买点是从私的，理性的；一个人的卖点是从公的，感性的。

买点是以私为先，所以推销时要利益鲜明，多从购买者的角度来考虑；卖点是以公为先，要让购买者有个理直气壮、冠冕堂皇的理由。

2. 发现客户的买点和卖点

推销人员要明确：客户是为了自己的原因而购买，而不是为了你的理由而购买。

你若想和客户合作，就要先考虑一下他的买点、他的私人需求是什么？如果他的私人需求被你满足得比较好，那么，他的"公"的方面是什么？只要你和顾客感情好，细节就可以商量。

精明的生意人都明白，当你在做交易的时候，首先考虑的不应是挣多少钱，而是获得人心，这样才可以进一步交流，才有生意做。

3. 推销不但要给关键人买点，还要给其卖点

从买点和卖点的角度来讲，就是从私的角度和公的角度来讲，有些购买行为只要自己满意就行了，而有些购买行为是必须考虑周围人的，尤其是大客户的采购。我们会发现，要想销售成功，必须给关键人一个很深刻的购买理由，推销人员必须这样做。

例如，如果你跟某个企业老总搞好了关系，那么这个老总就有了个人买点。但是，如果你的卖点没有给足的话，这个老总不会支持你，也不会买。因为在法制社会，特别是在一个民主的企业里，决策买一个什么东西，那是大伙儿的事。

所以，在推销时，你就要在给对方买点的同时，还要给他卖点，让他理直气壮地去阐述为什么要买你的产品的理由。

在多人的购买决策中，尤其是组织的购买过程中，关键人物特别在意周围人的意见和看法，所以更要给他一个买你们产品的理由。

4. 领悟客户没法说出来的心里的秘密

对于有的人来说，他的心灵控制按钮在外面，非常容易受别人控制。比如说，有的人在乎名，有的人要面子，有的人重关系和人情。这些就是他心里的秘密，就是其软肋。推销人员掌握这些，投其所好，销售就容易多了。

有这样一个例子，清朝一个奸商跟朝廷做生意，那时正在修颐和园，所以想把一批木材卖给朝廷，派了一个人去谈生意，被拒绝了。他思考后，花了 200 两银子，给主管大臣做了个装帧精美的书法画册，然后把这画册给送了过去说："我一直佩服你们家族，那么有才华，给世人留下这么多墨宝，所以我通过收集，给您出了这个书法集，不成敬意，特意给您送来。"后来价值 60 万两的木材也就自然进入了颐和园。对那个大臣来说，利没有名重要，奸商认识到了这一点，于是做成了生意。因此，推销人员要仔细推敲才能发现购买者心里的秘密。

5. 销售成功是买点和卖点统一

在销售过程中，我们必须认识到所面对的客户都有两面性，就是都有他们自己的买点和卖点，想要销售成功就要把二者统一起来。

比如一个公司买办公用汽车，是买豪华型还是普通型的呢？此时，买点是坐着舒服，又不用自己掏油钱；卖点是代表公司形象，理由冠冕堂皇，所以大家意见一致，二者就统一了，豪华型商务用车也就卖出去了。

三、销售要学会建立客户心中美好的意愿图像

长久以来，人们的内心有一个正确的图像，如果与现实出现反差，就会产生认知不和谐，人们会有一种不安的感觉，会产生一种压力，进而产生动力；当现实与心中图像吻合时，人们的动力归零，销售也是这个道理。

销售就是卖未来，卖的是客户心中美好的意愿图像。所以期房都比现房好卖，关键是把砖头描绘成清晰美好的愿景家园。

1. 发掘客户内心深处的购买缘由，建立心中的意愿图像

(1) 销售关键是给客户制造必须要满足的需求。

牛不喝水是因为不渴，关键是给它制造喝水的需求。销售也是这样的道理，人在买东西的时候是满足心理需求的过程，而推销人员就是要把这种需求明显化，给他摆出来，就是建立一个与客户心目中不一样的美好图像，这样客户的购买动力就产生了。

（2）推销的成功就是描绘客户心中愿景的过程。

推销人员要把客户的美好描绘好。美好的东西包括情感、利益、成长、名声等，要让顾客觉得为这些付费是值得的。一个擅长描绘客户心中愿景的人，就能把生意做成。也就是说，推销工作就是给顾客增加购买动力的过程。当动力大于代价，此时购买就会进行；如果动力小于代价，购买就无法完成。

2. 成交就是帮助客户把好处想够，把痛苦想透

（1）"好的没说好，坏的没说坏"，单子就会做得"不死不活"。

销售过程如果"好的没说好，坏的没说坏"，单子就会做得"不死不活"。其实，客户一旦开始追寻目标，就能给自己寻找理由，并且比推销人员找到的还要多，客户如果能给自己建立起理由，销售就已经成功一半了。

（2）销售的要诀，就是帮助客户追求快乐、逃避痛苦。

（3）帮助客户把好处想够，把痛苦想透，他就会愿意和你成交。

（4）在人际关系方面制造大的差别。

当你的产品与竞争者产品差距不大时，最好在人际关系方面制造大的差别。比如强化信誉和服务质量，这些是最值钱的内容，然后让对方接受方案。

（5）销售就是要减少顾客掏钱时的痛苦。

掏钱总是一种痛苦的事情，所以拒绝就成了客户的一种本能，但若是我们能将"不买某件东西的痛苦"塑造够，使之超过花钱的痛苦，客户同样会愿意和我们成交。例如很多人有过牙痛的经历，牙不怎么痛的时候我们就不会去看牙医，因为我们怕治疗过程的痛苦，当很痛的时候我们就会去看牙医，因为牙痛比医牙痛的过程更痛苦。销售也是同样的道理。

尽管客户在掏钱时有点心痛，尽管客户还有其他的理由拒绝我们，但如果我们把不买所造成的后果告诉给客户，也一样可以促使客户购买。这充分说明，购买就是一个"追求快乐、逃避痛苦"的过程，受这种心理的影响，客户在购买任何一样产品时，都会有种防范心理。但我们若是能把痛苦塑造得足够大，就能打垮客户的心理防线，促使他们成交。

四、推销业绩的构成

销售是有概率的，成交的客户是少数，准客户是多数，准客户越多，成交的机会越大，所以应该广交优质客户，量大必有业绩。

1. 80%的销售额来自20%的客户

在客户身上存在二八法则，即80%的销售额来自20%的客户，这告诉我们应该关注少量作用重大的客户，将有限的资源和精力用在他们身上，会取得理想的业绩。

销售中的二八法则告诉我们应该做到以下几点。

（1）对待老客户的利益像重视新客户一样。

推销人员不应该把所有的精力都放在新客户身上，应与老客户经常沟通，为他们提供更优质的服务，和他们建立长远的互利关系。

（2）留住带来80%利润的大客户。

销售的过程不仅要对客户进行量的分析，而且还要对他们进行质的分析。有些关键客户虽然量不大但他们的影响力非常大，比如一些知名的大企业，它会给我们的销售带来广告效益。

(3) 对客户要进行细分。

对客户细分的目的，一是合理地分配销售力量；二是为了提供更有效的服务，以便留住他们。

2. 销售是概率游戏

(1) 拜访的客户越多，成交的比率越大。

有位推销员的电话拜访记录是这样的：给 100 位客户打电话，获得见面机会 36 人；200 客户是 89 人；500 位客户是 285 人。这告诉我们即使你的推销技巧一般，通过大量的拜访，业绩也会增长得很快。这也告诉我们被拒绝得多了，成功的概率就高了。

(2) 正确认识销售中的非平均概率，锁定优质客户。

你拜访了 20 个客户，有 1 个成交的，并不意味着下 20 个客户中还会有 1 个成交，可能一个也没有，也可能有 6 个成交，这就是销售中的非平均现象。

所以，销售的成功关键还是你的行与信。"销售平均法则"对任何销售人员来说都具有积极意义，它是一个销售人员尽快走向成功的必备法则。

第二节　大客户开发招法

首先我们要明确哪些大客户才是我们的顾客：第一，他要有购买能力；第二，他要有决策能力；第三，必须能够接触到他。

一、与购买方决策层沟通的要领

1. 大客户决策层的构成

在大客户销售中，决定成交的往往不是一个人，而是一群人，也就是其决策层。具体说来，任何一个客户里边都会有四类人：一是决策者；二是使用者；三是技术把关者；四是向导。这四类人都是对决策的结果有巨大影响的人物，对他们中的任何一个也不能轻视，必须进行不同的接触，才能把单子做下来。

2. 与决策层的沟通

当推销人员与决策层中四类购买人沟通后，使他们的态度趋于一致时，成功的几率就大了。这四类人的需求有相通之处，但又各有侧重，如表 8-1 所示。

表 8-1　决策层中四类人的需求表

	决策者	使用者	技术把关者	向　导
作用	最后签字批准购买	判断购买的产品对他们工作的影响	判断你的方案中的技术、财务方面的问题	帮助你完成销售

续表

	决策者	使用者	技术把关者	向　导
这些人是干什么的	对经费有支配权,对是否购买你的产品有最后的决定权,可以是一个,也可以是一群人(董事会)	负责监管你的产品和服务,他个人的成功与你的产品和服务有直接的关系,经常是一群人	衡量你的方案并向决策者提出好和坏的建议,他没有决策权,但通常有最后的否定权,经常是几个人	是你能接触到的人,并希望你的销售能成功,他能为你提供和解释当前情况、各种影响力、如何与各方沟通等信息。他是你的朋友
卖点所关注的问题	购买对公司的影响,能否提高效率、降低成本,对公司是否有发展等	能否圆满完成本职工作,带来工作上的便利等	产品质量是否稳定,能否节约公司的费用,给公司带来经济效益	和你是朋友,对公对私都有好处
买点所关注的问题	决策能帮助他建立更高的威信,巩固其领导地位	好学好用,方便操作	领导的赞扬,职务的提升,个人的私利	让周围的人感觉到他的价值与重要性
经常提出的问题	这样的购买我们能得到哪些利益	你们的产品对我们有什么帮助?它是如何操作的	符合技术指标吗?价钱怎么样	研究一下我们如何做,才能获得订单

总之,决策者更注重购买对公司发展的影响,以及能否解决问题、提高效率、降低成本;使用者更注重能否圆满完成工作(方便、质量、服务);技术把关者更注重产品是否稳定,性能指标如何,能否帮公司省钱,带来效益。关键人是否持比较开放的态度,可以作为销售员销售进程好坏的一个"晴雨表"。努力使这四类购买人的态度趋于一致,你成功的几率就会大大增加。

3. 结交大客户高层人物的方法

推销人员要知道,在与客户交流过程中,与客户企业低层营造太多关系,会给接触其高层制造障碍。那么如何才能结交到那些高层人物呢?有以下几个方法。

(1) 到高层们在工作之外常聚集的地方去。

(2) 在已经成功地与某家公司的高管有了正面接触后,就可以借机会请求对方将你推荐给别的公司的高层人物。

(3) 当接触的只是公司较低层的经理时,也可能有机会通过层层引荐来结识高层,但需要一些技巧。

(4) 第一次与客户公司打交道时,就直接联系 CEO 的办公室。这时你可以理直气壮地说:"总裁办公室的人建议我联系你们。"

(5) 大多数高管人员都非常看重自己的身份,你如果给他们打电话可以让他以为你是公司的总裁而非一个普通的销售代表,他可能会更乐于接听。

4. 在结交高层管理者时应该注意的问题

(1) 推销人员与高层管理交流之前应该对他们的公司有一个详细的了解，谈论一些该公司的长期战略与愿景，你作为听众，对方会很高兴。

(2) 推销人员不要过多地在客户公司较低层级的经理当中打造关系网。

5. 发挥小人物的作用

在某些时候，最关键的那个人正好是一个不太起眼的人。小人物也有办大事的时候，有时候他能帮助我们马到成功。

请看下面这个例子。

小李只是某公司技术部的一名普通工程师，目前还看不见升迁的机会。不过他的朋友多，每逢有客户请客，小李也喜欢拉上几位一起进入集团被分在其他部门的同事。

最近，公司有一个大型招标项目，小李被选进了项目的技术评标组。"评标组"的要求非常严格：项目不仅要经过预审、复审等审查阶段，还要接受技术评标会、商务评标会的层层考验，要想搞定所有环节是不可能的。这给投标方出了个大难题。这次招标，呼声最高的是 A 公司。小李在心里算了算，A 公司的嫡系在技术评标组的 13 人中占了 6 人，另外 7 人有 4 个与自己关系不错。B 公司的销售经理小赵和自己关系不错，对这个项目极为感兴趣。小李给他打了个电话，问他有什么打算。小赵一听小李的话，马上带着自己公司的方案去见小李。小李先是让他向大家开一个推介会，算是大家认识，然后进入招标程序；然后小李去说服那 4 位与自己结成同盟的人，小赵自己去与另外两位技术评标员沟通。

两天后，小李与小赵在电话里分享了技术评标的胜利果实：与 A 公司关系不错的 6 个人全部对 A 公司给了绿灯。按照对方的布局，如果剩下的 7 人意见不统一，这个标就是 A 公司的了。可是由于小李的周旋，另外 7 个人全部支持 B 公司，这样，局势就完全扭转了。

(资料来源：孟昭春. 成交高于一切[M]. 北京：机械工业出版社，2007.)

这个例子告诉我们做销售要低调，要重视与销售有关的人物，哪怕他是个不起眼的小人物。

二、向导使我们的工作更有效

在大客户销售中，推销人员常常就像置身于陌生环境，要想寻找前进的方向，就要寻找合适的向导，这样才能走出森林，找到出路。

1. 销售中的向导

那些帮助推销人员获得信息，帮助推销人员联系和确认其他的销售影响者，帮助推销人员确定他的销售定位的人，或者说，那些告诉推销人员该怎么做的人，就是我们销售的向导。推销人员让向导替自己做那些对于自己很困难、对于他们来说却是举手之劳的事。向导就是推销人员的眼睛、耳朵，没有向导的指引，推销人员将很难获得订单。

向导来自于以下三个方面。

(1) 客户企业内部：倘若客户内部有向导，他能够告诉你最直接的信息，这是最好不过的了。

(2) 客户企业外部：向导也可以存在于客户企业外部，比如他认识客户企业里的某重要人物，他能为你介绍一些情况，增加你对这个企业的了解。

(3) 自己所在的企业：在自己企业的内部，也会有人告诉你该怎样做。

2. 给向导帮助你的动力

(1) 在与向导交流的过程要表现出谦虚、执著、善良和弱小。

推销人员要懂得人性规律，绝大多数人愿意帮助谦虚、执著、善良的弱小者，面对向导，应该以亲和的态度、谦虚的方式、朋友的心态、弱者的身份去请求对方的帮助，把自己的事变成向导的事，让向导有成就感。

(2) 把自己的成功变成向导的成功。

向导会从你的销售成功、成长中获得成就感和好处。客户公司内关系比较复杂，如果你的工作做得漂亮，能帮助客户公司的一些人，他们就会慢慢地成为你的新向导。你就会到处是朋友。

(3) 向导是最渴望成功的人。

在企业里面挑选向导时，推销人员必须要挑选企业中最渴望成功的人，让他感觉到，如果把你的产品引进去，同时也是他的成功，选择这样的人，你就选对了。

总之，推销人员要将产品和向导联系起来，要让向导感觉到，业务员的成功，就是他自己的成功，客户企业获得了产品，就是自己的成功，要想办法把推销人员赢的标准变成向导赢的标准。同时要注意，无论什么情况下，都要尊重向导，与向导友好相处，始终表现出谦虚、执著和善良，满足向导的成就感。

三、谨慎通过销售雷区

销售就是一个不断排除障碍的沟通过程，所以在订单没有签订的时候不要盲目乐观，如果不小心碰到地雷，订单就飞了。推销人员要按照销售流程，与向导策划，精心设计销售过程的每一个环节，才能保证订单的获得。

1. 对销售雷区的认识

(1) 尽量争取到关键人的支持，即使不能也要使其中立。

推销产品一定要找到购买的关键人物。大公司的决策层除了老板以外，部门经理也有相当的决策权，而且由于公司规模的庞大，中层经理的权力就更大了。现在中国的家族式企业多，老板的爱人及亲戚朋友都有可能左右单子的结果。所以，直接找决策者不如找影响决策的关键人物，因为即便你直接找到了该公司的决策层，他们也会把事情推到分管部门；而且，一旦决策层拒绝了你，你的机会就会变得非常渺茫。因此从次关键人入手，效率不但不会降低，反而会有更好的结果。

(2) 认识障碍和采取的态度。

销售过程最大的障碍不是障碍本身，而是你根本没有意识到会有障碍。即使认识到障碍，还要知道障碍具体在何处。盲目乐观不知道障碍的存在，犹如进入雷区而不自知，是销售中最危险的事情，如果不采取措施及时排除地雷，必将销售失败。

(3) 销售就是一个不断排除障碍直至签单的过程。

销售中的障碍是指对销售过程中出现的客户代表不熟悉，从而不能够进行有效的交流和沟通。

销售之前没有进行策划，没有按照销售的正确流程来进行销售，在客户中缺乏向导、对客户内部的情况了解得不充分，对于客户企业项目本身的情况、项目的要求及项目的决策者这些非常重要的情况缺乏了解，在这些方面稍有不慎，均会全盘皆输。

2. 销售危险所在

(1) 四种类型的买者中，有一个或以上的买者身份不清楚，缺乏必要准确的信息。

(2) 在整个销售过程中，始终没有主动寻找或者没有找到合适的向导。

(3) 虽然明确了四种买者的身份，但有一个以上的核心买者没有主动拜访过。

(4) 核心买者的身份发生了变化而没有及时发现和跟进(例如决策者、技术把关者更换了等)。

(5) 核心购买圈中出现了新的面孔。

(6) 缺乏警惕心理，不留意竞争对手的存在。

(7) 缺乏快速判断能力，不注意产业政策、行业政策、地方政策等的变化。

3. 排除销售危险

推销人员应该认清销售危险的事态现状，端正内心态度，借力解除危险。

处理销售危险的过程分以下几步。

(1) 在内心深处明确任何销售肯定都存在障碍。

(2) 明确销售危险的位置。

(3) 分析所处的销售环境，找到可以借助的力量。

(4) 借助外力解除销售危险。

推销人员请牢记，要成为成功的推销人员，靠的是过硬的销售本领，而不是靠运气。要知道会拼才会赢，但不能采取蛮干、规避、侥幸的方法。你必须采取正确的态度来对待销售危险。所以我们得出这样的结论：见不到决策者，就见技术把关者或使用者，把他们培养成向导，借助向导的力量通过危险区。

4. 对销售危险区的感悟

(1) 回想自己感觉最失败的销售经历，分析是否踩到了地雷。在以往的销售经验中，你是否有意、故意、刻意去发现、培养向导？当前的销售中，谁有可能成为你的向导？你准备从他那里获得何种信息？你打算怎样和他相处？

(2) 分析正在进行的销售活动。

① 所有的买者身份都清晰了吗？

② 还有哪些买者没有面谈？

③ 需要通过向导了解更多的信息吗？谁是向导？

(3) 危险区中有无"演员"重组。所以问一下自己：购买参与人员最近是否有变化？

① 有无新面孔出现？如果有，我了解他对销售的影响吗？

② 购买组织最近有无重组？

③ 能否肯定最终决策权掌握在哪几个人手里？

四、利用人情和关系开发客户

中国人是最有人情味的，也注重关系，所以推销人员要学会使用这两样销售利器。

客户的需求就像一座冰山，这座"冰山"共有三层："冰山"的上面是显性的利益，如产品、价格、质量等；第二层是隐藏的利益，包括关系、维护和交往等；"冰山"的最深处是深藏的也是真正影响成交的因素，那就是情感、感受和信任。

当然，客户不会明确表露其对隐藏利益的需求，如果他对你的产品或服务缺乏信任度，通常用"冰山"上面的理由来搪塞。所以如果产品缺乏竞争力，就要在关系上下工夫。

1. 销售中的人情绝招

我们在生活中要学会做人，就必须学会不断地变换角色。比如我们在领导面前，要学会如何做下级；在父母面前，要学会怎样做儿女。而销售中的人情练达，其实也就是要求我们学会角色变化。这种变化随时随地在进行着，如果不能很好地适应这种变化，角色转换不过来，就可能陷入盲目被动的境地。

在销售行为里，大客户里的四个购买者和关键人也就是决策者、使用者、技术把关者和向导，这四种人的角色有着根本不同的需求，推销人员必须根据他们角色的不同而做出相应的变化。特别对于拜访客户来说，把握其中的关键技巧，将会赢得事半功倍的效果。

我们应该知道想与不同人物交往，首先就要进行成功的拜访，实现成功的拜访有以下几个小方法。

1) 开门见山，直述来意

这样可以节约时间，更能引起对方的注意。

2) 突出自我，赢得注目

(1) 不要吝啬名片。比如，将名片的反面朝上，先以印在名片背面的"经营品种"来吸引对方。

(2) 用已经操作成功的、销量较大的经营品种的名牌效应引起客户的关注。比如："你看，我们公司这个产品销得这么好，做得这么成功。这次与我们合作，你还犹豫什么呢？"

(3) 适时地表现出你与对方的上司(如总经理等)等关键人物的"铁关系"。不过，前提是你真的和他的上司或领导有着非同一般的"铁关系"；再者，表现这种"铁关系"也要有度，不要给对方"拿领导来压人"的感觉，否则会适得其反。

3) 察言观色，投其所好

在作客户拜访时，经常会遇到客户说没空的情况。客户在说"我现在没空"时，一般有以下几种情形：第一种情况是他确实正在忙或接待其他顾客，他们谈判的内容有隐私，不便让你知晓。遇到这种情况，我们必须耐心等待，主动避开，或找准时机帮对方做点什么。第二种情况是他正在与其他的同事或客户开展娱乐活动，如打扑克、聊天等。这种情形下，我们可以加入他们的行列，以独到的见解引发对方讨论，避免遭受冷遇。第三种情况是他当时什么事也没有，只是心情不好而已。遇到这种情况，那就只好改日再去拜访了，不要自找没趣。

4) 把握与对方关系的尺度

在拜访时必须处理好"爱人"与"情人"的关系，与一般人员是"握握手"的朋友，与关键、核心人物是"铁哥们"的关系。

5) 要诱之以利

这个利字包括两层含义，即"公益"和"私利"，也就是前面所讲的"买点"和"卖点"。首先，明确"公益"。"公益"要尽可能地让对方更多的人知晓，知晓的人越多，日后的拜访工作就越顺利，因为没有谁愿意怠慢给他们公司带来利润和商机的人。其次，暗示"私利"。

6) 找到关键点各个击破

客户在介绍其他产品价格、销量、返利政策、促销力度等情况时，我们要想击破这一道"统一战线"往往比较困难，所以必须找到一个重点突破对象。比如，找一个年纪稍长的或职位稍高的在客户中较有威信的人，根据他的喜好，开展相应的公关活动，与之建立"私交"，让他做我们的内线。甚至还可以利用这个人的威信、口碑旁敲侧击，来感染、说服其他的人，以达到拜访的目的。

7) 保持永不言败的心态

推销人员要冷静地面对成功，心态平和地面对失败，不轻易放弃。

2. 用关系换单子

构成产品的要素不外乎核心产品、形式产品、附加产品。所谓的附加产品即产品的附加值。当你的产品与别人的产品没有什么太大的差异时，最好在产品的附加值方面制造大的差异，这样，你的销售行为才能事半功倍。

这再一次告诉我们：销售是一门人情练达的艺术。用白给的好处成交，不仅满足了人们潜意识里都喜欢贪便宜的心态，也向对方显示了我们的诚意，同时还会让对方觉得自己是被特殊对待的，认为"我是受过特别关照的"。出于投桃报李的心态，对方很有可能因为回报你一个人情而成交。这就是销售中的"需求冰山理论"的下面两层：隐藏的利益，包括关系、维护和交往；情感、感受和信任，这是真正影响成交的因素。

温州人被称为中国的犹太人。温州商人每天下午开始打电话给客户，邀请客户参加晚上的小型聚会，以这种方式和客户联络感情。舍得在客户身上花时间，花精力，花钱投资情感，这正是温州商人成功的秘诀。就是靠着这种感情投资，他们走遍全中国，走遍全世界。他们的成功告诉我们的就是这个道理。

3. 利用关系对付竞争

当我们的产品与竞争对手差不多时，为了获得订单，就必须在关系上下工夫。有这样一句销售名言"微笑打先锋，倾听第一招。赞美价连城，人品做后盾"，说的就是这个道理。

4. 让客户心里舒服的交流技巧

与顾客交流时,下面的几点能使我们和顾客的距离拉近。

(1) 逢人减岁,逢物加价。

(2) 推销人员应打扮自己,给对方良好的第一印象。

(3) 对对方的意见表示认同,让对方有高明的感觉。

(4) 和客户攀交情,如"哎呀,小马是你同事啊,他是我亲戚"。

(5) 做一个忠实的听众,倾听客户的光辉历程。

(6) 要懂得相互尊重,因为中国人喜欢投桃报李。

(7) 对客户的承诺一定要兑现。

(8) 给足客户面子。

(9) 成为客户信任的人。

(10) 注重人与人的感情沟通。

(11) 要注意察言观色。

(12) 赞美客户。

五、掌控招标流程

现在很多销售合同的签订是通过招投标来实现的,推销人员要掌握中标的方法。

所谓招投标,是指在市场经济条件下进行大宗货物的买卖,或者是工程建设项目的发包与承包,以及服务项目的采购与提供时所采用的一种交易方式。

招投标是一个流程性很强的过程,想吃到"大鱼"就要将每一个环节都规划好。投标时,要认清四个购买影响者,掌控全局,明察秋毫。在充分了解了客户企业的组织架构后,要进行角色匹配,打有把握之仗。

1. 与客户建立良好关系,应对各种变化

只有建立与招标客户的关系,才能掌控全局,明察招投标过程的变化。这种良好的互动关系可以帮助我们达成下述几个目的。

(1) 更早知道招标信息,才有足够的时间去开展相应的工作,包括对客户的公关。

(2) 了解到招标方的真实需求和想法,投标时就可以"投其所好",以便"命中要害"。

(3) 进行前期的技术交流,引导招标方更倾向于接受本公司的技术和产品特点。

(4) 尽早接触客户,准确把握对此次招标具有决定力或影响力的人。

招投标时,我们仍然要通过客户网、企业的刊物、相关人员等找出四个购买影响者,来了解客户企业的组织架构,然后对客户高层人员进行角色匹配的判断。具体判断的内容有:此人在客户企业中的角色;此人对销售项目的影响度;此人对销售项目的支持度;自己与此人的接触度;此人在自己公司中的相应对应者等。这样我们对招标客户就有了初步的认识,也为后续工作的开展打下了基础。

2. 建立客户良好关系的步骤

在建立了初步的信任之后，就可以开始下一步的接触和交往了。建立关系有以下四个步骤。

1) 创造接触机会

我们要知道，每一个企业最高层身边都会形成一个小圈子，通过这个小圈子中的人引见、安排，就有可能与企业最高层相识。

2) 尽快找到结合点

相识之后，要想与对方发展友谊，最好的办法莫过于形成"血缘"关系、"志缘"关系、"业缘"关系、"地缘"关系或者"趣缘"关系。

由此可见，找到对方关键人，并"投其所好"，往往会达到一个非常好的效果。

3) 持续交往

再好的关系，时间长了就会淡了，所以必须保持一定的交往频率和强度。交往沟通的具体方法有酒席宴请、娱乐、旅游观光和家庭拜访等。

4) 提供实际价值

其实，吃喝玩乐不是最重要的，关键是你要把对方当成一个普通人、一个真正的朋友去关心他、帮助他，给他提供实际价值，这样才能建立彼此最牢不可破的关系。

3. 做好投标前的准备工作

投标前的准备工作的核心是抓信息、做比较、早准备。具体来说，要做好以下几个方面的工作。

(1) 向招标方领取标书并了解招标委员会人员的组成情况。

(2) 了解本次参加投标的竞争对手的情况并对其优、劣势进行分析。

(3) 材料准备，包括：制作本企业的几个重要展示物，如产品模板或相关应用照片等；策划发言用的文稿，包括开场白、企业介绍、产品要点介绍、产品特点分析、产品要点归纳、本公司带给客户的利益点和结束语。

(4) 模拟招标会上提出的问题的解决方案及招标会现场本企业产品的优势展示。包括：列出招标评委可能提出的若干问题并对其问题给出标准答案；熟练掌握投标发言的语速及语调，保证招标现场发言的效果。

4. 投标过程

在投标过程中要注意投标发言的内容和感染力，具体有以下几个问题。

1) 投标发言的要求

一方面，在投标发言环节要让招标方了解企业的产品特点，加深印象，迅速活跃招标会气氛；另一方面要让评委在轻松的氛围中接受企业及其产品特色。

2) 要制造招标会产品演示高潮

产品演示高潮也是穿插在简洁干练发言中的一种重要补充，具体有以下方法。

(1) 结合产品特点，以讲述故事或典型社会事例的方式制造产品演示高潮。

(2) 尽可能用感性的语言或产品模型演示结构原理。

(3) 用产品照片应用图例或实拍照片介绍产品应用案例，来展示产品的各种特点。

3) 注意要按照评委喜欢的方式回答提问

(1) 要注意评委中的关键人物或权威人物，一般来说提问最多的人往往就是本次招标会中对产品定标起着关键作用的人。

(2) 对于每一个评委提出的问题，都应认真回答，如果本人无法圆满回答，可以以笔录的形式记下来，承诺将在 24 小时内由公司技术人员给予书面回复。

4) 注意投标报价技巧

招投标的报价和一般的商业买卖有一定的区别，其核心思想是不以低价换订单，所以在投标报价上要注意以下几个方面。

(1) 根据项目特点和企业经营状况灵活报价。

(2) 将未来可能增加的报高点儿，将未来可能减少的报低点儿。

(3) 增加一个可发挥自身优势的建议方案。

(4) 事先与分包商、分供商谈好价。

(5) 投标截止时间之前突然降价。

5) 需要注意的问题

注意重点展示本公司产品优势，以加深印象；注意捕捉评委对竞争对手的微妙评价及相关信息反馈；始终保持微笑，注意调节会场气氛，营造一个轻松沟通的氛围；注意多人配合，事先商量好回答问题的分工，以及默契的暗号，不要互相打断话题。

5. 投标后的紧急任务

投标过程的结束并不意味着投标的完全结束，还需要进行投标追击，确保夺标。具体有以下工作要进行。

1) 效果探寻

(1) 抓紧对向导进行回访，了解本公司在招标会上的展示效果及目前评标进展情况。

(2) 尽可能创造拜访招标会评委的机会，直接向评委表达本企业的合作诚意。

2) 发挥关键人物的关键作用

在招标会后如果能取得关键人物的支持，就基本取得成功了，所以一定要在招标会后想办法见到关键人物；此外在得到任何一个关键人物的某种暗示性支持后，一定要及时地拜访他，进一步地沟通，以得到其全面的支持。

六、大客户销售过程可利用的因素

对于推销人员来说，大客户开发与成交过程有很多可以利用的外在因素，推销人员应该把握时机，充分利用。这些因素主要有以下几个方面。

1. 利用来自于客户心中的权威和与其关系密切的人，使之产生信任

1) 利用权威、专家或客户的朋友和关系密切的人

在今天的商业社会中，人们最相信的商业信息来源大体有两个：一是权威、专家，二就是朋友或关系密切的人；前者因为敬畏而产生信任，后者因为密切而产生信赖。

2) 使自己变成专家，取得客户的信任

推销人员不能盲目地效仿周围一些人员的做法，因为其中有很多做法属于歪门邪道，

一不小心会使自己的销售行为误入歧途，尤其是年轻的推销人员要向同事学习优点，摒弃那些不好的作风。

2. 利用客户对中间人的信任，使之成为自己的忠实拥护者

利用对中间人信任的销售技巧主要有以下几个方面。

1) 客户互换

首先把自己的客户介绍给别的公司，并为对方公司大力宣传，然后要求对方公司为自己介绍他们的客户，这样自己公司的客户会大量增加，达到双赢的结果。在运用客户互换时要注意以下四点。

(1) 自己的产品或服务与对方企业的产品或服务之间完全不具竞争性。

(2) 在不会夺走或排挤掉自己企业平常获得的利润的条件下进行。

(3) 保证会增加对方企业的利润。

(4) 对方企业不用费吹灰之力。

2) 给客户提供特殊待遇

必须让客户感觉受到重视，让客户感觉自己很重要、很独特。例如经协商，让客户得到比市价偏低的价格，或得到高于市场的利润、福利或保证提供额外的价值。

3. 充当客户与客户的中间人

你只要在客户之间充当中间人，替双方拉拢关系，你就可以与他们建立友好亲密的关系。这就是多个朋友多条路。

4. 重视与客户周围的人结交新朋友

任何对你的客户重要的人，也自然变成对你重要的人，要尽可能地开发及使用客户给你带来的人际关系网，这样你会不断有新的朋友，也会不断有新的生意。

5. 利用第三者的话使客户产生信任

人有这样的习惯，当接收到陌生信息的时候会犹豫或怀疑，当他们再从别的渠道获得该信息时，就会产生信任感，这就是第三方证言所具备的魔力，推销人员在实际工作中要学会变化地使用这个工具，比如可以列举顾客或客户名单。

(1) 使用大量的顾客推荐信。

(2) 利用有号召力的顾客名单来促使成交。

推销人员应该把自己的顾客名单汇编起来，展示给客户，尤其是把那些有号召力或客户熟悉的名单展示给他们，这会对信任的产生起巨大的作用，可以帮助客户下决心购买你的产品。

第三节　大客户销售应注意的事项

大客户的销售和小商品的个别销售有很大的区别。在小商品销售中，推销人员的个人技巧对销售成功起关键的作用；而大客户销售更多是靠集体作战，成功重要的因素是对整个销售过程的全面策划。

一、大客户销售前的准备

1. 统一思想和行为

大客户销售是集体作战，不是单兵对阵，所以对阵的双方都需要统一思想，才能拿下订单。

1) 统一内部的思想和行为

想统一客户的思想和行为，首先内部要统一，要大家一起研究销售工作的每一个环节，统一思路和打法，这样才能步调一致，成功的概率自然就会高。

2) 用企业的品牌、形象信誉和实力来统一客户的思想

销售需要从统一客户的思想入手。要通过强调企业的品牌、形象信誉和实力来吸引客户，给客户洗脑，建立客户对我们企业的信赖。可以利用各种销售宣传工具，如宣传企业的 VCD 录像光碟、质量证明材料、行业推广材料、服务承诺以及大客户的信件等。

2. 为销售准备各种工具

销售工具准备得越充分，成功的概率就越大。所以要把推销人员武装齐备，包括准备笔记本电脑、手机、投影仪、照相机等一切可以运用到的东西。而且要让推销人员学会充分利用各种销售工具。

3. 相互配合获得大单

随着市场的健全，大客户销售一定是靠集体的相互配合才能拿下大单，靠个人的那点聪明就显得单薄，所以想做好销售要靠公司的各个部门配合来完成。因此，推销人员在公司内部一定要有个好人气，以得到大家的全力支持，要低调做人，把自己的业绩看成是集体劳动的功劳，你将来的业绩才会更大。

二、教育、培训销售

大客户的销售策划采用教育和培训是很有效的手段。销售的赢家通常会把培训办到客户企业里，通过培训来统一客户对我们产品和服务的认识，这样做比个人单独的沟通要事半功倍得多。所以大客户销售要学会使用教育培训的策划手段。

1. 使自己成为解决客户问题的销售讲师，用教育驱动销售

当我们站在讲台上介绍销售的产品优点和灌输购买的理由，以及给对方带来的好处和所提供资料的权威性的时候，不管客户有多苛刻，都无法逃脱心理诱惑，常常是你讲得有道理，把他吸引了，他就会接受。就像学生对老师所讲的道理一样相信，可能会有一些怀疑，但你的思想和信息却深深地扎根在他们的思维中，这样产生的效果要比你单独和他们说十遍的效果好得多。

2. 建立易学的教育销售模型

大客户销售要建立教育销售模型，让所有的推销人员掌握模型的内容，明确自己在模型中的位置，在针对不同的客户时可以复制，并且使客户容易接受，容易学习，容易学

会。这样的教育销售模型才有实用的价值。

教育销售模型使用的要点有以下几个。

(1) 要擅长做工具，包括辅导工具和展示工具，只有把工具做好了，才能给推销人员以巨大支持。

(2) 要擅长做培训，因为销售的生命就是培训。

(3) 要给推销人员做好精神激励和物质激励。

(4) 要做好管理，在流程和执行中，让所有参与销售的人员做到位。

(5) 要统一思想，上下一心。

(6) 要在团队中建立紧密的个人关系。

(7) 整个模型必须简单、易教、易学、易复制。

对教育销售模型要深刻理解，掌握使用的要点，要团队合作，责任分担，业绩共享，才能达到预期的效果。

3. 教育培训过程中应注意的问题

在使用教育培训的过程中，要做优秀的讲师，促成销售的成交意味着进行一番好的表演。因此在教育培训过程中应注意以下几点。

(1) 不要进行推介活动，除非有些新鲜事要说。

(2) 尽量谈一些听众有兴趣并需要了解的事情。

(3) 刚开始时，可以讲一个让听众吃惊并感觉有趣的事实，注意起调不要太高，避免以后没有进一步发挥的余地。以低调的方式使听众放松。

(4) 任何时候都要和听众保持目光接触与交流。

(5) 要将重要的内容塑造成高潮，最好能引起听众的讨论。

(6) 以教育培训带动销售，演说一定要带有热情，否则极有可能失败。

4. 学会用新闻风格的语言吸引听众

(1) 先说最重要的事实，然后按顺序说出其余的信息。要多想令人信服的事实，还要添加具有轰动效应的事，以增加听众的兴趣。

(2) 讲话时，应卓尔不群、神气十足、理直气壮、充满热情和勇气——这些都是一个讲师必备的。所以在站上讲台之前，一定要经过练习，这样才能保证在"演讲"时达到最佳效果。

(3) 经常停顿一下，让听众鼓鼓掌，这样有利于你整理思路，说话要连贯。

三、给客户留下永久记忆的销售

大客户销售的时间比较长，过程复杂，客户需要思考的时间，所以要给客户留下永久的记忆。如果只是语言的交流，所叙述的内容很快就会消失，如面谈和电话交流只能留下瞬间的记忆，销售也就很难完成，因此推销人员要通过信函、电子邮件、宣传资料、贺卡、礼物、事件等手段给客户留下永久的记忆。

瞬间记忆的销售也有其好处，如便捷、准确，可以很直接，但是在有的时候也不适用，特别是对于那种集体决策的销售就不太适用。

永久记忆的销售，为的是不走形式、体现用心，所以有利于合作。很多企业要想把一件事情办好，都是要写信的，或者是要写文件的。

永久记忆销售的好处主要如下。

(1) 永久记忆可以入心。

(2) 书信比面谈更高效。

(3) 使用书信，把原本不容易表达的理念表达清楚。

(4) 规避信息的误解和变形，让自己的意图直达高层。

比如写一封不同凡响的书信，尤其是现在很少有人写信了，当收到书信时更觉得珍贵，胜过口头的千言万语，可以把行销用语转化成有意义、有说服力的信。

推销人员最起码要预备三样东西：短信样本、电话样本、传真和电子邮件样本。比如短信样本要有 8~15 种，对不同的人要发不同的短信，内容不能太多，写电子邮件也是这样。总之，推销人员要学会运用这些手段。

以下案例充分说明了这点。

> 著名的销售大师——孟百万，曾经通过 5 封信取得了他销售生涯的第一个百万元大单。
>
> 孟昭春的第一个目标是海南某房地产公司的俞总。孟昭春给他写了一封求见信，邮去以后，七八天也没回音，根本联系不上他。后来孟先生就给他写了第二封信，这是一封介绍他自己人格的信，这封信也仍然没回音。
>
> 孟昭春又准备了第三封信，是谈保险理念的信，他觉得保险把人的无价的生命标上了价格，在社会保障比较低的情况下，应该为自己的健康和生命买保险。孟昭春把第三封信揣在兜里，就到了这家公司，但却没有见到俞总。公司的前台陈小姐接待了孟昭春，孟昭春看陈小姐人挺好，就递上一张名片，说："是这样的，陈小姐，我前不久给你们俞总写了两封信，这次来拜访他，如果他不在，麻烦你帮我把这第三封信转交给他。"陈小姐说没问题。离开这家公司之后，孟昭春想：陈小姐很重要，她在这家公司里一定比我了解情况。所以，第三天时，孟昭春带了一个小礼物送给了陈小姐，并嘱咐陈小姐："俞总方便时，希望你能告诉我一下。"陈小姐点头同意了。后来，她又跟孟昭春说："孟先生，你见到我们俞总好像也没有用啊，因为我们俞总很有钱，他好像对保险不太感兴趣。"
>
> 孟昭春反问了她一下："哎呀，陈小姐，谢谢你啊，看来你想得挺周到，我想请教你，你说该怎么办呢？"陈小姐说："我看你还不如去见见我们的吴总，吴总是我们公司的副总，又是我们公司的财务总监。他管钱，对我们老总有点影响力。他在，你要不要见见他啊？"
>
> 陈小姐就打电话给吴总，她很会说话，一个电话打过去，吴总二话没说就同意了。孟昭春高兴地拎着包就往里跑，陈小姐说："哎，你回来。我告诉你，吴总也是你们东北老乡啊！"就这么一句话，孟昭春心里就明白了，知道见面时的第一句话要说什么。第一面印象很重要，所以孟昭春一见面就说："你好，吴总，咱东北老乡有一个东北人联谊会。联谊会里，有好多朋友都提起你了，说你特别有成就。我们 5 月 24 号还要搞个活动，他们说这个活动不能没有你啊，所以我特意来拜访你。"就这样，孟先生很快就和吴总熟了。末了，孟先生嘱咐吴总帮他把第四封信送给俞总。
>
> 这是一封批评信，是这么写的："尊敬的俞总，给您写了三封信，都没能与你谋面，这是我给你写的第四封信，有一些意见供您参考。我想说说我的看法，首先您是有很多资

产，但难道都是现金吗？俞总，您天天走南闯北，难道没风险吗？您几乎都在飞机上办公，难道你的妻子儿女不惦记吗？这份中国最高等级的人寿保险，如果被你所拥有，难道不是身份地位的象征吗？如果这个百万大单被你所拥有，难道不是对妻子儿女的爱心的最好体现吗？"

孟昭春连续用了八个"你以为"，批评当中带有关爱。送过去以后，孟先生在想：这第四封信写得有点不客气，俞总看了会不会生气呢？他有点犯愁，过了三四天，他就给吴总打电话。吴总一听是他，就说："老弟，我告诉你一个好消息啊，我们俞总昨天在开会时，把你给表扬了。"

原来俞总看完信，就夹在笔记本里。第二天开会，他就拿着笔记本上台坐着。俞总他们公司有六栋楼，其中有一栋楼卖得不太好，他就越讲越生气，一低头就看到这封信了。他对这些销售经理说："你们工作时追踪、锲而不舍的精神不够好。"他就把这信举起来说："大家来看，这封信是孟先生给我送来的。这是来的第四封信了，前三封信我都看了，他想来见我，我哪有空儿啊？他就给我来了这第四封信，还是通过老吴给我的。你们说，这个业务员多能投机钻营，钻到我们老吴那儿去了。当我看到这第四封信时，我就觉得他挺有道理了。看来这个业务员很有水平，还锲而不舍。我们公司的业务人员、经理，还有你们这些老总，都应该向人家孟先生学习。要是都有他这种锲而不舍的精神，就是再有几栋楼，咱都能卖出去。"

听到这个消息后，孟昭春非常高兴。他就想："有这四封信一定能够跟俞总把这个生意做成，那么这就是我销售生涯中的第一张大单了。这个大单要是做好了，有多少成绩呀，这样我在公司里就是销售标兵了，名字就可以上龙虎榜，还可以得到老总的接见，然后还有荣誉宴。"

正在他想得美滋滋时，突然接了一个电话，吓他一跳，原来是小陈打来的。她说："孟先生，你那件事要做的话，就抓紧点吧。这两天，另外一家保险公司的业务员老是上我们公司来，我看他好像有点来头，有个省政府的领导还给他写了一封推荐信呢！我估计这个业务员要是见到我们俞总，就没你啥事了。"

孟昭春急忙说："哎哟，那现在这个业务员有没有见到你们俞总呢？"她说："没有，他刚才来，让我把他撵走了。"

孟昭春当时就在想，认识这个陈小姐真是万幸，虽然她人在三尺柜台，空间有限，但她在三尺柜台里的权力无限。这时，孟先生就想："不能再等了，但如果我再去堵俞总，堵不上该怎么办呢？而且，我如果硬去见，多不礼貌啊！"后来他又想：隔山、隔水、隔不断就是这个信，没有谁能把信给阻断的，所以他决定还是写信。

孟昭春的第五封信原文如下(部分有删节)。

尊敬的俞总：

这是一次诚恳的建议，不具有别种意义，若有冒昧，尚祈见谅。请您回答下面的一些问题，如果您回答得好，对您买保险有益处。

(1) 您为什么辛苦经营产业30年，只为负担税款，而最后有15年是白白浪费了？

(2) 您的财产愈大，税负愈重，大多数拥有一大笔财产的人，结果还是失去他们永不曾真正拥有的财产，只是租借，然后失去。他们把这种过程叫做"税"。

(3) 您，什么都有，只是没有足够的现金。如果您现在不赶紧创造大量的现金，来抵

消税款的冲击，税款的冲击就会吃掉您的财产。

(4) 您的家人会因无法立刻卖掉财产而又要为立刻缴付税款的情况所困。因此，您辛辛苦苦地将财产建立起来，却在一夜之间就将它拆散了，划得来吗？

(5) 如果您认为有需要来建立您的财产，您就避免不了要"纳税"。财产既然值得经营赚取，就更值得您去保存，何不现在试图保存您的资产，避免将来转化成税金呢？

(6) 很显然地，您的难题已经不是付不付税的问题，而是用何种方法去付，或由谁来支付，请教律师？会计师？他们会为您的财产尽他所能替您减低税款，但到了付款的时刻，他们不会替您缴付税款——付税的还是您，您并没有解决您的难题，这笔税款为何不让我来替您支付呢？

(7) 您不需要更多的人寿保险，但您需要更多免税的钱，您不需要人寿保险，但您确实需要人寿保险为您做一些事——创造大量纯利润(免税)的现金，用以支付税款，让税款的冲击减到最低，而达到保存一生努力成果的最大目的。

愿能透过我诚挚的服务，来解决您的难题！

尊敬的俞总，我这一次会在您接到信后三天内登门拜访，届时请您予以接待。

此致：

谨颂，安好

孟昭春

送出去以后，第二天，孟昭春就到了俞总的办公室，跟他说了不到十分钟就把单子给签了。

(资料来源：孟昭春. 成交高于一切[M]. 北京：机械工业出版社，2007.)

从这个案例上我们可以看出来大客户开发时给对方留下永久的销售记忆的重要性，书信的沟通比语言更有条理、更清楚，也更有感情。推销人员能不能在实际工作中把这个模式改变一下形式再进行应用呢，这是需要思考的。

四、瞬间完成说明，抓住时机成交

推销人员在向客户介绍产品和方案时要语言精练、简短，能够激发客户的购买欲望，切忌啰唆，一定要说到点子上。在说的时候推销人员要洞察到客户的反应，在客户最想购买的时候索要订单。一旦错过了这一时机，客户的热情就会下降，成交就变得困难了。

1. 争取在最短的时间内介绍完你的产品和服务

大客户的购买是理智性的购买，也是知识性的购买，他们最想了解的是你的产品和方案与竞争者不同的地方，所以介绍时要以简短的叙述激发对方的兴趣，少说一点儿你的产品的历史和同类产品都有的特征，多说一些你能为客户提供什么独特价值的内容。比如一分钟可以将保险单说清，具体的保险条款顾客会自己看明白，他最关心的是给他带来的整体利益的大小，而不是细节，所以在保单讲清楚后就要问对方对我们给他提供的保险计划是否同意？如果同意就可以签单了，不同意再解决否定意见。

2. 在客户发出购买信号时，停止介绍，迅速索单

(1) 在销售气氛冷却之前获得购买信号，大胆会让你赢得尊重和订单。

销售出单应把握最佳时机，也就是客户发出购买信号的时候，这时他掏钱已经没有痛苦了，是出单的最佳时机。很多推销人员业绩不好，就是由于丧失成交的机会。

(2) 证明你的产品是客户最需要和最感兴趣的。

客户要购买的产品是他最需要、最感兴趣的产品，所以你的介绍就是证明你的产品是客户最需要的，当客户表现出最大的热情，这时候你就可以索要订单了。

(3) 当客户发出成交信号时，立即索要订单。

客户发出购买信号的时候是他最感兴趣的时候，这时候索要订单虽然不一定能成交，但这是一次成交的机会，作为推销人员要抓住每一次成交机会，不怕拒绝，这才是职业的猎手。

(4) 把握成交的时间。

推销人员要学会成交试探，那么，怎么知道是该成交的时间了呢？掌握以下两点：一是破译购买信号；二是使用试探性成交手法。

(5) 破译购买信号。

客户的购买信号很多，但是很少有直接地表述，这需要推销人员观察、把握这些暗示的语言动作，以有利于成交的快速进行。

五、留住你的客户

我们和客户的来往就像餐馆与食客之间的关系，任何一个食客在一家餐厅吃的时间久了，就会乏味，当听说有新的餐厅的时候就想去品尝一下，所以怎么样留住这些食客，就成了经营者必须面对的一个问题。对于大客户销售，要留住现有的客户，不给竞争者任何机会，唯一的办法就是让客户忠诚于我们。

客户的忠诚就是客户的重复购买率和转介绍率。客户的多次重复购买说明他们相信我们，客户能向其他的准客户推荐我们的产品和服务，这就是客户的忠诚。忠诚的一个很重要来源就是客户的满意。

1. 盯紧你的大客户

大客户是我们的宝贵资产，我们要通过提供完善、满意的服务留住他们。想要留住客户，首先必须盯紧，具体可以从以下几方面入手。

1) 巩固大客户的忠诚度

要掌握大客户的动向，为他们提供特别的保证条款、优先发货、预先信息交流、客户定制化的产品及有效的保养维修和升级服务等。

2) 用附加产品留住客户

提供专业化的服务，如维修、配件供应等。

3) 正确处理好使客户满意和创造利润之间的关系

《道德经》里说"欲取之，先予之"，就是这个道理。让客户满意是一项复杂的系统工程。由于客户的需求和偏好是不断变化的，这就要求企业必须不断创新，使客户获得超值享受。企业必须处理好使客户满意和创造利润之间的关系，通过提供比竞争对手更满意

的服务来建立顾客的忠诚。要培养忠诚的客户，推销人员应该注意以下几个方面。

(1) 忠诚。我们要对客户忠诚，想他们所想，急他们所急，不能只注意客户的腰包。只有这样，客户对我们才能忠诚。

(2) 尊重。对客户要尊重，注重细微的环节，包括穿着打扮、言谈举止，应该处处体现尊重，给客户留下良好的印象。

(3) 耐性。介绍产品、回答问题要有耐心；要进行多次的客户走访。

(4) 提供朋友间的服务。给客户不只销售上的服务，还要有与产品本身无关的服务，比如帮助客户解决私人的困难等。

(5) 守诺。要使客户忠诚，自己要守诺，以自己的诚信打动客户，使之相信我们的企业和产品。

2. 维护铁定的大客户关系

维护与客户的关系诚信是出发点，所以要注意以下几方面的问题。

(1) 不因强人所难而丧失与客户继续交往的可能性。只有在客户最需要的时候进行交易，才能维护与客户的关系；强人所难的交易只能使关系日渐疏远。

(2) 信守原则。有原则的人才能让别人尊重，也能产生信任感，所以推销人员不能做损害公司和客户的事。

(3) 多做些销售之外的事情。帮助客户解决私人问题，以朋友的身份去做，不求回报。

(4) 让客户也能漂亮地向上司和周围的人交差。你要为客户着想，让卖点发挥得更充分。

(5) 让客户感激。要学会为客户的过错承担责任，这样你会受到客户的欢迎。

(6) 不要忽视让每笔生意来个漂亮的收尾。每次生意的结束是下一次生意的开始，也是客户为你介绍新朋友的前提。因此要对客户的相关人员进行心理按摩，让对方感觉我没有忘记你，这样下次的交易就属于你了。

这些也是与人交往的必须，所以推销人员要提高自己的人品和情商。

3. 以客户服务为中心的五大方法和技巧

1) 情感维系、贴身服务

与客户之间除了有业务关系，还要建立情感联系，具体方法有以下几种。

(1) 建立客户资料库。包括客户的爱好、习惯、周围的重要人物、生日、作风等。

(2) 制定对大客户进行关系维持的具体措施。比如与客户定期交流，一起去旅游，到新开的餐厅去等。

(3) 通过客户的情报与反馈系统，了解客户的需求。经常与客户进行有意无意地聊天，做个有心人。

(4) 定制化销售。和客户一起制定方案，满足客户的特殊需要。

2) 提高大客户的转移成本

如果客户转移购买能增加他们的成本，他们就不会轻易地做更换购买。具体可以通过以下几种方法。

(1) 利用契约关系锁定客户。比如，银行向客户提供一定期限的住房抵押贷款，规定在到期之前如果客户要做出更改，就要缴纳罚金，这样就建立了一种结构性的壁垒。

(2) 频数营销。多次购买可以得到各种优惠，如各种折扣、销售积分等。

(3) 捆绑式销售。客户在一家供应商购买所有的产品，可以享受整体费用优惠，实现买卖双方的双赢。

3) 实施差异化营销

可以对现有客户进一步细分，其目的就是为具有不同价值的客户提供相应等级的服务，从而有效地分配服务资源，为争取和留住价值较大的客户创造条件。

4) 建立客户档案，实现动态管理

随着客户情况的变化，不断地修改客户的档案，掌握客户的动向。

5) 直面投诉，超凡服务

对大客户的投诉要非常重视，给予满意的答复和采取针对性的措施，使之满意。抓好客户服务，可以有效减少和杜绝客户投诉；反之，则会增加投诉。

思 考 题

1. 大客户销售流程包括哪些内容？

2. 什么是销售的买点和卖点，如何将买点和卖点统一起来？

3. 大客户购买的参与人员都思考哪些问题？

4. 你对大客户销售中的人情练达是怎么理解的？

5. 你对大客户销售有什么感悟？

练 习 题

1. 你是一家电脑销售公司的销售代表，听说某公司准备购买 100 台电脑，你准备按照什么样的程序去展开工作？

(1) 直接去拜访该公司的老总。

(2) 去拜访该公司的采购部经理。

(3) 先去该公司了解情况，然后去见该公司的老总，介绍你的产品的优点。

(4) 在自己的交际圈内寻找与该公司有联系的人员，然后与该公司的人员建立联系，询问对方该先拜访谁。

(5) 私下接触该公司的采购部经理，告诉他可以给其非常优厚的个人折扣。

2. 你是一家办公设备公司的销售主管，接到一个政府机构采购主任的电话，询问有关办公设备的价格。你认为这是个好机会，于是约对方私下见面细谈，你重点和对方谈什么内容？

(1) 重点介绍你们的产品。

(2) 告诉对方你可以给他比其他公司更低的价格。

(3) 与对方研究一下以什么方式给他个人多少折扣。

(4) 介绍你们产品特点及可提供给他个人的各种优惠。

(5) 了解他们上下有关人员的要求后，针对性地介绍你们如何满足其要求，并为其个人提供方便。

案 例 分 析

案例一

让顾客没有掏钱的痛苦

有家公司的总经理很奇怪地发现，他的某位雇员一天竟然卖了 30 万美元，于是他便去问个究竟。

"是这样的，"这位销售员说，"一个男士进来买东西，我先卖给他一个小号的鱼钩，然后告诉他小鱼钩是钓不到大鱼的，于是他买了大号的鱼钩。我又提醒他，这样，不大不小的鱼不就跑了吗？于是，他就又买了中号鱼钩。接着，我卖给他小号的渔线、中号的渔线，最后是大号的渔线。接下来我问他上哪儿钓鱼，他说海边，我建议他买条船，所以我带他到卖船的专柜，卖给他长 20 英尺有两个发动机的帆船。他告诉我说他的车可能拖不动这么大的船，于是我又带他去汽车销售区，卖给他一辆丰田新款豪华型'巡洋舰'。"

经理后退两步，几乎难以置信地问道："一个顾客仅仅来买鱼钩，你就能卖给他这么多东西吗？"

"不是的"，这位售货员回答说，"他是来给他妻子买针的。我就问他：'你的周末算是毁了，干吗不去钓鱼呢？'"

(资料来源：孟昭春. 成交高于一切[M]. 北京：机械工业出版社，2007.)

问题：
1. 这位售货员为客户建立了多少次意愿图像？
2. 他是怎样一步步诱导客户达成成交的？
3. 在这个案例中，这位售货员是如何减少顾客掏钱的痛苦的？
4. 这位售货员是如何帮助客户发掘自己没有意识到的需求，来实现成交的？

案例二

煮熟的鸭子也会飞

有一位非常优秀的销售员姚小姐，平时工作十分勤勉，工作业绩突出。有一天，她很高兴地告诉经理，马上会有一个大单子，让经理等她的好消息。

但是，半个月后，经理却等来了泪流满面的姚小姐。原来，最终客户使用了她设计的销售计划书，但却不是同她签的单。

她泪水汪汪，连连倒苦水："没想到，真是没想到……"她说："我是通过朋友介绍结识这家公司主管人事和财务的副总裁的。副总裁告诉我，公司刚好有买设备的计划，让我马上设计建议书，他承诺这件事他有决定权。我反复几次修改后，副总裁表示，公司各方面对计划书均表示满意，估计半个月后可以签单。"

当时她信心十足，以为很快就可以吃上"煮熟的鸭子"了。因此姚小姐开始等待。

半个月后，她拨通副总裁的电话，本来是去约签单的事的。哪知副总裁带着很遗憾的口气告诉她说："在昨天的总经理办公会议上，关于采购的事情已经定下来了，决定在另外一位销售员那里购买，而且那个销售员在总经理的邀请下还参加了昨天的会议。"

姚小姐愣了半晌，决定去搞清楚情况再说，不想这样不明不白就丢了"煮熟的鸭子"。

副总裁给了姚小姐一张她那位潜在竞争者的名片，并告诉她："公司里从总经理往下，所有参加会议的人都同意在那位销售员那儿购买，我也没有办法。"姚小姐到这个时候才知道有一个竞争者存在，而且也才知道副总裁并不是最后的决策者，才知道这家公司购买设备要经过一个复杂的程序。

她进一步打听，才知道，当她很开心地等着时，她的竞争者正在紧锣密鼓地拜访包括她熟悉的副总裁在内的所有购买者；他从财务部那里知道这次购买的金额比较大，必须由总经理办公会议最后敲定；他从办公室那里得到了参加这次会议人员的名单；他从设备部那里拿到了姚小姐的设备计划书最后定稿的版本；他抓紧时间拜访了出席会议的每一位成员；他还主动到公司员工中间去调查摸底……

(资料来源：孟昭春. 成交高于一切[M]. 北京：机械工业出版社，2007.)

问题：

1. 姚小姐有哪些工作没做到位？
2. 如果你是姚小姐该怎么做？
3. 这件事告诉了你什么道理？

案例三

培训出千万元的大单

孟昭春先生曾经与太太一起做过一个 1466 万元的大单。这个大单是通过培训获得的。

孟昭春先生的太太曾经在中国人寿做过保险销售员。有一次孟先生出差回来，他太太跟他说："老孟，我遇到了一个客户非常有钱。这家单位的老总想给员工买点保险。"

孟先生立刻决定让她带他到这个单位去看一看。到了那家单位后，首先碰到的是收发室的刘大爷，是那家公司的退休老干部，被返聘回来负责信件收发。刘大爷热情、责任心强，又有资历，很受人尊敬。孟昭春先生去找他的时候，很快和他攀谈起来。

老大爷："我们单位原来想给员工买保险，现在好像是不考虑了。"

孟昭春："为什么呢？"

老大爷："据我所知，我们单位已经来了 5 拨卖保险的人了，都是很扫兴走的。"

孟昭春："为什么会这样呢？"

老大爷："这个事你要问的话，就问人力资源部，因为人力资源部主管这事。"

孟昭春："刘大爷，我想再麻烦你一件事，请你告诉我，买保险这件事参与决策的还有哪些人呢？"

老大爷："参与决策的还有财务，但财务一般情况下不管事，他们听××的。"

于是，孟先生去人力资源部拜访，经了解得知：总裁认为给员工买保险还不如多发现金，而且还担心别人背地说他吃回扣，所以不买了。看来总裁的担心还真有点儿道理。

在孟昭春准备回家时，刘大爷又和孟昭春攀谈起来。

刘大爷："孟先生，你就别费心了，估计没戏。"

孟昭春："老大爷，你们公司经常给员工举办培训班吗？"

刘大爷："有一个培训部，我们老总很重视对员工的培训。"

孟昭春："我是培训师，一直在给企业做培训，有很好的培训系统，如果我能用这样的一技之长为你们企业做一些服务的话，我相信你们企业会欢迎的。"

刘大爷："那你跟办公室说，办公室主管培训部。"

孟昭春："我去办公室找谁？"

刘大爷："你找刘主任。"

孟昭春先生跟刘主任说："我把我的讲课体系提供给你，如果贵单位要想给团队上课等，我都可以。我愿意帮助你们，就算咱们交个朋友。"

这位刘主任还真挺用心。他说："我们单位年年要搞多次封闭式培训，就苦于找不到合适的老师。有的老师讲课讲得不好，有的老师不按合约走。我们去年请了一位李校长，讲的都是一些老套的东西，没有可操作性。不过我们要加深了解，找机会旁听一下你的课吧。"

碰巧他们 4 月份要搞一次中层干部封闭式培训，培训部向总裁推荐孟昭春培训。总裁批示派两个人先去听一下孟老师的课。派去的人听完孟昭春讲课后，经费很快就批下来了。就在 4 月下旬，该公司在北京怀柔县进行了为期 3 天的封闭式培训。前面一天的时间是由孟昭春来主讲。在讲课中，孟昭春先生曾经说："各位领导，众所周知，保险销售员大都坚韧不拔、锲而不舍，你们知道这是为什么吗？"他们说："脸皮要厚呗！"

孟先生说："保险销售员有一种精神和理念，绝不让蔡成海的悲剧再发生在我们面前！"

于是孟先生把蔡成海车祸死后四种保险没有起到作用，即失业保险不沾边，工伤保险算不上，医疗保险没用上，养老保险只退一点点自缴保费的故事讲给他们听，引起了干部们对保险的关注和反思。

晚饭时，高层领导在一桌，有一个人对孟昭春说："孟老师，闹了半天，原来我们现在拥有的社会保险都是蔡成海那样的保险呀，关键时刻是不是也不好使啊？"

大家你一言，我一语，讨论起公司应该如何办一些商业保险作补充，并且觉得大家一致呼吁才能影响总裁决定。

这一次，孟昭春先生把该单位的相关人员都培训完了，回家后把保险计划书做好送到他们单位。

折腾了 3 个多月，终于打败了 5 家对手，孟先生等来了一个电话："孟老师，告诉你一个好消息，我们决定采纳你的第二套方案。"

孟昭春先生的 1466 万的大单就这样诞生了。

（资料来源：孟昭春. 成交高于一切[M]. 北京：机械工业出版社，2007.）

问题：

1. 为什么培训的时候讲的事情可以引起大家的讨论？

2. 前面 5 家保险公司受挫的原因是什么？

3. 在本案例中，是哪些人促成了成交？

4. 你从中体会到了什么？

第九章 推销实践中的感悟

本章学习要点

- 不同类型商品或服务的推销要点
- 推销中的经典用语
- 经常使用的异议处理方法
- 推销大师给我们的启示

推销工作是一项很艰苦又具有挑战性的工作，很多推销成功人士都有自己独特的方法，也有其各自的体会与感悟。这些人的积累，给后来者和正在从事推销工作的人们提供了宝贵的经验性财富，他们的积累让后来者和正在从事推销工作的人可以少走很多弯路。所以，学习和体会他们的经验，然后认真思考自己的工作会让推销工作得心应手，可以一剑封喉获得订单。

第一节 实践中的积累与感悟

通过实践的积累，推销成功人士总结了推销不同产品、回答顾客的不同问题，以及在不同环境与场合下的经验和经常使用的精妙用语，深刻领悟和学习这些推销之道对正在从事推销工作的人的业绩提高会有巨大的作用。

一、不同类型商品或服务的推销要点

推销过程中一味地强调产品本身，还不如强调使用该产品可能带来哪些益处，从而进一步站在顾客的立场上想：为什么会需要这个东西？假如你能针对这个问题去思考、去努力，相信成功的概率会大大增加。所以，顾客买的不只是实体的产品，他买的是利益。推销人员应该知道如何将产品的功能转为顾客所获得的利益。单独的功能介绍给顾客带来的冲击较小，只有当顾客将产品功能转为产品能带给他的个人利益时，推销才能发生作用。推销人员要研究每类产品的推销要点，下面就对几类产品的推销要点进行介绍。

1. 制造类商品的推销要点

推销制造类商品时首先要了解买方的专业知识，然后通过提问了解对方对产品构造、设计、成分、使用效果等方面的意见、要求和想法。顾客对这方面问题的回答，大多是把重点放置于推销员所售商品的优缺点上。如果顾客的回答是否定时，可能是因为进行此商品销售时，令对方产生不安感及反抗心理，所以推销员此时应问清对方否定的理由，如此才能做更适当的回答。同时，回答对方时应注意说话的语气，以避免使交谈变成议论，并且最好不要刻意夸大或证明自己产品的优点。最好在言谈上引用第三者的话作为证明，并注意避免引用竞争对手所说的话。如果顾客的回答是肯定的，那么按照顾客的要求出单就可以了。

另外，在推销此类产品时还要注意与不同级别的顾客谈话的要领。比如在与主任级以上的高级干部进行交谈时，说话的内容应以此产品能产生的金钱利益为中心话题来说服对方，给对方一个合情合理的卖点，但买点也是必须要有的。如果交谈的对象是业务主管一级的人时，要强调不买的后果，周围人是怎么看他的，并且告诉他购买可以得到的好处，即周围人的认可和他自己的私人好处。当与无决定权的一般技术人员谈话时，应侧重机器本身的优点，如安全性、可靠性等。

所以，一般推销员卖的是设备的功能，推销高手卖的是企业所获得的利益和对采购者的好处。

2. 办公用计算机的推销要点

推销人员不仅要以低价位计算机来吸引顾客的购买欲，更重要的是进一步促使顾客产生购买高价位计算机的欲望，如此才能算是成功的推销员。应该明白一个道理，只要买方的预算允许，采购者希望购买的计算机能让使用者满意，领导者认可。因为人们对于任何事都具有追求完美的倾向，所以必会慢慢由低级品，至中级品，再至高级品，逐步增大其购买欲望，因此推销中必须时时向有能力的客户推销中高级计算机。

所以，一般推销员卖的是计算机的价格和功能，推销高手卖的是使用者对功能的满意、采购者可以向周围人交差的理由和个人所获得的利益。

3. 汽车的推销要点

汽车的销售是满足顾客心理需求的过程。比如推销人员可以说："就您的情形来看，每个月花费的燃料费也不至于太多，有部汽车无论是郊游、旅行都较为便利，并且可增加您和家人接触的机会；虽然也可能受交通阻塞的影响，但是您不妨做个有个性的郊游，例如别人都集中于北部时，您可到南部玩，甚而将假期提早或延后两三天等，以便尽情地享受假期。"

所以，一般推销员卖的是汽车，有创意的推销高手卖的是路上的喜悦。

4. 生产用车、机械等的推销要点

生产用车、机械等产品的推销主要强调产品的性能和给购买者带来的经济利益，销售过程中多数是要经过顾客一再地询问、比较后，才达成交易的。不然便是经顾客的熟人介绍，只有少数的例外是推销员自己上门推销的，或是厂商将这些产品陈列于店面上销售给顾客的。因此推销员首先必须考虑何种产品对顾客较有利，然后帮助顾客选择给他们带来最大利润的产品。

这类耐用商品的推销要点在于产品给顾客创造的经济利益。

5. 房地产的推销要点

首先，要掌握那些可能购屋的客户购屋的主要原因。

(1) 急切想拥有自己的住屋。

(2) 想脱离都市。

(3) 为了工作上的方便必须住于都市。

(4) 由于地位、生活水准的提高而想拥有更理想的住屋。

(5) 为了要表示其地位、身份而想购买别墅。

其次，推销人员要做到以下几个方面。

(1) 掌握对方的欲望强度，进而加强购买意愿。

(2) 了解对方的购买条件。

(3) 使对方了解自己(推销员)及所属公司的信誉。让买方去参观建筑现场或是去看样板房，并按照对方想法给其构建拥有此房产的未来愿景。

最后，推销员为了符合买方的需求，就必须依据顾客的种类，给对方一个合理的、强烈的购买理由。

(1) 投资。

(2) 安定性、安全性。

(3) 家庭的幸福。

(4) 教育效果。

(5) 健康。

(6) 社会的地位及威信。

(7) 信用的增加及确立。

(8) 作为房屋所有人的骄傲感。

所以，一般推销员卖的是房子，有创意的推销高手卖的是顾客所需要的愿景。

6. 家用电器的推销要点

重视平常的服务，重视售后服务，是家电销售的关键。要了解顾客准备把家电放在哪个位置、空间多大、谁来使用等方面。

7. 图书零售的要点

对于图书的零售来说，最能发挥销售效果的方式还是在于店面的陈列。如购书者问店员的话，店员可以说：“我们这本书的销售很好，据某报的书评是……而某大学的评论是……”

所以，一般推销员卖的是书，有创意的推销高手卖的是知识的价值。

8. 运输业的推销要点

运输业卖的不是具体的产品，而是一种服务，所以必须给客户保证，即安全、舒适、迅速三要件，再加上自己公司的形象。其他公司可能也是以安全、迅速等要件作为“商品”，所以仍需靠自己的努力与技巧，来争取承办各种运输活动的机会。

运输业推销要争取任何可以合作的机会，让对方感受到你服务的便捷性。

9. 药品的推销要点

药品推销员应与药品使用有关的所有人建立不同的关系，打通药品从医院到患者的通道以及货款从患者到自己的通道，保持其畅通。

同时，药品推销人员还要注意深入了解顾客的特点。

(1) 必须注意医院的内部关系，与不同的人保持不同的关系。如与职位较低的人(工人、警卫人员、实习护士)寒暄；与大夫握手合作；与药剂科和院领导拥抱等。

(2) 要特别注意药剂师及医师的人际关系。通常药剂师对于医师都抱有自卑感，甚至有些反感，而医师也有看不起药剂师的情形。

(3) 虽然是同一家医疗机构的医生，但由于毕业学校的不同，常因彼此身份差别、意见的不同，而有派别摩擦。

(4) 同样是医生，但因所属的医院不同，如小诊所、大医院、综合医院等，医生间也有自卑感或优越感。

因此，推销员应考虑上述情形，在各种关系中保持平衡，否则就无法顺利进行推销活动。

10. 建材业的推销要点

购买和使用建材的顾客往往缺乏使用的知识，因此，推销人员应掌握有关的商品知识，如建材的正确使用方法、适当建材的选用等，将自己当成是顾客的建筑顾问，这样才能把建材销售出去。

所以，一般推销员是在极力推销自己所经营的材料，而推销高手却是帮助顾客选择适合对方的产品并介绍相关的使用知识。

11. 钟表、手表的推销要点

现在人们不仅重视钟表的实用性，而且更重视钟表的美观、流行、装饰性。尤其是年轻的顾客，更喜欢购买那些新式样的美观的表。而有些人购买钟表、手表的目的是显示自己的身份。

因此，销售钟表不是卖计时工具，而是让顾客体现其个性、身份和地位等。

12. 服饰的推销要点

推销服饰，重在强调款式新颖，做工考究，面料华贵。一方面，不能给零售店、专卖店造成积压；另一方面，也应考虑自己公司的利益。

所以，一般推销员卖的是衣服，有创意的推销高手卖的是个人的外形。

13. 保险的推销要点

保险的推销是最困难的，推销人员需要多次与顾客接触，让对方相信你，并认识到保险的重要性。

所以，一般推销员卖的是具体的保险计划，而保险推销高手卖的是亲人保障和爱心。

14. 广告公司推销广告的要点

好的广告可以给对方公司带来巨大的经济效益，投资者最关心的是所投入的广告费用是否能产生经济效益。推销人员要让客户相信你制作的广告有这样的潜力。

所以，一般的推销员卖的是广告，而推销高手卖的是利益的保障。

二、推销中一些有效的用语

推销是与人沟通的过程，同样的内容采用不同的说法会产生不同的效果，推销员要给

顾客肯定的回答，次数多了，顾客就会认可你，所以推销中有这样的话："继续就是力量，重复就会成功。"推销的时候要使用正面性的用词，下面是完成交易的有效说辞，推销人员要不断练习，直到能自然说出口为止。

(1) 要尽量叫顾客的名字，再没有比这样的称呼更亲近、更重要的了。所以，要少用"您、你"这样的称呼。

(2) "放心吧！"，能够让顾客放心。

(3) "我想您态度积极一点比较好"，能激发顾客的欲望。

(4) "请仔细考虑"，能让顾客思考购买所获得的好处。

(5) "有好处"，顾客会认为能够获得好处。

(6) "会幸福"，顾客可以联想到幸福会来临，能够带来幸福。

(7) "能够相信"，证明产品的可靠性高。

(8) "您会高兴"，让顾客心情好。

(9) "这样可以节省"，顾客的理解是能够节约。

(10) "这是安全的"，使顾客放心。

(11) "您能够了解"，表示和顾客站在一起。

(12) "能够证明"，已经被证明是事实。

(13) "值得接受"，有价值，可以接受。

(14) "这是容易的"，可以打消顾客的顾虑。

(15) "这是事实"，让顾客相信你所说的是真实的。

(16) "这是新的"，顾客的理解是新型的。

(17) "这是对的"，证明顾客的决策是正确的，让他不再犹豫。

(18) "能够以此为傲"，增强其信心，使其下决心购买。

(19) "会有好结果"，能让自己满意，也能让周围的人满意。

(20) "有爱心"，顾客会觉得自己被认可，会被爱，心情放松。

(21) "会有光明的前途"，顾客会产生购买后的联想。

这些用语要熟练使用，而且要在恰当的环境和场合使用。要点是自然，而不牵强。

三、推销中的禁语

在推销过程中下面的话是绝对不可以使用的，如果使用会使到手的单子飞了。

(1) "令人担心"、"您会担心"，这样的话会让顾客担心。

(2) "会吃亏"、"会发生损失"，使顾客犹豫。

(3) "签约"、"请您签约"，让顾客感到是强加给他的，心里会不舒服。

(4) "付款"、"请您付款"。

(5) "这样会成为你的开支"、"您要支付"，这样会增加顾客掏钱的痛苦。

(6) "做决定"、"让他做决定"，会使顾客心理压力增加，从而会推迟购买。

(7) "困难"、"这是困难的"，引起顾客的担忧。

(8) "会失去"、"会丧失"，会使顾客产生恐惧。

(9) "价格是"、"价钱是"，增加顾客对价格的敏感。

(10) "这样的做法是怠慢、懒散的"，顾客感到被批评，产生反感。

(11) "会成为负担"、"会负担"，会使顾客心理压力增加。

(12) "会失败"，让顾客情绪低落。

(13) "有责任"，让顾客有你在推托责任的感觉，因此不敢决定。

(14) "不良"、"恶化"，会引导顾客往坏的方面想。

(15) "完了"、"完蛋了"，会让顾客失去信心。

(16) "卖"、"被卖"，使顾客认识到得花钱。

(17) "买"、"购买"，顾客会有挣他的钱的感觉。

(18) "有义务"，增强了压力感，顾客会觉得不舒服，有被指责的感觉。

从上面这些话可以看出，推销过程要尽量减少使用负面性的引导语言。所以，销售业绩不好的推销员经常会不断地使用下列的否定性用语及负面性用语："请您买好不好？""今天不行吗？""今天这种天气真令人讨厌！""我这个月的业绩不好，能否请您帮帮忙？""目前景气不好，真伤脑筋。""希望您能购买。""今天请您务必要决定。""雨似乎快要停了！""托您的福，这个月做得很顺利。"

如果使用肯定性诱导发问法则会取得理想的结果，例如："很受人欢迎。""有大、小两种，不过我想是不是大的比较好呢？""您要如何使用呢？"

四、常见的几种具体异议的处理

在销售过程中推销人员经常会遇到顾客以各种方式搪塞和拒绝购买的情况，这时候推销人员应该根据实际情况妥善解决。下面总结一些经常发生的问题的处理方法供大家参考。

1. "不要，我们已有了"

遇此情况，首先不必灰心，而应探询顾客的拒绝理由。一般来说，顾客拒绝的两种理由是：一种是因为顾客恐惧与推销员交谈，怕听了推销员的说明后，动摇其不愿购买的本意所产生的预防措施；另一种是顾客认为与推销员面谈是件麻烦的事，为避免麻烦，才会说出这样拒绝的话。另外，顾客也可能是在与推销员面谈中途说出这样拒绝的话。

对这类反对意见，可以使用询问法、证言法等予以解答，推销员绝对不应打退堂鼓，要积极、热情。

2. "我们的仓库已堆满了"

遇到这种情况，顾客说的不是假话，但不等于他没有购买的欲望，所以帮助他寻找放置商品的空间便成为推销成功的关键。此时推销高手应与顾客一起设法使滞销物品所占的空间减小，解决对方的困难，如此才是对付顾客这类反对意见的最佳应对方法。

3. "没钱，买不起"

根据顾客的实际情况解决没有钱的问题。比如推销人员可以这样说："因此我才劝你用这种产品来赚钱。""您怕负担过重吗？这点您不必担心，现在有银行信用贷款，非常

便利又轻松，或是您要办理分期付款也很容易，每月只要付一点点钱不是很轻松吗？" "我给您的建议是一种最节约的方法，您说是吗？""别开玩笑了，您不是没有钱的人！"

4."价钱太高了"

此时推销高手应说明费用不高的理由，可用如下的言辞来说服对方，"价格不高，每天才合 1 元钱"等。

5."我不要这个，我要那个"

顾客这样说的原因大多是由于其对此类产品产生了误解。这时推销高手应了解顾客拒绝的理由，以完备的产品知识和诚恳的态度消除顾客的误会，改变顾客的想法。

6."我总觉得新产品……"

顾客此时的心态是既喜欢产品又有顾虑，所以推销员最好以试买、不满意可退货等事项作为对方交易的条件，如此才能改变对方的态度。对一些不能试用的商品，可用权威证言法予以说明。

7."我考虑考虑"

当顾客这样说的时候很可能结果是最终拒绝购买。这时候推销人员可以这样处理"对不起，先生。"对方就会询问对不起的原因，推销人员接着说："我知道一定是因为我表达能力不好，所以您才会有疑惑，不然绝不会说出要考虑看看的话，您能不能告诉我您要考虑些什么呢？"然后针对顾客问题，做生动的产品说明和实际演示，让顾客操作，从而引起顾客的兴趣和购买欲望。

8."不，我得和××商量一下，无法做决定……"

此时推销高手应该设法尽量减轻顾客的心理负担，并一直为顾客的利益着想，找出理由证明顾客自己做决定是正确的，也可以将对方一下。比如，对于专门推销工具的推销员来说，假设新型工具取代旧型工具一天可以赚 2000 元的利润。聪明的推销员向某公司董事长推销时会说："我是为了让你获得 360 万的利益而来的，你若购买这些工具，一天可以赚 2000 元，使用 5 年就是 360 万啊。"

9."以前使用过，但效果不好"

此时如果业务员反驳对方，其结果可想而知。优秀的推销高手不是这样，而是耐心询问顾客真正的意思，是拒绝的借口，还是确有其他原因。推销高手经常会询问问题发生时的情况，了解顾客这样说的原因，找出问题的具体出处，或列出几个原因让顾客选择等。

10."我的好朋友那就有你这样的产品，我去那买"

正确的说法是询问："您说您的朋友在××公司，那是件很好的事，我知道他们的产品很不错，我们的产品在××方面有什么样的特点，同类产品这方面我们是最好的，我想在好朋友那买东西有些时候有的话不好讲，比如说讲价，你说是吗？"

以上的异议处理方法是从具体的推销工作中总结出来的，推销人员遇到类似问题，可以按照上面的思路灵活应用。

五、经常使用的成交说法

当顾客说下面的话时，推销人员可以使用的成交方法如下。

1."我要考虑一下"

当顾客说他要考虑一下时，推销人员该说："××先生(小姐)，很明显的，你不会花时间考虑这个产品，除非你对我们的产品真的感兴趣，对吗？我的意思是：你告诉我要考虑一下，该不会是只为了躲开我，是吗？因此我可以假设你真的会考虑一下这个事情，对吗？可不可以让我了解一下，你要考虑一下的到底是什么呢？是产品品质，还是售后服务，还是我刚才到底漏讲了什么？××先生(小姐)，老实说会不会是因为钱的问题呢？"

2."以后再说，现在定不下来"

当顾客喜欢某个产品，但习惯拖延做出购买决定时，推销人员应怎么办？美国国务卿鲍威尔说过，拖延一项决定比不做决定或做错误的决定让美国损失更大。因此推销员应该说："现在我们讨论的不就是一项决定吗？假如你说是，那会如何？假如你说不是，没有任何事情会改变，明天将会跟今天一样。假如你今天说是，这是你即将得到的好处：1…2…3…显然说是比说不是更有好处，你说是吗？"

3."现在不景气，我不买"

当顾客谈到最近的市场不景气，可能导致他们不会做出购买决策时，推销人员怎么办？推销人员应该说："××先生(小姐)，多年前我学到一个人生的真理，成功者购买时别人都在抛售，当别人都在买进时他们却卖出。最近很多人都谈到市场不景气，而在我们公司，我们决定不让不景气来困扰我们，你知道为什么吗？因为现在拥有财富的人，大部分都是在不景气的时候建立了他们事业的基础。他们看到的是长期的机会，而不是短期的挑战，所以他们做出购买决策而成功了，当然他们也必须要做这样的决定。××先生(小姐)，你现在也有相同的机会做出相同的决定，你愿意吗？"

4."不在预算内"

当顾客(决策人)以他们公司没有足够预算为借口，准备拖延成交或压价，推销人员怎么办？推销员应该说："××经理，我完全理解你所说的，一个管理完善的公司都必须仔细地编制预算。预算是引导一个公司达成目标的工具，但预算本身通常需要具备有弹性，你说是吗？假如今天我们讨论的这项产品能帮你的公司拥有长期的竞争力或带来直接利润的话，作为一个公司的决策者，××经理，在这种情况下，你是愿意让预算来控制你呢，还是由您自己来主控预算？"

5. 当顾客习惯于对优质产品进行杀价时，怎么办

销售员应该说："××先生(小姐)，我理解你的这种想法，一般顾客在选择一样产品时，他会注意三件事：①产品的品质；②优良的售后服务；③最低的价格。但现实中，我从来没有见过一家公司能同时提供最优秀的品质、最优良的售后服务、最低的价格给顾客。也就是这三项条件同时拥有的情况是不太可能的，就好比奔驰汽车不可能卖桑塔纳的

价格一样。所以你现在要选择价格的话，你是愿意牺牲哪一项呢？愿意牺牲我们产品优秀的品质，还是我们公司优良的售后服务呢？所以有时候我们多投资一点，能得到你真正想要的东西还是蛮值得的，你说是吗？(我们什么时候开始送货呢？)"

6. 当顾客因为某些问题，习惯说"不"，怎么办

推销员应该说："××先生(小姐)，在生活当中，有许多推销员他们都有足够的理由和足够的自信说服你购买他们的产品。当然，你可以对所有推销员说'不'。在我的行业，我的经验告诉我一个无法抗拒的事实，没有人会向我说'不'，当顾客对我说'不'的时候，他不是向我说的，他们是向自己未来的幸福和快乐说'不'。今天如果你有一项产品，顾客也真的很想拥有它，你会不会让你的顾客因为一些小小的问题而找任何的理由和借口而对你说'不'呢？所以今天我也不会让你对我说'不'！"

7. 当顾客对产品或服务的价值还不太清晰，感觉价格太高，仍有一定的抗拒点时，怎么办

推销人员："上了这个课你感觉可以持续用多久，你觉得可以在未来的日子里让你多赚多少钱？"

顾客："1000 万！"

推销人员："未来 5 年多赚 1000 万，那你愿意出多少钱来提高这些能力呢？"

顾客：××？(10 万)

推销人员："假如不用 10 万，我们只要 5 万呢？假如不用 5 万，只需 1 万？不需 1 万，只需 4000 元？如果现在报名，我们只需要 2000 元，你认为怎么样呢？可以用 20 年，一年只要 100 元，一年有 50 周，一周只要 2 元，平均每天只要投资 0.3 元。0.3 元/天，如果你连 0.3 元/天都没有办法投资，你就更应该来上课了，您同意吗？"

8. 当顾客想要最低的价格购买最高品质的产品，而你的产品价格不能商量，怎么办

推销人员应该说："××先生(小姐)，有时候以价格引导我们做购买的决策是不完全正确的，对吗？没有人会想为一件产品投资过多的金钱，但是有时候投资太少，也有它的问题。投资太多，最多你损失了一些钱，但投资太少，你损失的可就更多了，因为你买的产品不能带给你预期的满足。这个世界上，我们很少发现可以用最低价格买到最高品质的产品，这是经济社会的真理，在购买任何产品时，有时多投资一点，也是很值得的，对吗？假如你同意我的看法，为什么不多投资一点，选择品质比较好一点的产品呢？毕竟选择普通产品所带来的不是你所满意的。当你选择较好的产品所带来的好处和满足时，价格就已经不很重要了，你说不是吗？"

六、经常出现的拒绝的处理方法

遇到顾客拒绝是经常的，应该怎么办呢？下面将许多优秀推销员采用的方法具体分为七个方面。

1. 当顾客对商品不感兴趣时

"真的吗？"最初的一瞬间你表示怀疑，接着就笑着说，"那么，请您试用一次吧，

绝不会造成任何损失的。虽说不感兴趣，了解一下真实情况也很有必要。"如果带有样品，就拿出来请顾客观看，若是推销汽车之类的商品，还可以请顾客试着开车跑一圈。

尽管这样，顾客仍表示"还不感兴趣"时，就只好暂且告辞，以后再不断经常地去拜访。

2. 当顾客说"现在正忙，没有空，以后再说吧"时

遇到这种情况，最好爽快地告辞，但必须问清楚"什么时候来拜访合适呢"。

3. 当顾客说"领导不同意"时

你可以说："无论到哪里，大伙儿都这么说，总是不肯轻易同意呢。"然后再补充道："请允许我亲自和他商谈，好吗？"一般情况下，顾客往往是以"领导不同意"为借口来拒绝你，你可以继续发问。

4. 当顾客说"待我调查一下其他公司的产品再说"时

"好！请你调查吧。不过，我们的产品无疑是最便宜的！"以干脆、自信的口气这样断言，顾客一定会对你的自信感到惊奇。

紧接着说："我们公司产品的特点是……"简明扼要地向对方进行有效地说明。此时不要忘记的是，你的自信将能吸引住顾客。

5. 当顾客嫌价格太贵时

"大伙儿总是这样认为。其实，'一分价钱一分货'。正因为贵，才有相应的价值呢。"你应该对商品的特点加以详细地解释。

6. 当顾客认为"现在使用着的就已经足够了"时

"是吗？不知是哪家公司的产品。不过，总使用某一家的产品不大好吧？我想，您要是使用我们的产品，一定会满意。试着用一次吧？"边让他观看样品边劝说。因情况不同，有时还可以在一定时期内借给他试用，这样做也是有效的。

7. 当顾客说"具体负责此项工作的人不在"时

"那么，请允许我告辞，这样突然地来拜访，当然打搅您了，实在对不起！"这样说着，留下自己的名片，再问清楚那位具体负责人的名字，便于过后使用电话约定时间再去推销。

总之，在推销过程会经常出现类似的说法，推销员只要思考每次处理的好坏，就能发现自己处理此类问题的最好的答案，就可以不断地提高自己的实战能力。所以，既要做事又要思考为什么这样做。等到遇到哪类问题不用思考就可以用最合适的方式处理的时候，你的推销水平就炉火纯青了。

第二节　推销大师们的制胜法宝

世界上有很多成功的推销大师，如乔·吉拉德、原一平、弗兰克·贝德加等，他们通过自己的推销成功和失败感悟到了很多推销的真谛，给我们后来者以警世和学习，使后来

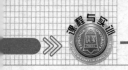

者可以克服推销工作中的失误，增加推销成功的概率。从事推销工作的人员应该对大师们的感悟进行深刻的体悟，用心地学习和思考，用以检验自己的工作，提高自己的业绩。

一、"推销之神"原一平五十年的实际心血结晶

原一平是日本保险业的推销大师，被誉为"推销之神"，他的业绩的取得和他不断总结和感悟自己的工作离不开。他说："成功的背后总是堆满失败、烦恼与痛苦。不论是成功或失败，他们都使我茁壮成长、成熟，如今都已成为我体内不可缺少的元素。"

(一)原一平给我们的思考

(1) 推销成功的同时，要使客户成为你的朋友。

(2) 任何准客户都是有其一攻就垮的弱点。

(3) 对于积极奋斗的人而言，天下没有不可能的事。

(4) 越是难缠的准客户，他的购买力也就越强。

(5) 当你找不到路的时候，为什么不去开辟一条？

(6) 应该让准客户感到认识你是非常荣幸的。

(7) 要不断地去认识新朋友，这是成功的基石。

(8) 说话时语气要和缓，但态度一定要坚决。

(9) 对推销员而言，善于听比善于辩更重要。

(10) 只有不断寻找机会的人，才会及时把握机会。要躲避你所厌恶的人。

(11) 忘掉失败，不过要牢记从失败中得到的教训。

(12) 过分的谨慎不能成大业。

(13) 世事多变化，准客户的情况也是一样。

(14) 推销的成败与事前的准备工夫成正比。

(15) 光明的未来是从今天开始。

(16) 失败其实就是迈向成功所应交的学费。

(17) 若要收入加倍，就要有加倍的准客户。

(18) 在没完全气馁之前，不能算失败。

(19) 好的开始就是成功的一半。

(20) 空洞的言论只会显示出说话者的轻浮而已。

(21) "好运"照顾努力不懈的人。

(22) 错过的机会是不会再来的。

(23) 只要你说的话有益于别人，你将到处受欢迎。

(24) 储藏知识是一项最好的投资。

(25) 推销员不仅要用耳朵去听，更要用眼睛去看。

(26) 若要纠正自己的缺点，先要知道缺点在哪里。

(27) 昨晚多几分钟的准备，今天少几小时的麻烦。

(28) 未曾失败的人，恐怕也未曾成功过。

(29) 若要成功，除了努力和坚持之外，还要加点机遇。

(30) 成功者不但怀抱希望，而且拥有明确的目标。

(二)原一平对做一个最受欢迎的人的建议

1. 寻找准客户

在与准客户见面之前，除非你把对方调查得一清二楚，否则绝不与人见面。假设你要与某位客户见面，你要从所收集的详细资料中描绘出这位客户的形象。

2. 要建立准客户卡

准客户卡是推销作战的重要资料，所以都被视为极机密的档案。设法使准客户对保险有正确认识之后，再诱导他们自动自发前来投保，这是保险推销员的任务。

3. 注重外表与服饰

仔细地整理仪表，不但能给准客户良好的第一印象，而且能够培养自己正确的姿态。有人一紧张会咬嘴唇、皱眉头、晃双腿、摇肩膀；有人平常就有舔嘴唇的习惯；也有人在弹烟灰时，用香烟在烟灰缸上敲个不停。这些不好的举动，看来很刺目。

4. 约见准客户的技巧

在一般情况下，访问准客户之前，应先打电话约见，这是一种礼貌。打电话约见准客户，应该让对方觉得有必要见你一面。倘若做不到这一点，至少也要让准客户对你的拜访感兴趣才行，这也是约见准客户的基本原则。

5. 慎重选定访问的时间

只有愚笨的推销员才会只顾自己的方便，任性进行访问，这种访问遭到拒绝乃是意料之中的事。你的任务是彻底了解准客户的一切，设法去接近他们，并使他们了解寿险的意义。时间就是金钱，所以推销员必须用心安排自己的访问时间，以免因择时不当而浪费时间。

6. 谈话的基本技巧

在人际交往的礼节之中，寒暄占极重要的地位。很多人认为，寒暄只不过是双方碰面时的打招呼而已。学会交谈的技巧，应该从了解对方的谈话方式开始，也就是从倾听开始。这是很普通的常识，可是很多人都忽略了这一点。

7. 让你的声音富有魅力

音调的高低也要妥善安排，借此引起对方的注意与兴趣，推销员偶尔也会碰到风度翩翩、谈吐不俗的人，这些人就是你学习的对象。注意他们的谈话，记下他们的优点，多加琢磨，就会提升自己的水准。

8. 与顾客的谈话时间不能太久

谈话时间太长的话，不仅会耽误对其他准客户的访问，最糟的是会引起顾客的反感。

9. 充满挑衅的说话术

在未能吸引准客户的注意之前，推销员都是被动的，这时候，尽管你说破了嘴，都还是对牛弹琴。对方越冷淡，你就越要以明朗、动人的笑声对待他，这么一来，你在气势上

会居于优势，容易击倒对方。

原一平告诉我们推销成功和失败应注意的问题是：要有好的心态，要善于总结自己，发现问题，思考每一次推销活动，找到解决问题的钥匙，成功就离你不远了。

二、乔·吉拉德的成功之道

乔·吉拉德是世界上最伟大的销售员，他连续 12 年荣登世界吉尼斯纪录大全世界销售第一的宝座，他所保持的世界汽车销售纪录——连续 12 年平均每天销售 6 辆车，至今无人能破。

乔·吉拉德也是全球最受欢迎的演讲大师，曾为众多世界 500 强企业精英传授他的宝贵经验，来自世界各地数以百万的人们被他的演讲所感动，被他的事迹所激励。

三十五岁以前，乔·吉拉德是个全盘的失败者，他患有相当严重的口吃，换过四十个工作仍一事无成，甚至曾经当过小偷，而且是背了一身债务几乎走投无路的人，但他竟然能够在短短三年内爬上世界销售第一人的位子。他是怎样做到的呢？虚心学习、努力执著、注重服务与真诚分享是乔·吉拉德四个最重要的成功关键。他总结了他自己的如下推销成功之道。

1. 把自己推销给自己

在你成功地把自己推销给别人之前，你必须首先 100%地把自己推销给自己，我们每个人在世界上都是独一无二的，世界上只有一个你，你要对自己充满信心，你是全世界最伟大的产品，无可匹敌之人。

2. 把自己推销给别人

对于一个人来讲，要注意其外在的形象与内在之美，对于一个畅销产品来讲更是如此，所谓包装，就是指外表。正如一个人的肤色、体重、衣着、样式、姿态、高矮等一样，一个人外在的形象，反映他特殊的内涵，倘若别人不信任你的外表，你就无法成功地推销自己了。

3. 建立一种自信和勇气

昨天是张作废的支票；明天是尚未兑现的期票；只有今天，才是现金，才有流通的价值。一个人需要的真正按钮，是他的信心之钮。世界上所有成功之人，他们对自己都充满信心，以信心克服所有的障碍。

4. 推销自己但不要出卖自己

当人们讲到"出卖"时通常意味着出卖别人，但事实上，当你出卖别人的时候，你同时也出卖了自己。不管你的名声多么完美，它除了根据你所说的或是你所做的事加以评判以外，你所交的朋友也会影响他人对你的评价。妥协不仅是"出卖"，更是一种"消耗"自己的方式，也就是说，你将不可能成功地推销自己。

5. 以什么样的态度接待顾客

当推销员遇到无意购买只是参观的顾客时，应抱着一种游戏的心情，轻松应对，把他们可能会购买的事忘记，同时也把自己是推销员忘记，你会更轻松地与顾客交流。

当遇到第一次来的顾客时，要消除他的不安，让他对于你能花时间接待他而产生谢意。

6. 名片满天飞

乔的做法是到处递送名片，在餐馆就餐付账时，他要把名片夹在账单中；在运动场上，他把名片大把大把地抛向空中。

乔认为，每一位推销员都应设法让更多的人知道他是干什么的，销售的是什么商品。这样，当他们需要他的商品时，就会想到他。当人们买汽车时，自然会想起那个抛散名片的推销员，想起名片上的名字：乔·吉拉德。同时，要点还在于，有人就有顾客，如果你让他们知道你在哪里，你卖的是什么，你就有可能得到更多生意的机会。他去餐厅吃饭，他给的小费每次都比别人多一点点，同时主动放上两张名片。因为小费比别人的多，所以人家肯定要看看这个人是做什么的，分享他成功的喜悦。人们在谈论他、想认识他，根据名片来买他的东西，经年累月，他的成就正是来源于此。

吉拉德认为，推销的要点不是推销产品，而是推销自己。

7. 建立顾客档案：更多地了解顾客

乔说："不论你推销的是任何东西，最有效的办法就是让顾客相信——真心相信你喜欢他，关心他。"

如果顾客对你抱有好感，你成交的希望就增加了。要使顾客相信你喜欢他、关心他，那你就必须了解顾客，搜集顾客的各种有关资料。

乔认为，推销员应该像一台机器，具有录音机和电脑的功能，在和顾客交往过程中，将顾客所说的有用情况都记录下来，从中把握一些有用的材料。他说："在建立自己的卡片档案时，你要记下有关顾客和潜在顾客的所有资料，他们的孩子、嗜好、学历、职务、成就、旅行过的地方、年龄、文化背景及其他任何与他们有关的事情，这些都是有用的推销情报。所有这些资料都可以帮助你接近顾客，使你能够有效地跟顾客讨论问题，谈论他们自己感兴趣的话题，有了这些材料，你就会知道他们喜欢什么，不喜欢什么，你可以让他们高谈阔论，兴高采烈，手舞足蹈，只要你有办法使顾客心情舒畅，他们不会让你大失所望。"

8. 猎犬计划：让顾客帮助你寻找顾客

乔认为，干推销这一行，需要别人的帮助。他的一句名言就是"从我这买过汽车的顾客都会帮我推销"。在生意成交之后，乔总是把一叠名片和猎犬计划的说明书交给顾客。说明书告诉顾客，如果他介绍别人来买车，成交之后，每辆车他会得到25美元的酬劳。

实施猎犬计划的关键是守信用——一定要付给顾客 25 美元。乔的原则是：宁可错付50 个人，也不要漏掉一个该付的人。

1976 年，猎犬计划为乔带来了 150 笔生意，约占总交易额的三分之一。乔付出了1400 美元的猎犬费用，收获了75 000 美元的佣金。

9. 推销产品的味道：让产品吸引顾客

每一种产品都有自己的味道，乔·吉拉德特别善于推销产品的味道。与"请勿触摸"的做法不同，乔在和顾客接触时总是想方设法让顾客先"闻一闻"新车的味道。他让顾客坐进驾驶室，握住方向盘，自己触摸操作一番。如果顾客住在附近，乔还会建议他把车开回家，让他在自己的太太、孩子和领导面前炫耀一番，顾客会很快地被新车的"味道"陶醉。

根据乔本人的经验，凡是坐进驾驶室把车开上一段距离的顾客，没有不买他的车的。即使当即不买，不久后也会来买。新车的"味道"已深深地烙印在他们的脑海中，使他们难以忘怀。

乔认为，人们都喜欢自己来尝试、接触、操作，人们都有好奇心。不论你推销的是什么，都要想方设法展示你的商品，而且要记住，让顾客亲身参与，如果你能吸引住他们的感官，那么你就能掌握住他们的感情了。

10. 诚实：推销的最佳策略

诚实是推销的最佳策略，而且是唯一的策略，但绝对的诚实却是愚蠢的。推销允许有谎言，这就是推销中的"善意谎言"原则。因此，诚实就有一个程度的问题。

乔说："任何一个头脑清醒的人都不会卖给顾客一辆六汽缸的车，而告诉对方他买的车有八个汽缸。顾客只要一掀开车盖，数数配电线，你就死定了。"

如果顾客和他的太太、儿子一起来看车，乔会对顾客说："你这个小孩真可爱。"这个小孩也可能是有史以来最难看的小孩，但是如果要想赚到钱，就绝对要这么说。

推销员要善于把握诚实与奉承的关系。尽管顾客知道你所说的不尽是真话，但他们还是喜欢听人拍马屁。少许几句赞美，可以使气氛变得更愉快，没有敌意，推销也就更容易成交。

11. 每月一卡：真正的销售始于售后

乔有一句名言："我相信推销活动真正的开始在成交之后，而不是之前。"推销是一个连续的过程，成交既是本次推销活动的结束，又是下次推销活动的开始。推销员在成交之后继续关心顾客，将会既赢得老顾客，又能吸引新顾客，使生意越做越大，客户越来越多。

乔每月要给他的 1 万多名顾客寄去一张贺卡。一月份祝贺新年，二月份纪念华盛顿诞辰日，三月份祝贺圣帕特里克日……凡是在乔那里买了汽车的人，都收到了乔的贺卡，也就记住了乔。正因为乔没有忘记自己的顾客，顾客才不会忘记乔·吉拉德。

12. 深深地热爱自己的职业

乔·吉拉德相信，成功的起点是首先要热爱自己的职业。无论做什么职业，世界上一定有人讨厌你和你的职业，那是别人的问题。"就算你是挖地沟的，如果你喜欢，关别人什么事？"

13. 善于倾听和微笑

乔说，有两种力量非常伟大：一是倾听；二是微笑。

微笑可以增加你的面值。乔·吉拉德这样解释他富有感染力并为他带来财富的笑容：皱眉需要9块肌肉，而微笑，不仅用嘴，用眼睛，还要用手臂，用整个身体。

"当你笑时，整个世界都在笑。一脸苦相没有人愿意理睬你。"他说，"从今天起，直到你生命最后一刻，用心笑吧。"

14. 让信念之火熊熊燃烧

推销员要相信自己，一定会卖出去，一定能做到，你认为自己行就一定行，每天要不断向自己重复。要勇于尝试，之后你会发现你所能够做到的连自己都惊异。

乔·吉拉德说："所有人都应该相信，吉拉德能做到的，你们也能做到，我并不比你们好多少。而我之所以做到，便是投入专注与热情。"

一般的销售员会说，他看起来不像一个买东西的人。但是，有谁能告诉我们，买东西的人长什么样？乔·吉拉德说，每次有人路过他的办公室，他内心都在吼叫："进来吧！我的钱在你的口袋里。"

15. 爱的信息是唯一的诀窍

乔·吉拉德说："我卖车有些诀窍。就是要为所有客户的情况都建立系统的档案。我每月要发出1.6万张卡，并且，无论买我的车与否，只要与我有过接触，我都会让他们知道我记得他们。我寄卡的所有意思只有一个字：爱。世界500强中，许多大公司都在使用我创造的这套客户服务系统。"

"我的这些卡与垃圾邮件不同，它们充满爱。我每天都在发出爱的信息。"

"有件事很重要，大家都要对自己保证，保持热情的火焰永不熄灭，而不像有些人起起伏伏。"

16. 250定律

不得罪一个顾客，因为在每位顾客的背后，都大约站着250个人，这是与他关系比较亲近的人，如同事、邻居、亲戚、朋友。如果一个推销员在年初的一个星期里见到50个人，其中只要有两个顾客对他的态度感到不愉快，到了年底，由于连锁影响就可能有5000个人不愿意和这个推销员打交道，他们知道一件事：不要跟这位推销员做生意。

这就是乔·吉拉德的250定律。由此，乔得出结论：在任何情况下，都不要得罪哪怕是一个顾客。

所以他说："你只要赶走一个顾客，就等于赶走了潜在的250个顾客。"

17. 别让到手的客户跑掉

客户喜欢听推销员称赞他"你真会买东西啊！"这类具有魔术般功能的话。对于那些到各处访问经销商的客户，则更是有效。

吉拉德告诉我们推销的要点是，不是在推销商品，而是在推销自己，同时要注意推销的细节。正是这许许多多的细小行为，为吉拉德创造了空前的效益，使他的销售取得了辉煌的成功。

三、齐藤竹之助的秘诀

日本保险推销大王齐藤竹之助退休后开始步入保险推销行列，经过十几年的奋斗，先后创造了全日本和世界寿险推销第一位的业绩。他的成功经验和秘诀有以下几个方面。

1. 把自己融化到销售之中

所谓第一流的推销员，究竟在哪一点上与其他推销员不同呢？归结为一句话来说，就是他们具有卓越的自身推销能力。"如果是那个推销员来，就购买吧"，像这样拥有众多顾客的推销员，与其说是推销商品，倒不如说是首先在推销自己本身。

你要销售商品，仅依靠商品是不会使顾客动心的，而恰恰因为这是你的商品，顾客才执意购买。

所以要做到以下几点。

(1) 为顾客所喜爱。

(2) 真诚产生信赖。

(3) 替顾客着想。

2. 注意礼节

(1) 初次见面时的印象来自服装。

(2) 行动应干脆利落。

(3) 名片是最方便、最常用的销售工具。

(4) 善于通信才能搞好推销。

3. 选择顾客

(1) 发现顾客。

发现顾客的方法是：第一，利用熟悉的"关系"；第二，利用这些关系再进一步向横的方向发展；第三，到顾客聚集的地区去试探、寻找；第四，报纸杂志是寻找顾客的重要线索，特别是地方性的报刊、专业性质的报纸杂志，可提供大量线索。

(2) 快速推销获得成功。

具体包括：以满腔热忱去说服顾客；对自己推销的商品抱有自信和自豪感；讲话切勿啰唆和过长；要善于巧妙地捕捉时机。

4. 找窍门、搞独创

落后的推销员是一味地仿效别人的做法，而那些在一定程度上取得相当成就的骨干推销员们是努力发挥自己的长处，设身处地地为顾客着想，千方百计地动脑筋、想办法。在我们周围有许多事情都是这样，只要开动脑筋想办法，并把其付诸实践，就能收到好的效果。所谓开动脑筋想办法，并非是为了搞出什么惊人的发明，获得了不起的成功，而是因为只有从眼前的事物着手，才能想出新主意、新方法来。这样，在经过长时期的锻炼之后，就使得自己逐渐成为善于用脑，能够不断琢磨出新方法的人。又通过逐步积累经验，方能搞出惊人的发明，获得出色的成功。

5. 在实践中锻炼自己

推销员要总结每次推销的过程，总结成功和失败的经验，不断提高自己，并在以后的实践中刻意应用。

6. 以超人三倍的干劲努力工作

别的推销员一天见 10 个顾客，你就见 30 个顾客，别的推销员 6 点下班，你就 8 点下班，等等；你比其他人付出得多，一定有回报。

7. 有效地完成工作定额

对公司和自己的工作定额一定要确实完成，不能因为完成过程中有困难就打折扣。比如给顾客打电话，一定要把事情说清楚。

8. 不因遭受拒绝而停止推销

顾客第一次拒绝你，你就争取与顾客进行第二次接触，第二次被拒绝就争取第三次……直到成功。

在遭受拒绝后要更加振作精神，可以改换交涉对手，找关系同地位更高的负责人会见，试探顾客的确切意图，反复思考研究，与最高负责人面谈，坚持不懈地进行访问等。

9. 对商品充满自信

推销员一定要相信自己的能力，也要充分相信你的企业和你所推销的产品，这样顾客才能相信你。

10. 保持充沛的精力

做一个精力充沛的人，顾客就愿意与你交往。

四、弗兰克·贝德加对从失败走向成功的感悟

推销的成功是从失败开始的，而很多从事推销工作的人却没能从失败中走出来，而是退却了。对这个问题，推销大师弗兰克·贝德加给了推销员如下几点指导。

1. 热忱是推销成功的重要因素

热忱是推销成功的最大要素，也是唯一的要素。热情绝非夸张自我表现，这仍不足以产生力量，它是一股内在的、永恒的力量。只要强迫自己散发热情，一旦需要热心参与某种活动，便能立刻感到这股热情的力量，进而勇往直前迈向成功。

2. 让顾客自发产生购买动力

当我们想要说服别人时，唯一的方法是，让别人自动自发地想实行所要说服的事。一个人依照他所想要的目标去行动时，才会不惜劳力与时间去工作。

3. 弄清顾客购买的真正原因

要如何掌握促使顾客购买的主要因素，首先，你需要刺激、鼓励潜在客户说话，事实上，潜在客户往往并不清楚他们真正的需求，明确顾客购买的原因，必可使你在推销过程

中无往不利。

4. 推销产品前首先推销自己

无论推销什么东西，成功的推销员都不忘"先推销自己"的原则。推销员接近顾客的方式往往决定自己在他们心中的地位——是接单者还是建议者。

5. 推销成交的基本原则

在会谈当中，不要想面面俱到而加入太多的论点，也不要使重点变得暧昧不明、模棱两可，应事先找到谈话的重点后，紧紧把握住并好好发展它。推销任何商品时，只要秉持真诚，使对方坦诚相待、完全信赖并非难事。没有人不渴望被重视，也没有人不喜欢真诚的赞美，正确的评价会使对方"芳心大悦"。

6. 好口才让你产生自信

如果你有害羞、胆怯畏缩的弱点，不妨参加"说话教室"的演说训练课程，或是阅读卡耐基先生的著作。克服恐惧、培养自信和勇气的捷径，是在众人面前说话。只要有勇气在众人面前说话，就有勇气私下与陌生人进行谈话，不论对方是何许达官显要。

7. 妥善运用时间

只要花一点时间，慎重地考虑和计划，然后果敢实行，定能解决一切工作的难题。我们每个人都不愿做时间的奴隶，但我们得明白一个事实：无论你是否喜欢，我们的生活早已被时间表所束缚，只是你的流程表未经计划或计划得很差罢了。

8. 用你的笑容广结人缘

在街上向迎面而来的朋友打招呼，露出关怀的笑容，往往能取悦于别人。一个面带诚挚而热情笑容的人，所到之处莫不受到欢迎；而愁容满面的人则四处碰壁。女性对付男性最有力的武器莫过于笑容，遗憾的是，许多女人都忽略了笑容是一项美德。

9. 喋喋不休是推销中的大忌

在社交场合中，任何人只要有喋喋不休的坏习惯，再好的朋友也会逐渐疏远他。推销员不一定什么都知道，但通常都能言善辩。谁都不喜欢谈话突然中断，也没有人喜欢说话不连贯。说话要简明扼要、一针见血是给人好感的主要原因。

10. 克服恐惧感的最佳途径

如果你害怕与人接触，就坦然地承认它，无须掩饰，因此当你身陷险境，感到非常恐惧时，不如勇敢地承认这种心情！当你面临窘况或做错事情时，不如坦然地承认它。承认自己的恐惧毫不可耻，可耻的是你因害怕而裹足不前。

11. 不可忽视顾客的下属

想和忙碌异常的潜在客户见面时，应运用常识而非耍花招，但许多推销员忽略了秘书的重要性，每次和客户的秘书接洽时，犹如和他的"左右手"一起工作。你会发现只要信任他们的职权，诚恳地尊重他们的职务，约会事宜总是可以顺利完成。

12. 失败并不足畏惧

培养一点潇洒的习惯，不要太在意别人的看法或批评，如此你才能很自在地与他们相处。无须害怕今日的失败，一次的失败并不能决定你或击败你，人们欣赏百折不挠的失败者，轻视半途而废的懦弱者，加油吧！持续你的努力，每天、每个月累积一点一滴的进步，原本今天无法实现的理想，明天就可看到丰硕的成果！

五、奥里森·马登无所不能的推销法则

1. 优秀的推销员需要训练

有意识地为你的工作做好充分的准备将给你带来无尽的乐趣，今天的口号就是效率，准备不充分的人、消息不灵通的人和不知道自己的行动方向的人，都会被置于一种非常不利的地位。人的个性，特别是在人的青年时代，是具有可塑性的。

2. 给人留下一种良好的印象

一个推销员的个性是他最大的资本，勇敢地前进，沉着地前进，有尊严地前进，谁都抵挡不住你，沉着冷静是一个推销员不可或缺的品质。对于一个充满自信的人来说，保持沉着冷静是自然的事情；没有自信是很难表现出尊严的，其他人也很难相信你。无论你是否得到订单，你都要给你潜在的顾客留下美好的印象，以便他对你有一个长久的记忆。

3. 推销中的谈话或陈述

谈话要切题，谈话要有逻辑性，谈话要有力，又充满自信。要使你推销时的谈话直接、自然，而且尽可能得简洁。要随时准备回答顾客提出的各种问题，应付他们很可能提出的反对意见。

4. 赢得友谊和获得业务的策略

策略可以减轻摩擦，融合关系，打开别人无法打开的大门，打动别人无法打动的顾客和攻克别人无法攻克的难关。

5. 适当估价潜在的顾客

推销员应该研究自己的洞察力，研究自己判断别人性格的能力，应该把研究别人和研究激励他们的动机作为一件事。

6. 应对和预防顾客的拒绝

你必须对自己的说服能力有信心，如果你有一套理论的话，你应该能够把它们付与实践的检验，不要过多地用你的嘴去游说，要用你的大脑。总的看来，抵制仅仅是借口。在绝大多数情况下，它们并不是顾客不买的真正理由。因此，不要把顾客的抵制当回事儿。

7. 当你遇到挫折的时候

一个人如果学会了始终让自己的大脑充满积极、进取、乐观、愉快和希望的想法，那么他就已经解决了人生的一大奥秘。精神的力量是巨大的，无论是好是坏。一个人一旦失去了勇气，也就失去了理解力，从而就开始走下坡路了。

8. 品格和毅力是成功的资本

顾客愿意和人品正直、人格高尚的推销员交往，而且人人都欣赏有毅力的人。

六、布莱恩·崔西成为推销赢家的法则

1. 推销是一个令人骄傲的职业

医生治好病人的病，牙医专治牙痛，律师帮人排解纠纷，而身为推销员的我们，则为世人带来舒适、幸福和适当的服务。推销员永远不能忘记，他们必须不间断的工作，日复一日，月复一月，真正的自由是做自己想做的事，与喜爱的人相处，到你乐意去的地方去。做一个专业推销员的最大收获，就是拥有这种无可取代的独立自主。

2. 友善亲切的态度

对推销员来说，和买主面对面时，两人间相互的印象也会对成交产生影响，而通常能不能谈成生意往往取决于第一印象。如果你能让顾客或潜在顾客感觉到你真心喜欢他们，也很尊重他们，那么你的推销生涯将会无往不利。与别人和谐相处，是做一个成功推销员的先决条件。

3. 穿着得体而有个人风格

不要低估打扮的功能，使用若干服饰搭配，可让自己看起来与众不同，只要别太夸张就好。时时注意自己说话的声调，随时要引起听众的反映，了解他们的心理。清楚又亲切，就是推销员说话术的最高指导原则。

4. 善用直觉

直觉是销售心理学上的关键字眼，直觉不是与生俱来的能力，只有决心想学习和应用的人才能获得这种技巧。

5. 打破僵局

你必须找出打破僵局的最佳时刻，别操之过急，但也不要闲扯太久，想打破僵局，必须完全掌握顾客的注意力，有效打破僵局、取悦顾客的方法，就是善用人类疑虑、好奇、骄傲的个性。

6. 沉默是金

仔细倾听顾客的意见可能更重要，经验告诉我们，只有聪明的人才懂得听别人说话，越快掌握这个技巧，就越快上轨道。成功=X+Y+Z，X 是工作，Y 是开心，而 Z 则是闭嘴。

7. 顾客永远是对的

当你面对顾客时必须经常训练控制自己的情绪，每当你面临失控边缘时，就试着换成用顾客的角度来思考。千万不要嘲笑顾客，要尊重他的信仰和出身，不能有厌恶的情绪，更不能轻视对方。

七、汤姆·霍普金斯的决定成交的习惯与错误

1. 处处表现出让人信赖

要赢得顾客的信赖，就必须表现出值得信赖的行为，你要向客户证明，无论大小事他都可以百分之百地信赖你，久而久之，一旦你养成信守承诺的美德，以及做的比说的多的美德，你就一定能同时得到客户的信赖和订单。

2. 不可浪费客户的时间

大多数客户会很感激你在短时间内直切正题，你大可在不伤害你们之间已经建立的这份关系的前提下，满足客户的这项期盼，推销员永远无法掌握客户在哪个时候会做出采购决定，你切不可对客户采取强硬的态度，就算你掌握了最新情况，还是必须耐心地和客户循序渐进地通过每个推销阶段。

3. 别让大好机会乱了阵脚

推销是一种数字游戏，推销员的工作就是尽量利用各种方法，运用各种时机去提高自己的胜算。如果你盘算着放长线钓大鱼，就要小心自己可能要付出不少的代价，推销并不存在于真空状态中，事实可能超出想象。

4. 调整现有的产品或服务

你的产品是否只有一种用途，你是否可以调整产品的用途，是否可以发掘产品的新用途、新功能，关键就在于拥有开放的心态。如果新用途大有市场前景，你就会发现它所改变的不只是自己的推销生涯，也可能是公司的命运。

5. 初次拜访时约好下次的时间

你安排第一次的推销拜访，一定要给顾客为什么与你交流的理由，并且在第一次拜访结束后，要给顾客一个下次你来拜访的理由，这个理由可以是你的产品或服务能帮助顾客解决问题。除非在第一次销售拜访时，就得到一个否定的答案，否则总是有机会创造第二次机会的。

6. 表现出自己的热忱

热忱与笨拙的虚情假意会带来截然不同的结果，前者能搭起沟通的桥梁，后者却会毁掉这座桥梁。当我们碰到陌生人时，通常会经过几个阶段，其中存在着一个"试探"过程，应设法避免重复、机械式的手势和回答，否则这将是一次生硬、冷淡的销售拜访。

7. 与顾客讲实话

推销是一份关系导向性的工作，推销员靠信任及个人接触去培养关系，其成败即取决于关系的稳固与否。如果你迎合每个人的期盼，只说他们想听的话，最后不免会面临一个严重的问题，那就是陷入无法自圆其说的尴尬局面。

8. 把机会让给别人

对于和自己业绩有关的事情保持热度是很容易的事，要享受"秘密情报网"的资讯，

就必须让同行觉得你是一个愿意和别人分享资源、发财机会、秘术高招的人，在适当的时机把机会分给别人，这是明智的投资。

9. 敢于承担责任

自己负起责任，是一项成效显著的推销工具。在销售促成阶段，只要问客户什么时候送货或开始提供服务，只要时机把握得适当就可以了。

八、推销员经常出现的错误

1. 没有看到事业的最高点

要达到推销事业的高峰，就必须为自己的工作神魂颠倒。如果盲目地看到最高点，则会导致错乱的结局。在陶醉于成功之时，你的心力必须投入正确的方向，否则还是一事无成。推销工作的首要之处就是"勤"，如果你不努力，任何推销专业的书籍都无法对你有所助益。

2. 没有设身处地为客户着想

事实上，大多数推销员对客户所持的态度与我们所要求的设身为他们着想相比还有很长的距离，要以最大的努力唤起自己热心与真诚的态度，以赢得客户的信赖。

3. 心不在焉

全神贯注对待你的客户，你就能赢得他对你的全部注意力。进行销售拜访时，稍一分心，客户也会跟着心不在焉。过分在意客户一句没有交代清楚的话，或者一个负面的评语，这也是一种错误。

4. 与老客户失去联络

开发新客户的重要自然不言而喻，但是，与老客户保持联系也能为你带来无尽的收获，从现有的客户取得订单的比例为二分之一，从老客户获得生意的概率为四分之一。如果你正在开发新客户，对方下订单的几率只有二十分之一。

5. 不能有效地规划每一天

推销员务必充分利用每一天，这就要事先规划好每天的活动，用心规划每天的行事计划，然后拿实际成果和计划加以比较，将可以大大提高自己的时间效率，而且为销售成功打下稳固的基础。

6. 没有站在客户的角度思考

如果能从潜在客户的观点去分析，你将可以勾勒出一套具有说服力的推销方案。如果向你推销的店员能够瞄准你的需求，你们之间就能存在一种共同语言，这将有助于你们就产品的一些要素进行沟通。

7. 低估客户

你扮演的是资讯传达者的角色，就像一个导体一样，串联着公司业务和终端使用者，只要与客户保持携手合作的态度，就可以使可能出现的问题在你能够解决的范围内加以解决，此时，客户当然会做出明智的决定。

8. 急于成交

失去一笔生意的最简单有效的方法，是在客户还没有完全做好心理准备前，就莽撞地撞进下个阶段。推销过程中有些事情急不得，必须耐心等待。否则，你所从事的就不是推销工作，而是接受拒绝的工作。

9. 订单迷惑症

做白日梦已不足道，更糟的是，有些推销员对成交希望不大的业务还抱有太大的幻想，单就长期、整体的推销循环来看，眼前一笔大订单固然让人信心大振，而从长期角度来看，它的效用似乎就没那么大了。

10. 欠缺必胜的竞争心理

大多数推销员都觉得自己在孤军奋斗，事实上，公司作为你的后盾在支持着你。而且周围一定也有不少竞争对手和你一样迫切地想要赢得客户的芳心，所以你一定要尽全力去赢得客户的满意。

成功的大师把他们自己所积累的经验告诉给后来者，后来者应领悟其中的精髓，提炼出推销成功的无形之道，用以检验和指导自身的推销行为，寻找自己取得业绩的方法。所以推销需要感悟，需要用心去经营。

思　考　题

1. 为什么顾客永远是对的？
2. 推销为什么要倾听？
3. 中年女士来购车，你如何做？
4. 你认为保险应该如何推销？
5. 你从推销成功大师身上得到了什么启迪？

练　习　题

如何有效处理下列各种情况？

1. 某推销员向采购主管做了产品说明之后，主管说：“我对你的产品确实有很深刻的印象，知道它很适合我们的需求，等我有机会和助理交换意见之后再做决定吧，她再过两个星期即可休假结束，来上班了。”

2. 你所推销的机械比其他厂牌的更具安全性，但是准顾客说：“当然，安全对我来说是很重要的事，但是我怎么知道你的机械如你所说的那么安全呢？”

3. 一位推销员正在向李女士做产品说明，但是还没有适当的机会指出产品的优点，李女士打断他的话说：“这一套要多少钱呢？”

4. 顾客说：“贵公司的会计人员对我很不礼貌，令我感到无法忍受，他们的来信有攻

击性,因此我正考虑将来是否继续和贵公司往来。"

5. 顾客说出有关贵公司服务能力的不实传言,虽然你已经说明她所听到的传言是不正确的,但却更激怒了她。你怎么办?

6. 顾客说:"再次和贵公司往来,我确实有点担心,三年前我们曾经上过你们的当,我不希望那种不愉快的事再度发生。"

7. 顾客说:"我所参加的社团中,很多人都听说过某些不利于贵公司产品的说法。"

8. 顾客说:"哦!我相信你的产品很好,但是对我们却毫无用处,你应该知道我们所从事的行业各不相同。"

案 例 分 析

案例一

口吃推销员的撒手锏

一个上门推销的商人厌倦了天天出去推销《圣经》,他决定雇用三个人替他去推销。招聘告示贴出去后有三个人来应聘。第一个人面试时说:"我愿意为你推销《圣经》。""好,你被录取了。拿着这些东西,去推销吧。"第二个人面试时也说:"我愿意为你推销《圣经》。"他也被录取了。第三个人面试时说:"我……我……非……非……我非常……愿意……愿意为你……你……你推销圣……圣……《圣经》。""不行,"雇主叫道,"这个样子怎么能推销《圣经》呢?我不能雇你。"面试者请求道:"可……可……可是……我……我……我很……很……我很希望……望……得……,得到……得到这……这个……这个工……工作。"

因为也没有其他的求职者了,于是雇主说:"好吧,先试用一下吧,我希望你真能推销出去一些《圣经》,去吧。"

一天结束后,第一个雇员报告成绩:"我今天推销出去了 8 本《圣经》。"第二个雇员报告成绩说:"我今天推销出去了 11 本《圣经》。"第三个雇员说:"我……我……我今……我今天……天……天推……推销了……了……了二……二……百本……本圣……《圣经》。"

"太好了,"雇主说,"你的成绩比那两个懒鬼强多了。你一定有什么诀窍,为什么不把你的推销技巧告诉大家呢?"

第三个雇员说道:"我……我只……只是……只是……只是走……走……走上……上前……敲……敲……敲开……敲开别……别人……别人的家……家门……向……向……向他……他……他们读……读……读……一段圣……《圣经》……《圣经》中的故……故……故事,然……然后礼……礼貌……礼貌……礼貌地……问……他……他们……他们是……是……是想……想买……买一本……买一本自……自……自己……自己看呢?还……还是……还是想……想……想听我……我……我继……继续……续……续往往……往下……下……往下读?"

问题:

1. 第三个人为什么能卖出那么多《圣经》?

2. 你从这个故事得到了什么启示？

案例二

做客户的朋友

姜海洋是闽佳商行有限责任公司的外贸销售代理，自从进入这家以外贸出口为主营业务的公司以来，他的业绩在营销部始终名列前茅，特别是在开拓和维护关键客户的过程中，屡屡让他的同事钦佩不已。

在他的客户名单中，重要客户永远是需要真正贴心服务的。2005 年 12 月中旬，姜海洋从在美国联合航空工作的同学口中得知，由于国际市场油价高涨使得美国独立航空公司面临破产的危机。他突然想起自己的一个重要客户计划到美国洽谈进口水下通信技术设备，订的从华盛顿到亚特兰大的机票正是这家航空公司的。于是马上电话提醒该客户，但是由于独立航空公司的机票价格便宜，该客户不愿意更改。为了说服该老板，姜海洋亲自赶到该企业所在地，把客观的现实情况一一道来，经过一个多小时，终于劝动了该老板换了另外一家航空公司的机票。

2006 年 1 月 2 日美国独立航空公司宣布从 1 月 5 日开始停飞。由于及时更换了航空机票，该客户到美国洽谈的事宜没有因此而耽搁。事后这个客户对姜海洋非常感激，由于姜海洋细致入微的服务，不仅避免了该公司的重大损失，而且这笔生意让该客户成功赚取了53 万美金。

（资料来源：孟昭春. 成交高于一切[M]. 北京：机械工业出版社，2007.）

问题：
1. 姜海洋为什么能想到客户所要搭乘班机的航空公司出问题对客户有影响？
2. 你是怎么看待这件事的？

案例三

卖的是感觉

某市是一座相对落后的海滨城市，由于经济欠发达，所以这里的房地产业不是非常红火，其表现就是大量房子卖不动。张先生是某别墅项目的置业顾问，在别人为房子销售不出去而苦恼的时候，他的业绩却水涨船高，惹得同事对他是既嫉妒又佩服，为什么其他售楼员卖一套房子，常常是磨破了嘴皮还无济于事，而他谈笑间就把房子给卖了呢？用张先生的一句话就是："他们卖的是房子，而我卖的是'感觉'。"你想想：卖房子能不沉重吗？而卖感觉能不轻松潇洒吗？

张先生举例说："有一位客户自另一座城市来，我陪其在海边走了走，聊了聊，他便心动了，但回家跟太太一商量，太太怎么也不同意。客户是普通的企业中层人员，在此之前，他肯定从来也没想过要拥有两处房子，何况另一处还是在外地的一个海滨城市？触景生情的冲动遭到太太的冷水一泼就有点儿泄气了。我说，买房子是你的事，我不便多说，但是仅仅是因为太太的问题，那最好你带她来一趟。"

"夫妻俩果然来了，但妻子肯定不是来买房子的。然而，海边一走，就由不得你了，不进入一种境界是不可能的。果不其然，走着、走着，她就说开了，这里的天真蓝，这里

的海真清,这里的阳光真纯,这里的沙滩真净,这里的海岸线无遮无拦,是那么的长,那么的辽远和开阔,这里没有大城市的那种拥挤,这里没有繁华城市的那种喧闹。当然这些话是她一边慨叹,我一边给她升华出来的。"

"可是提到买房子,她说话了,在这里买房子干啥?现在想的是挺好,到时候一年还不知道能来住几天,说不定还白白地闲置呢?问题的症结找到了,我说,刚才你说的也很现实,我们抛开海滨城市房子升值快这一条不讲,退休之后每年夏天至少可以来住几个月也不讲,但是你只要在这里买了房子,即使不来住,你也有了这里的碧海、蓝天、金沙滩,你的心里也会时时掠过海上习习的风,也会时时涌起海上的浪……总而言之,自此之后,你便有了一种感觉,一种与众不同的感觉,一种无比美好的感觉,一种我也说不清你也说不清但是我们都能想象得出来的那种感觉。"

人这一生,活得还不就是一种感觉吗?夫妇当场交了押金。

(资料来源:孟昭春. 成交高于一切[M]. 北京:机械工业出版社,2007.)

问题:

1. 张先生是如何说服对方的?

2. 你从中学到了什么?

案例四

永远找不到的数千万美元的保险合同

在美国,一个总部设在一座大厦中的某公司的干部给在同一座大厦内办公的一家生命保险公司的经理打电话,说是想要签订数千万美元的保险合同,请速派推销员来洽谈。于是,那家生命保险公司的经理马上把部下的推销员召集起来交代一番。

"诸位,在这座大厦里有希望加入生命保险的顾客,刚才打电话说,要签订数千万美元的合同。其人姓名暂时不公开,可是请诸位设法找到此人,完成这项销售任务。"

推销员们马上分头在大厦里四处寻找。从那以后,这些推销员每天都能签订几个合同。然而,却总也没能找到那个愿意签订数千万美元合同的人。

像这样,只要怀着"肯定能销售出去"的自信去进行推销,就一定会有收获。希望那些缺乏信心的推销员们好好看看这例子,尤其是在失去信心时更应该反复阅读。

问题:

1. 推销员们为什么会在大厦里不断地寻找?

2. 推销员们为什么每天都能签订几个合同?

3. 你从这个案例中得到什么感悟?

案例五

情绪同步的魅力

有一位进口啤酒公司营销部的副总张某,有一次,他们公司进口一种新品牌的啤酒。在扩大市场的过程中,有一个开了 10 家连锁饭店的潜在大客户,张总想把新的啤酒销售给这个客户,他多次去拜访这个老板,每次都不得进其门。对方不是态度很冷淡,就是敷衍了事。

新世纪高职高专课程与实训系列教材

有一次，他再度尝试去拜访这位客户，当他走进对方的办公室，还未来得及问候，这个客户一见到他就很生气地一拍桌子说："你怎么又来了，我不是告诉过你我最近很忙，没有空吗？你怎么那么烦人，你赶快走吧，我没有时间理你。"

如果你遇到这种情况，是不是心里很不舒服呢？但张总不但没有心里不舒服，而是马上就想到了"情绪同步"这4个字，所以他立刻用和客户几乎一样的语气说："陈董，你怎么搞的，我每次来，都发现你的情绪不好，你到底为了什么事情烦心？我们坐下来谈谈。"说完之后，那个客户马上闭嘴，变得非常听话。张总见了之后，马上改变了说话的口气，很和气地说："陈董，怎么回事呢？我来拜访了你四五次，每一次都看到你的情绪不是很好，你是不是有什么烦心的事？我们一起聊聊。"这时候，那个老板也用类似的语气说："张先生，我最近实在是烦死了。为什么呢？你知道我是从事连锁餐饮行业的，我好不容易花了很多时间培养了3个分店经理，因为我今年下半年计划开3家分店。现在一切准备就绪了，但上个月我新培养的3个分店经理却都让我的竞争者以高薪给抢走了。"张总听了后拍拍他的肩，说："陈董啊，你以为只有你才有这么烦心的人事问题吗？我也和你一样烦恼呀。你看看，我们最近不是有新的产品要上市吗，前几个月我好不容易用各种方法招来十几个新的推销员。每天我早上加班、晚上加班地培养他们，想把我们的市场打开。结果才一个多月的时间，十几个新的推销员走得只剩下了五六个。"

接下来的几分钟，他们互相抱怨，现在的员工是多么地难培养，人才是多么地难找……讲了十几分钟后，张总站起来说："陈董，既然我们俩对于人事的问题都比较头痛，咱们也先别谈什么啤酒的事了。正好我车上带了一箱新的啤酒，搬下来你先免费尝一尝，不管好喝不好喝，过两个星期，等我们俩人都解决了人事问题后，我再来看你。"那个陈董听了后就顺口说："好吧！那你就先搬下来再说吧。"搬下来后，两个人就握手互道再见了。

你说，这位张总最后谈成了这笔生意吗？当然谈成了。在谈话的过程中，他有没有从头到尾地推销他的产品？

问题：

1. 顾客情绪不好，张总用和客户几乎一样的语气讲话，为什么能进行下去？
2. 张总为什么不从头到尾地推销他的啤酒？
3. 你从中学到了什么？

案例六

真心的祝福

乔·吉拉德认为，卖汽车，人品重于商品。一个成功的汽车销售商，肯定有一颗尊重普通人的爱心。他的爱心体现在他的每一个细小的行为中。

有一天，一位中年妇女从对面的福特汽车销售商行出来，走进了吉拉德的汽车展销室。她说自己很想买一辆白色的福特车，就像她表姐开的那辆，但是福特车行的经销商让她过一个小时之后再去，所以先过这儿来瞧一瞧。"夫人，欢迎您来看我的车。"吉拉德微笑着说。妇女兴奋地告诉他："今天是我55岁的生日，想买一辆白色的福特车送给自己作为生日的礼物。""夫人，祝您生日快乐！"吉拉德热情地祝贺道。随后，他轻声地向身边的助手交代了几句。

吉拉德领着夫人从一辆辆新车面前慢慢走过，边看边介绍。在来到一辆雪佛兰车前

时，他说："夫人，您对白色情有独钟，瞧这辆双门式轿车，也是白色的。"

就在这时，助手走了进来，把一束玫瑰花交给了吉拉德。他把这束漂亮的花送给夫人，再次对她的生日表示祝贺。那位夫人感动得热泪盈眶，非常激动地说："先生，太感谢您了，已经很久没有人给我送过礼物。刚才那位福特车的推销商看到我开着一辆旧车，一定以为我买不起新车，所以在我提出要看一看车时，他就推辞说需要出去收一笔钱，我只好上您这儿来等他。现在想一想，也不一定非要买福特车不可。"

后来，这位妇女就在吉拉德那儿买了一辆白色的雪佛兰轿车。

问题：

1. 乔·吉拉德用什么征服了那位女士？

2. 福特汽车的销售员失误在哪里？

3. 那位女士买了白色的雪佛兰轿车，是因为那束玫瑰花吗？

参 考 文 献

1.　崔平. 推销学[M]. 北京：机械工业出版社，2005.

2.　孟昭春. 成交高于一切[M]. 北京：机械工业出版社，2007.

3.　钟立群. 现代推销技术[M]. 北京：电子工业出版社，2005.

4.　孙路弘. 汽车销售的第一本书[M]. 北京：人民大学出版社，2008.

5.　李海琼. 现代推销技术[M]. 杭州：浙江大学出版社，2004.

6.　倪政兴. 如何成为推销高手[M]. 成都：西南财经大学出版社，2003.

7.　吴金法. 现代推销理论与实务[M]. 大连：东北财经大学出版社，2002.

8.　邱少波. 现代推销技能[M]. 上海：立信会计出版社，2005.

9.　刘文广. 现代推销技术[M]. 北京：中国财政经济出版社，2000.

10.　章瑞华. 推销的艺术[M]. 上海：复旦大学出版社，2004.

11.　于雁翎. 推销实务[M]. 广州：广东高等教育出版社，2006.

12.　陈明. 最佳实用推销策略与技巧[M]. 北京：龙门书局，1996.

13.　李桂荣. 现代推销学[M]. 广州：中山大学出版社，1993.

14.　陈安之. 超级行销学[M]. 北京：知识出版社，2001.

15.　苏伟伦，千高原. 百分百行销高手[M]. 北京：中国纺织出版社，2001.

16.　陈启华. 最成功的推销实例[M]. 北京：中国纺织出版社，2003.

17.　吴健安. 现代推销学[M]. 大连：东北财经大学出版社，2000.